城乡困难家庭
残疾人调查研究

王杰秀　主 编

中国社会科学出版社

南开大学出版社

图书在版编目(CIP)数据

城乡困难家庭残疾人调查研究／王杰秀主编 .
—天津：南开大学出版社；北京：中国社会科学
出版社，2020.12
ISBN 978 – 7 – 310 – 06070 – 2

Ⅰ.①城…　Ⅱ.①王…　Ⅲ.①贫困—家庭—
残疾人—社会政策—研究—中国　Ⅳ.①D669.69

中国版本图书馆 CIP 数据核字（2021）第 002296 号

城乡困难家庭残疾人调查研究
CHENGXIANG KUNNAN JIATING CANJIREN
DIAOCHA YANJIU

中国社会科学出版社
南开大学出版社　出版发行

出版人：陈　敬　赵剑英
地址：天津市南开区卫津路 94 号　　邮政编码：300071
营销部电话：(022)23508339　营销部传真：(022)23508542
http://www.nkup.com.cn

北京君升印刷有限公司印刷　全国各地新华书店经销
2020 年 12 月第 1 版　　2020 年 12 月第 1 次印刷
240×170 毫米　16 开本　19.5 印张　289 千字
定价：118.00 元

如遇图书印装质量问题,请与本社营销部联系调换,电话:(022)23508339

编 委 会

主　　编：王杰秀

副主编：陈　功　付长良　张　静

成　　员：（按姓氏拼音排序）

安　超　陈天航　郭　帅　贾祎灿

江治强　赖　信　刘　蓓　刘　梁

刘尚君　刘振杰　马月晗　索浩宇

王润芝　向　远　赵艺皓　张　静

项目组织：江治强　张　静　刘振杰　安　超

肖晓琳

目　　录

前　　言

　　残疾人是一个特殊困难的群体，需要格外关心、格外关注。党的十八大以来，以习近平同志为核心的党中央高度重视残疾人事业发展，习近平总书记指出，中国梦是民族梦、国家梦，是每一个中国人的梦，也是每一个残疾朋友的梦。全面建成小康社会，残疾人一个都不能少。李克强总理也指出，残疾人事业关乎社会的公平正义，也是社会主义的应有之义。要让残疾人的生活更加殷实、更有尊严。

　　在党和政府高度重视和关心下，残疾人事业取得了阶段性的成效，发展态势良好，多项措施发挥了建设性的兜底作用，残疾人生产生活状况得到进一步改善。但是，根据中国残疾人联合会（中国残联）统计数据，目前我国各类残疾人总数已达8500万，其中仍有1500万以上残疾人生活在国家贫困线以下，可见，残疾人的生存状况仍然面临着许多困难。受到身体条件方面的影响，很多残疾人在社会就业和自身发展方面往往面临着比普通人更多的压力。贫困残疾人脱贫问题仍然是实现全面建成小康社会目标的突出短板之一，困难残疾人数量多、贫困程度深、贫困原因复杂、脱贫难度大是困难残疾人群体的主要特点，也是帮扶、救助困难残疾人过程中面临的突出问题。① 同时，困难残疾人的返贫现象也较为显著。"给

---

　　① 翁嘉琦：《我国城市贫困残疾人脱贫现状分析》，《智库时代》2019年第4期。

予残疾人群体更多的社会保障和发展机会，提供更加完备的公共服务"①，是"十三五"时期的要求，也是"十四五"开局良好的基础，是使残疾人群体能够与健全人共同步入全面小康、共享经济社会改革发展成果的必由之路。

因此，关注残疾人生活状况和福利保障情况，评估现有政策的实施成效，以此为基础探索建设困难残疾人"托底性"民生保障制度和支持体系，保障残疾人生存与发展的权利、提高残疾人生活质量，对残疾人事业发展、国家实现全面建成小康社会的宏伟目标，促进国家社会公平，实现中华民族伟大复兴的中国梦都有重要意义。

本书依托于民政部 2018 年"托底性民生保障政策支持系统建设"项目，该项目于 2008 年正式立项，旨在通过实证研究把握我国城乡贫困群体基本情况，客观掌握我国城乡贫困变化形势，分析评估反贫困社会政策绩效，为完善国家反贫困社会政策提供智力支持。"城乡困难家庭社会政策支持系统"，是以最低生活保障制度为核心、以社会救助制度为主体、以社会保险和社会福利体系为扩展、以广义社会支持政策为外延的支持性社会政策的综合系统，其整体政策目标在于通过一系列有机组合的社会政策对城乡困难家庭形成系统的支持合力，缓解、消除其贫困、弱势状况，促进困难家庭全面发展。2018年，"中国城乡困难家庭社会政策支持系统建设"项目聚焦三类人群，以"托底性民生保障政策支持系统建设"为主题对困难家庭老年人、残疾人和儿童（6—16 岁）进行了调查。本书作为此次调研成果的组成部分之一，重点关注中国城乡困难家庭中的残疾人群生活状况，根据调查结果摸清当前我国城乡贫困残疾人及家庭的基本情况，评估和分析目前贫困残疾人享有的政策现状和服务需求，促进困难残疾人及家庭一系列有机组合、实现可持续的"托底性"民生保障政策支持系统建设。

---

① 《广州市残疾人事业发展第十三个五年规划》，2017 年 12 月，广州市残疾人联合会，http：//www.gzdpf.org.cn。

◈ 前　言 ◈

一　调查基本情况

2018 年度"托底性民生保障政策支持系统建设"项目人群调查是由民政部政策研究中心立项，由北京大学中国社会科学调查中心执行的大型抽样调查项目。该项目采用计算机辅助面访（CAPI）的调查方式，于 2018 年 7 月至 9 月对全国 29 个省份 1800 多个村（居）展开了调查，完成调查样本 10200 个。

（一）调查样本情况

由于 2018 年项目中城乡困难家庭样本任务量大以及调查群体的特殊性，除了往年追踪的调查样本外，本次调查根据一定的原则补充了部分数量的低保家庭和低保边缘家庭。补充原则为：按照逐级递补原则增加样本，首先，在追踪的村（居）优先补充未接受过困难家庭调查的低保家庭（或低保边缘家庭）；若不足，则在同一乡镇（街道）补充未接受过困难家庭调查的低保家庭（或低保边缘家庭）；若仍不足，则在同一区（县）补充样本，直至达到预定调查数量为止。

1. 新增困难家庭寻找办法

寻找包含三类人群的低保家庭（低保边缘家庭）难度极大，单依靠访问员到现场寻找的可能性较小，故本次调查发挥了各村（居）有力的支持作用。由每个村（居）提供未接受过困难家庭调查的低保家庭（低保边缘家庭）相应人员：村委会提供不同家庭中的儿童青少年 3 人，残疾人 2 人，老年人 2 人；居委会提供不同家庭中的儿童青少年 3 人，残疾人 2 人，老年人 3 人，以便访问员确定正确的访问对象。

2. 样本分布与基本情况

该项目需在完成目标家庭调查的基础上，调查一定数量的对照家庭。但由于残疾人调查的困难性，本次调查项目残疾人群组并未进行对照组调查。残疾人家庭基本信息如表 0 - 1 所示。

表 0 - 1　2018 年"托底性民生保障政策支持系统建设"残疾人数据信息

	频数（人）	百分比（%）
城乡分布		
城市	1526	60
农村	1017	40
家庭类型		
低保户	1766	69.4
边缘户	728	28.6
普通户	49	1.9
目前是否享受低保		
是	1661	65.3
否	568	22.3
缺失	314	12.4

本次调查困难家庭残疾人样本分布在 28 个省份，其中样本数在 100 份以下的有 20 个省份，100—200 份的有 4 个省份，200—300 份的有 3 个省份，300 份以上的有 1 个省份。残疾人样本数一共为 2543 份。其中，城市样本 1526 份，占比 60%，农村样本 1017 份，占比 40%。低保户 1766 份，占比 69.4%，边缘户 728 份，占比 28.6%，普通户 49 份，占比 1.9%。男性 1642 份，占比 64.6%，女性 901 份，占比 35.4%。所有被调查残疾人全部持有残疾证。

由于残疾类型不明、部分指标缺失、变量逻辑关系矛盾等原因，剔除了 24 个无效样本，有效样本量为 2519 份。

（二）调查内容

该项目调查问卷分为 10 种，分别是：城市困难家庭儿童青少年问卷、农村困难家庭儿童青少年问卷、城市困难家庭老年人问卷、农村困难家庭老年人问卷、城市困难家庭残疾人问卷、农村困难家庭残疾人问卷、城市困难家庭儿童青少年对照组问卷、农村困难家庭儿童青少年对照组问卷、城市困难家庭老年人对照组问卷、农村困难家庭老年人对照组问卷。

城市、农村困难家庭残疾人问卷调查对象为城市和农村社区中低保户和低保边缘家庭中持有残疾证的人员。问卷内容分为八个方面：

1. 基本情况：包括困难家庭残疾人性别、年龄、户籍、婚姻状况等基本个人情况，也包括残疾人相关残疾信息，如残疾原因、残疾类别、残疾等级等变量。

2. 家庭状况：包括困难家庭残疾人家庭总人数、子女、父母等家庭人口信息，也包括家庭收入、支出、房产等经济状况，还有照顾者及家庭关系往来等信息。

3. 健康医疗：包括困难家庭残疾人自身健康状况相关变量，如自评健康、ADL 活动情况、患慢性病情况等，也包括其吸烟、喝酒等健康行为情况，还有相关照料者的基本信息。

4. 心理健康：包括困难家庭残疾人获得感、幸福感等变量及量表。

5. 社会支持：包括困难家庭残疾人社会支持和社会参与的情况。

6. 服务供求：包括两方面，一方面对 60 岁以上老年残疾人群的助餐、助浴、日间照料等相关老年服务进行了有关需求、可及性和使用情况的调查；另一方面对残疾服务的利用和需求情况进行了调查，例如康复服务（免费、付费）、教育服务、就业服务、无障碍改造等。

7. 生活质量：包括生活满意度、生活状态等情况。

8. 环境情况：包括周围公共无障碍设施与服务情况调查。

另外还有访员观察情况。全部问卷共有 616 个变量。

（三）调查及研究目标

2018 年"托底性民生保障政策支持系统建设"项目残疾人群调查研究的目的主要包括以下几个方面：

1. 掌握我国困难残疾人及其家庭的现状、特点及趋势

紧密结合调查数据，全面了解我国困难残疾人及其家庭的基本情况，掌握困难残疾人及其家庭的现实需求。把握当前我国困难残疾人及其家庭的人口学特征、健康状况和社会经济特征。

2. 科学评估困难残疾人及家庭的"托底性"民生保障政策支持系统建设与实施情况

运用社会政策分析框架，科学地分析当前我国困难残疾人及家庭的"托底性"民生保障政策支持系统建设及实施情况。包括评估各项社会政策实施的有效性，完成对各项政策的具体分析，发现当前我国困难残疾人及家庭"托底性"民生保障政策支持系统的各项具体政策存在的不足和问题。

3. 针对相关社会政策存在的不足、问题提出前瞻性、操作性建议

在对我国困难残疾人及家庭"托底性"民生保障政策支持系统的建设、实施情况进行科学分析的基础上，针对存在的问题，结合我国现阶段所处的经济社会背景、国外社会政策理论与经验的最新发展，提出前瞻性、操作性的政策建议。从而进一步推进我国困难残疾人及家庭"托底性"民生保障政策支持系统的健全与完善，统筹城乡发展、区域发展，促进社会公平。

二　研究简介

本书重点关注困难残疾人及家庭现状及其享有的民生保障政策与服务需求情况。对于残疾人社会支持和民生保障内容的划分，按照残疾人福利领域，可以划分为残疾人生活保障、残疾预防、残疾人康复、残疾人教育、残疾人文化和社会环境等几个方面；有关专家还认为残疾人社会保障的内容也可划分为康复保障、教育保障、就业保障、文化生活保障、福利保障和环境保障六个方面。可以说，随着经济和社会的发展，有关残疾人民生保障的内容逐渐从满足基本生存需要向兼顾发展需要转变。将"平等、参与、共享、融合"的理念融入我国残疾人民生保障工作，涉及残疾人的医疗康复、教育、就业、社会环境等多个方面，以帮助残疾人更好地融入社会，共享改革发展的成果。

本书所采用的政策分析方法主要包括静态分析法、动态分析法、供给与需求分析法和比较分析法，分析框架图如图 0 - 1。

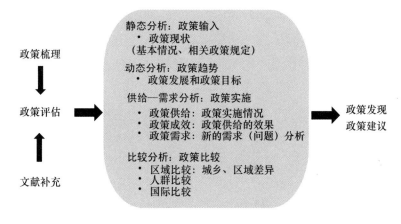

图 0-1 政策分析框架图

具体而言，本书主要通过对政策和文献的梳理，对政策现状进行初步评估和静态分析；在静态分析和初步评估的基础上，以时间和政策含义的扩展进行政策趋势分析。另外，结合本次调查数据结果和其他残疾人研究数据，辅之以相关文献进行政策的供给—需求分析，用以考量政策供给、成效和需求情况。同时，通过区域、人群和国际比较，对"托底性"民生保障政策系统发展状况进行比较分析。

本书旨在对我国困难残疾人及家庭的基本情况、家庭经济状况、享受社会救助状况、享受其他社会支持政策及社会参与、社会服务状况等进行全面、真实、系统的研究分析，深入了解当前困难残疾人及家庭的贫困现状和需求，分析相关社会政策的发展和成效，为进一步治理残疾人贫困问题，完善残疾人社会政策体系和基本公共服务，消除社会排斥、促进社会融合提供依据。

第一章　困难残疾人及家庭
基本情况概述

　　数量多、贫困程度深、贫困原因复杂、脱贫难度大是困难残疾人群体的主要特点，也是帮扶、救助困难残疾人过程中面临的突出问题。在实际帮扶的过程中，尤其需要将家庭作为帮助残疾人发展社会保障和社会福利事业的重要因素，充分挖掘家庭资源，积极扶持残疾人家庭，使其在残疾人事业发展中发挥更大的作用。[①] 从宏观层面来看，中国残疾人事业的发展，经历了从关注个体发展到扶持家庭成长，从帮助残疾人解决个人困境到联合家庭力量为残疾人增权赋能的转变。

　　因此，了解和关注困难残疾人及其家庭的基本情况，明确困难残疾人及其家庭特点，并以此为基础探索合理的"托底性"民生保障制度，对困难残疾人脱贫以及提高生活幸福感，有针对性地提出相关民生保障政策具有重要意义。根据 2018 年"托底性民生保障政策支持系统建设"项目困难家庭残疾人调查结果，本章梳理了被调查样本的基本情况，旨在发现城乡困难残疾人及其家庭的特点，为困难残疾人及其家庭民生保障政策支持系统建设提供基础信息。

---

　　① 梁德友、周沛：《国际化、本土化、人本化：中国特色残疾人事业发展的三个向度》，《江苏省第八届学术大会专场论文哲学社会类论文汇编》，2014 年。

第一节　被调查困难残疾人基本情况

一　被调查困难残疾人基本情况概述

（一）性别分布：性别比例男性高于女性

从被调查困难残疾人的性别分布上看，性别分布失衡现象突出，其中男性困难残疾人共 1625 人，占总被调查人数的 64.5%；女性困难残疾人共 894 人，占总被调查人数的 35.5%。本次被调查人员中，男性困难残疾人人数较女性多出 731 人，从比例上看男性比女性多出 29.0%。

（二）年龄分布：橄榄型年龄分布，中老年群体为主要成员构成

从被调查困难残疾人的年龄分布上看，被调查困难残疾人的年龄结构呈现"两头小、中间大"的橄榄型分布，主要集中在 40—65 岁年龄段。其中，困难残疾人人数占比最高的年龄段为 45—49 岁，占被调查困难残疾人的 15.6%；其次为 50—54 岁年龄段，占 13.7%；人数占比第三位的是 40—44 岁年龄区间，占被调查困难残疾人的 10.4%。所有被调查困难残疾人中（表 1-1），45—59 岁年龄区间人数占比最高，达 38.9%。中老年群体为被调查困难残疾人中的主要成员构成。

表 1-1　　　　　　　被调查困难残疾人年龄分布

年龄（岁）	人数	约占百分比（%）
18 岁以下	15	0.6
18—44 岁	902	35.8
45—59 岁	981	38.9
60—74 岁	510	20.3
75 岁以上	111	4.4
总计	2519	100.0*

*　注：因四舍五入加总实际数字非 100.0（全书）。

　　从城市与农村困难残疾人的年龄分布来看，被调查困难残疾人的城乡年龄分布趋势相似（图1-1），均为橄榄型的结构分布，集中在45—59岁年龄段。但城市困难残疾人中年人人数占比更高，农村困难残疾人老年人人数占比更高。对比发现（表1-2），城市困难残疾人年龄更集中于18—44岁段，占城市被调查困难残疾人人数的39.4%，较农村多9%，其中35—44岁年龄区间的城市困难残疾人比农村困难残疾人人数多6%；而农村困难残疾人年龄更集中于60—74

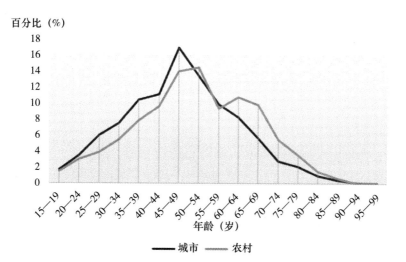

图1-1　城市与农村困难残疾人年龄分布

表1-2　　　　　　　　　　**城市与农村困难残疾人年龄分布**

年龄	城市		农村	
	人数	约占百分比（%）	人数	约占百分比（%）
18 岁以下	8	0.5	7	0.7
18—44 岁	597	39.4	305	30.4
45—59 岁	605	39.9	376	37.5
60—74 岁	251	16.6	259	25.8
75 岁以上	54	3.6	57	5.7
总计	1515	100.0	1004	100.0

岁，占农村被调查残疾人人数的25.8%，较城市多9.2%。

从不同性别的困难残疾人年龄分布上看，男性与女性困难残疾人的年龄结构仍符合橄榄型结构（图1-2），但明显发现，女性困难残疾人中的老年人人数占比更高。男性困难残疾人人数在45—59岁年龄区间中占比为39.9%，女性困难残疾人人数在该年龄区间占比为37.3%，男性人数占比较女性高出2.6%；而女性困难残疾人人数在60—74岁年龄区间中占比高达20.3%，较男性困难残疾人高出10.1%。可见，女性困难残疾人比男性困难残疾人的老龄程度更高。现有研究表明，女性平均寿命高于男性[①]，因此女性老年残疾人更容易面临丧偶孤寡的状况，相对男性老年残疾人，女性更缺少家庭的照料和支持，更容易成为贫困群体。

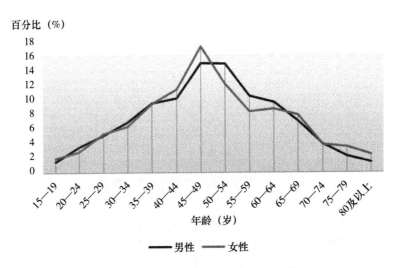

图1-2 男性与女性困难残疾人年龄分布

（三）户口性质分布：城市困难残疾人超过六成

从被调查困难残疾人户口性质分布上看，城乡困难残疾人分布不均衡，城市困难残疾人占比较高。城市困难残疾人占总被调查人数的

---

① 中华人民共和国国家统计局：《国际统计年鉴》，中国统计出版社2017年版。

60.1%，农村困难残疾人占比为39.9%，城市困难残疾人占比与农村困难残疾人相比高出20.2%。

从城乡困难残疾人的性别分布上来看（表1-3），城市与农村的男性困难残疾人占比均高于女性。城市户口中，男性困难残疾人人数占比为62.9%，女性占比为37.1%，城市困难残疾人男性较女性人数占比高出25.8%；在农村户口中，男性困难残疾人人数占比为66.9%，女性为33.1%，农村困难残疾人男性较女性高出33.8%。可见，农村相较于城市困难残疾人的男女比例不均衡的现象更加突出。

表1-3　　　　　男性与女性困难残疾人户口性质分布

性别	城市		农村	
	人数	约占百分比（%）	人数	约占百分比（%）
男性	953	62.9	672	66.9
女性	562	37.1	332	33.1
总计	1515	100.0	1004	100.0

（四）残疾情况

1. 残疾原因：主要为患病和天生残疾，农村困难残疾人天生残疾比例高于城市，女性困难残疾人患病致残比例高达五成。

从困难残疾人的残疾原因分布上来看（表1-4），患病是困难残疾人致残的首要原因，其次为天生残疾。被调查困难残疾人中，患病致残比例高达47.0%，天生残疾人数占比为26.2%，自然灾害致残为13.6%，意外事故致残占比为8.4%。其他残疾原因包括突发事件刺激、因工致残、药物致残等，有少部分困难残疾人不清楚残疾原因。

表1-4　　　　　困难残疾人残疾原因分布

残疾原因	人数	约占百分比（%）
天生残疾	661	26.2
患病	1185	47.0

续表

残疾原因	人数	约占百分比（%）
自然灾害	342	13.6
意外事故	212	8.4
其他	119	4.7
总计	2519	100.0 *

＊ 注：因四舍五入加总实际数字非 100.0。

从城乡困难残疾人残疾原因分布上看（表 1－5），城市与农村困难残疾人致残原因均集中在患病和天生残疾。其中，城市困难残疾人患病致残人数占比为 47.5%，农村占比为 46.4%，城乡患病致残比例相差不大；农村困难残疾人天生残疾比例比城市高，占比为 27.1%。

表 1－5　　　　城市与农村困难残疾人残疾原因分布

残疾原因	城市		农村	
	人数	约占百分比（%）	人数	约占百分比（%）
天生残疾	389	25.7	272	27.1
患病	719	47.5	466	46.4
自然灾害	189	12.5	153	15.2
意外事故	123	8.1	89	8.9
其他	95	6.3	24	2.4
总计	1515	100.0	1004	100.0

从性别困难残疾人残疾原因分布上看（表 1－6），女性困难残疾人患病致残与天生残疾与男性相比均较高，男性自然灾害致残比例与女性相比较高。女性困难残疾人患病致残比例高达 50.6%，比男性高出 5.5%；女性天生残疾比例为 29.4%，较男性天生残疾高出 4.9%。男性困难残疾人自然灾害致残比例相对较高，占比为 16.6%，较女性高出 8.5%。

表1-6　　　　　　男性与女性困难残疾人残疾原因分布

残疾原因	男性		女性	
	人数	约占百分比（%）	人数	约占百分比（%）
天生残疾	398	24.5	263	29.4
患病	733	45.1	452	50.6
自然灾害	270	16.6	72	8.1
意外事故	150	9.2	62	6.9
其他	74	4.6	45	5.0
总计	1625	100.0	894	100

2. 致残年龄：多集中于婴幼儿阶段，农村困难残疾人在老年阶段致残人数更高，男性困难残疾人致残年龄更集中在青、中年阶段。

从困难残疾人致残年龄分布上看（图1-3），致残年龄集中在0—14岁年龄阶段，占比为48.2%。根据以上残疾原因数据可知，0—4岁年龄段中天生残疾人数（即0岁致残）占比为26.2%。在59岁以上年龄段致残的困难残疾人仅占总被调查人数的5.7%（表1-7）。从图中可见（图1—3），致残人数在0—4岁年龄段后骤减，在15—19岁年龄区间呈现略微的上升趋势，但整体上来看，随着年龄增长，致残人数呈现下降趋势。

表1-7　　　　　　　困难残疾人致残年龄分布

致残年龄（岁）	人数	约占百分比（%）
0—14	1213	48.2
15—59	1162	46.1
60—99	144	5.7
总计	2519	100.0

从城乡和不同性别困难残疾人的致残年龄分布来看，也基本符合上述情况。但城市困难残疾人相较于农村致残年龄更集中在0—14岁

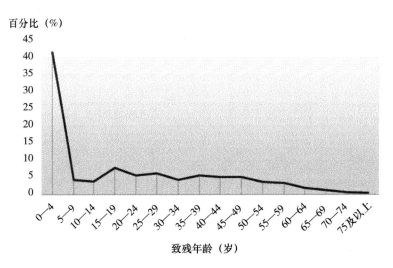

图 1-3　困难残疾人致残年龄分布

年龄段及 15—59 岁年龄段，分别占比为 49.8% 及 46.5%，分别比农村高出 4.1% 和 0.9%（表 1-8）。农村困难残疾人在 60 岁以上年龄段中致残的人数较高，占比为 8.7%，比城市困难残疾人占比高出4.9%。男性困难残疾人致残年龄与女性相比更集中在青、中年阶段，而女性则更集中在婴、幼、少年年龄阶段（表 1-9）。女性困难残疾人在 0—14 岁年龄段致残的人数比男性高，占比为 52.3%，比男性高出 6.5%；而男性困难残疾人在 15—59 岁年龄段致残的人数比女性高，占比为 48.3%，比女性高出 6.1%。

表 1-8　　　　　城市与农村困难残疾人致残年龄分布

致残年龄（岁）	城市		农村	
	人数	约占百分比（%）	人数	约占百分比（%）
0—14	754	49.8	459	45.7
15—59	704	46.5	458	45.6
60—99	57	3.8	87	8.7
总计	1515	100*	1004	100

＊　注：因四舍五入加总实际数字非 100.0。

表 1 – 9　　　　　　　　男性与女性困难残疾人致残年龄分布

致残年龄（岁）	男性		女性	
	人数	约占百分比（％）	人数	约占百分比（％）
0—14	745	45.8	468	52.3
15—59	785	48.3	377	42.2
60—99	95	5.8	49	5.5
总计	1625	100.0*	894	100.0

*　注：因四舍五入加总实际数字非 100.0。

3. 残疾类型：肢体残疾为主要被调查者残疾类型，男性肢体残疾人数比例较女性更高，农村视力残疾人数比例较城市更高。

从困难残疾人残疾类型的分布状况上看（表 1 – 10），残疾类型集中在肢体残疾，肢体残疾占总被调查人数的 45.4%，其次多重残疾占比为 21.6%，精神残疾占比为 13.5%，智力残疾占比为 8.6%，视力残疾占比为 7.5%，听力残疾占比为 2.7%，被调查困难残疾人中人数最少的残疾类型为言语，仅占总被调查人数的 0.8%。相对于其他残疾类型，肢体残疾更为明显、可视，因此肢体残疾人在就业中更易遇到歧视或排斥。另外，肢体残疾人活动较为不便，从而其劳动能力弱，更需要辅助器具及劳动技能培训的支持。以上情况均可能使肢体残疾人面临更大的就业阻碍，从而缺少经济来源。

表 1 – 10　　　　　　　　困难残疾人残疾类型分布

残疾类型	人数	约占百分比（％）
视力	188	7.5
听力	69	2.7
言语	20	0.8
肢体	1143	45.4
智力	216	8.6
精神	339	13.5
多重	544	21.6
总计	2519	100.0*

*　注：因四舍五入加总实际数字非 100.0。

城乡困难残疾人残疾类型分布与整体残疾类型分布情况类似，主要残疾类型均为肢体残疾和多重残疾。且农村困难残疾人中肢体残疾和多重残疾占比均高于城市困难残疾人。但农村困难残疾人与城市困难残疾人相比智力残疾人数比例较低（表1－11），占比仅5.4%，而视力残疾人数比例较高，占比为8.6%。城市困难残疾人中精神残疾和智力残疾的人数占比较高，精神残疾人数占比高达15.8%，比农村高出5.8%；智力残疾人数占比为10.7%，比农村高出5.3%。

表1－11　　　　　　　城市与农村困难残疾人残疾类型分布

残疾类型	城市		农村	
	人数	约占百分比（%）	人数	约占百分比（%）
视力	102	6.7	86	8.6
听力	47	3.1	22	2.2
言语	7	0.5	13	1.3
肢体	644	42.5	499	49.7
智力	162	10.7	54	5.4
精神	239	15.8	100	10.0
多重	314	20.7	230	22.9
总计	1515	100.0*	1004	100.1*

＊　注：因四舍五入加总实际数字非100.0。

从不同性别的困难残疾人类型分布上来看（表1－12），男性肢体残疾占比较高，而女性困难残疾人中精神残疾和智力残疾人数比例较高。男性肢体残疾占比高达48.5%，比女性高出8.8%；女性精神残疾人数占比为17.2%，智力残疾人数占比为10.4%，分别比男性困难残疾人高出5.8%和2.8%。

表1－12　　　　　　　分性别困难残疾人残疾类型分布

残疾类型	男性		女性	
	人数	约占百分比（%）	人数	约占百分比（%）
视力	128	7.9	60	6.7
听力	42	2.6	27	3.0

续表

残疾类型	男性		女性	
	人数	约占百分比（%）	人数	约占百分比（%）
言语	14	0.9	6	0.7
肢体	788	48.5	355	39.7
智力	123	7.6	93	10.4
精神	185	11.4	154	17.2
多重	345	21.2	199	22.3
总计	1625	100.0*	894	100.0

＊ 注：因四舍五入加总实际数字非100.0。

4. 残疾等级：重度残疾是困难残疾人的主要特点及造成贫困的原因，其中城市重度残疾比例较农村更高。

从困难残疾人残疾等级分布来看（表1-13），残疾等级分布不均衡现象突出。残疾等级为二级的重度困难残疾人人数最高，占总被调查困难残疾人的39.6%，其次残疾等级三级的中度困难残疾人占比为25.8%，残疾等级一级的重度困难残疾人占比为19.0%，最后为残疾等级四级的中度困难残疾人，其占比为15.6%。因此推测，重度残疾更易使残疾人丧失劳动能力，从而缺少经济来源，造成贫困的状况。

表1-13　　　　　　**困难残疾人残疾等级分布**

残疾等级	人数	约占百分比（%）
一	478	19.0
二	998	39.6
三	651	25.8
四	392	15.6
总计	2519	100.0

从城乡和不同性别的困难残疾人残疾等级分布来看，城乡和不同性别困难残疾人与整体残疾等级分布趋势相近，不同等级人数占比从高到

低排序均为：二级，三级，一级，四级。但城市与农村困难残疾人残疾等级分布进行比较可见（表1-14），农村一级重度残疾的人数占比为22.2%，比城市高出5.4%；城市二级重度残疾的人数占比为41.1%，比农村高出3.7%。男性与女性困难残疾人各残疾等级人数占比进行比较可见（表1-15），各等级占比分布较为相似。

表1-14　　　　　　　　分城乡困难残疾人残疾等级分布

残疾等级	城市		农村	
	人数	约占百分比（%）	人数	约占百分比（%）
一	255	16.8	223	22.2
二	623	41.1	375	37.4
三	399	26.3	252	25.1
四	238	15.7	154	15.3
总计	1515	100.0*	1014	100.0

 * 注：因四舍五入加总实际数字非100.0。

表1-15　　　　　　　　分性别困难残疾人残疾等级分布

残疾等级	男性		女性	
	人数	约占百分比（%）	人数	约占百分比（%）
一	310	19.1	168	18.8
二	638	39.3	360	40.3
三	432	26.6	219	24.5
四	245	15.1	147	16.4
总计	1625	100.0*	894	100.0

 * 注：因四舍五入加总实际数字非100.0。

（五）婚姻状况：已婚（初婚）困难残疾人达五成，城市困难残疾人婚姻变动比例更高，且男性困难残疾人未婚比例比女性高。

从困难残疾人婚姻状况分布来看（表1-16），已婚（初婚）为困难残疾人的主要婚姻类型，从未结婚的困难残疾人人数占比位居第二。已婚（初婚）困难残疾人人数占总被调查人数的50.3%，从未结婚人数占比为28.3%，离异人数占比为9.5%，丧偶人数占比为7.8%，再婚人数占比为3.3%，同居未婚仅有0.4%，占比为0.4%的其他婚姻状况包括分居、婚姻有名无实、配偶离家出走或下落不明等。若将再婚、离异作为婚姻变动的标志，则困难残疾人曾经历婚姻变动的人数比例为12.8%。

表 1 - 16 　　　　　　　　　　困难残疾人婚姻状况

婚姻状况	人数	约占百分比（%）
已婚（初婚）	1268	50.3
再婚	82	3.3
离异	240	9.5
丧偶	197	7.8
从未结婚	712	28.3
同居未婚	9	0.4
其他	11	0.4
总计	2519	100.0*

＊ 注：因四舍五入加总实际数字非100.0。

从城乡困难残疾人的婚姻状况分布来看（表1-17），已婚（初婚）与从未结婚仍是城市及农村困难残疾人的主要婚姻类型。相比较而言，农村的已婚（初婚）人数比例更高，占比为58.2%，比城市高出13%；而从未结婚的城市困难残疾人人数比例比农村高，占比为31.1%，比农村高出7.1%，并且城市困难残疾人中离异的人数比例与农村相比更高，占比为12.6%，比农村高出7.7%。以再婚和离异人数比例为依据，城市困难残疾人的婚姻变动人数比例更高，占比为16.2%，比农村高出8.5%。

表 1-17　　　　　　　　　　分城乡困难残疾人婚姻状况

婚姻状况	城市		农村	
	人数	约占百分比（%）	人数	约占百分比（%）
已婚（初婚）	684	45.2	584	58.2
再婚	54	3.6	28	2.8
离异	191	12.6	49	4.9
丧偶	104	6.9	93	9.3
从未结婚	471	31.1	241	24
同居未婚	5	0.3	4	0.4
其他	6	0.4	5	0.5
总计	1515	100.0*	1004	100.0*

＊　注：因四舍五入加总实际数字非100.0。

从不同性别的困难残疾人婚姻状况分布来看（表1-18），已婚（初婚）的女性困难残疾人占被调查的女性困难残疾人的56.4%，比男性高出9.4%，并且离异的女性困难残疾人人数比例比男性低，占比为7.8%，比男性低2.7%；男性困难残疾人中从未结婚的人数占比高达34.5%，比女性高出17.6%，同时丧偶的男性困难残疾人占比4.5%，比女性低9.4%。以再婚及离异数据作为依据，男性的婚姻变动人数比例为13.1%，女性的婚姻变动人数比例为12.3%，可见男性与女性婚姻变动人数比例相差不多。

表 1-18　　　　　　　　　　分性别困难残疾人婚姻状况

婚姻状况	男性		女性	
	人数	约占百分比（%）	人数	约占百分比（%）
已婚（初婚）	764	47.0	504	56.4
再婚	42	2.6	40	4.5
离异	170	10.5	70	7.8
丧偶	73	4.5	124	13.9
从未结婚	561	34.5	151	16.9

婚姻状况	男性		女性	
	人数	约占百分比（%）	人数	约占百分比（%）
同居结婚	8	0.5	1	0.1
其他	7	0.4	4	0.5
总计	1625	100.0	894	100.0*

＊ 注：因四舍五入加总实际数字非100.0。

（六）困难残疾人健康状况与健康行为

1. 健康状况

（1）患慢性病情况：整体患慢性病比例较高，农村困难残疾人多病共存情况严重。

对于困难残疾人患慢性病情况的调查，我们根据被调查残疾人是否患有慢性病以及患有慢性病的数量将样本分成了三组：未患病、患一种慢性病、患多种慢性病。

表 1-19　　　　　　困难残疾人慢性病种类分布

分类	患病人次	约占百分比（%）
患病	1945	76.7
未患病	591	23.3
白内障/青光眼	299	11.8
高血压	795	31.4
糖尿病	291	11.5
心脑血管疾病	615	24.3
胃病	685	27.0
骨关节炎	1044	41.2
慢性肺部疾病	329	13.0
癌症/恶性肿瘤	73	2.9
生殖系统疾病	166	6.6
老年痴呆	195	7.7
帕金森病	34	1.3
其他慢性病	305	278.7

如表 1 – 19 所示，整体来看，困难残疾人的慢性病患病率高达76.7%。分病种来看，主要集中在骨关节炎、高血压、胃病、心脑血管疾病这几类慢性病，现患率分别为 41.2%、31.4%、27.0% 和24.3%。在现患率较高的基础上加之残疾人本身面临的参与限制与活动障碍，会对困难残疾人的生活质量造成更为严重的负面影响。

分性别来看，慢性病的患病情况并未表现出性别差异，两组残疾人在患慢性病状况的三组分类中的比例相近（见表 1 – 20）。

表 1 – 20　　　　　　分性别困难残疾人患慢性病状况分布

分类	男		女		合计	
	人数	约占百分比（%）	人数	约占百分比（%）	人数	约占百分比（%）
未患病	377	23.0	214	23.8	591	23.3
患一种慢性病	420	25.7	226	25.1	646	25.5
患多种慢性病	840	51.3	459	51.1	1299	51.2
总计	1637	100.0	899	100.0	2536	100.0

分城乡来看（见表 1 – 21），农村的整体慢性病患病情况较为严峻。表现在未患病的残疾人占比较低，为 21.3%，以及患有多种慢性病的残疾人占比较高，为 53.3%。由于农村的社会经济发展水平较低，农村困难残疾人可以接受的医疗服务、社会保障的数量、质量均难以保证，慢性病将给农村残疾人及其家庭带来更为严重的疾病、经济和精神负担。

表 1 – 21　　　　　　分城乡困难残疾人患慢性病状况分布

分类	城市		农村		合计	
	人数	约占百分比（%）	人数	约占百分比（%）	人数	约占百分比（%）
未患病	357	24.6	216	21.3	591	23.3
患一种慢性病	388	25.5	258	25.4	646	25.5
患多种慢性病	759	49.9	540	53.3	1299	51.2
总计	1522	100.0	1014	100.0	2536	100.0

（2）抑郁症状：过半数困难残疾人有抑郁症状，农村女性困难残疾人尤为严重。

对于抑郁症状的调查采用的是流调用抑郁自评量表（10 条目简易量表）（CES – D – 10），CES – D – 10 是 Andersen 等人对 CES – D – 20 进行修订后得到的。[1] 国内学者使用了这一量表对青少年以及中老年人群体进行研究，验证了 CES – D – 10 在中国人群中有较高的信效度。[2][3][4] 量表各个条目下的选项分为四个等级：没有、很少（1—2 天）、常有（3—4 天）、总是（5—7 天）。根据量表的计分规则[5]，四个等级依次记为 0、1、2、3 分，其中条目 4 和条目 6 为反向计分，即 3、2、1、0 分。因此，10 个条目得分在 0—30 之间，10 分及以上认为有抑郁症状。[6] 去掉不适用的样本以及 1 个条目缺失值超过 2 个的样本（按照计分规则条目缺失值超过 2 个的样本不可计分），我们对 1277 个样本进行了分析，得到结果如下。

总体来看，困难残疾人的抑郁症状比例为 58.0%，CES – D – 10 的平均得分为（11.7 ± 6.9）分。有学者对 45 岁以上中老年视力障碍患者群体的研究结果得到抑郁症状比例为 45.6%，平均得分为（10 ± 7）分。[7] 这说明困难残疾人的抑郁症状的比例与严重

---

① Andersen E. M., Malmgren J. A., Carter W. B., Patrick D. L., "Screening for Depression in Well Older Adults: Evaluation of a Short Form of the CES – D", *American Journal of Preventive Medicine*, 1994, 10（2），pp. 77 – 84.

② 熊戈：《简版流调中心用抑郁量表在我国青少年中的效度》，硕士学位论文，湖南师范大学，2015 年。

③ 曹裴娅等：《中国 45 岁及以上中老年抑郁症状及影响因素研究》，《四川大学学报》（医学版）2016 年第 47 卷。

④ 杨展等：《中老年视力障碍患者抑郁症状及其影响因素研究》，《四川大学学报》（医学版）2018 年第 49 卷。

⑤ 本调查使用的 CES – D – 10 与中英文版的条目内容以及条目的顺序都有所差别，但总体来说大致相同，因此我们对计分规则进行了一定的调整。

⑥ Andresen E. M., Malmgren J. A., Carter W. B., Patrick D. L., "Screening for Depression in Well Older Adults: Evaluation of a Short Form of the CES – D", *American Journal of Preventive Medicine*, 1994, 10（2），pp. 77 – 84.

⑦ 杨展等：《中老年视力障碍患者抑郁症状及其影响因素研究》，《四川大学学报》（医学版）2018 年第 49 卷。

程度更高，较低的社会经济地位以及社会保障的缺乏可能是主要的风险因素。

分性别来看，女性困难残疾人抑郁症状比例较高，为62.6%，与以往有关抑郁症状比例的性别差异研究结果一致。进一步分年龄组来看，女性困难残疾人在18—44岁组的比例较低，为48.9%，但进入45岁以上的年龄组后，抑郁症状比例明显上升，到75岁以上组抑郁症状比例高达82.4%，因此对于高龄女性困难残疾人需要特别关注。相比之下，男性困难残疾人抑郁症状的比例在不同年龄组间相近（见表1-22）。

表1-22　分性别不同年龄组困难残疾人 CES-D-10 得分情况

分类	男			女		
	n	M（sd）	有抑郁症状比例（%）	n	M（sd）	有抑郁症状比例（%）
<18	0	／	／	1	5	100.0
18—44	188	10.8（6.2）	53.2	94	10.9（7.0）	48.9
45—59	398	11.7（7.0）	58.3	174	13.2（7.4）	67.2
60—74	234	11.2（6.7）	55.1	84	12.4（7.1）	63.1
>75	37	11.1（5.5）	56.8	17	14.9（6.6）	82.4
总计	857	11.4（6.7）	56.2	370	12.5（7.2）	62.6

分城乡来看，如表1-23所示，农村困难残疾人整体的抑郁症状比例为62.1%，相比于城市困难残疾人的55.1%较高，比例的城乡差异与以往的研究结果相一致。进一步分年龄组来看，农村困难残疾人每个年龄组的抑郁症状比例相比于对应的城市残疾人均较高并且随年龄的增加呈上升趋势，说明对于农村残疾人的精神健康需要对全年龄段关注。

表 1 - 23　分城乡不同年龄组困难残疾人 CES - D - 10 得分情况

分类	城市			农村		
	n	M（sd）	有抑郁症状比例%	n	M（sd）	有抑郁症状比例%
<18	0	/	/	1	5	0.0
18—44	176	10.9（6.8）	49.4	106	10.8（5.8）	55.7
45—59	361	12.1（7.2）	60.1	211	12.3（7.0）	62.6
60—74	148	10.4（7.0）	49.3	170	12.5（6.5）	64.1
>75	28	11.6（6.9）	57.1	26	13.0（5.1）	73.1
总计	713	11.4（7.1）	55.1	514	12.1（6.5）	62.1

（3）精神健康：女性、城市困难残疾人精神健康状况相对较差。

调查中使用的 WHO 五项身心健康指标（WHO - 5 Well-Being Index）由 28 个条目的问卷发展而来，用来测量最近的精神健康状况（mental well-being）。量表每个条目有 6 个选项："所有时间""大部分时间""超过一半的时间""少于一半的时间""有时候""从未有过"并分别赋值为 5、4、3、2、1、0。参照中文版的计分规则，指标的总分为 5 个条目选项数值之和，因此得分范围为 0—25，得分越高，说明精神健康状况越好。相比于 CES - D - 10 的测量，WHO - 5 对于被试总体精神健康状况的代表性更好。去掉不适用样本以及 2 个有缺失值的样本，我们对 1212 个样本的分析结果如下。

分性别总体来看，男性困难残疾人总体的精神健康状况较高（10.4 ± 6.7 比 9.2 ± 56.4），结合年龄组进一步细分来看，我们可以发现在各个年龄组男性的精神健康状况相比于同年龄组的女性均较好（见表 1 - 24）。

表 1 - 24　分性别不同年龄组困难残疾人 WHO - 5 得分情况

分类	男		女		合计	
	n	M（sd）	n	M（sd）	n	M（sd）
<18	0	/	1	13	1	13
18—44	186	10.0（6.4）	91	9.7（6.5）	277	9.9（6.4）

分类	男		女		合计	
	n	M（sd）	n	M（sd）	n	M（sd）
45—59	398	9.8（6.6）	172	8.7（6.0）	570	9.4（6.4）
60—74	229	11.6（6.9）	83	9.8（7.3）	312	11.1（7.0）
>75	36	12.0（6.4）	16	6.7（4.1）	52	10.4（6.2）
总计	849	10.4（6.7）	363	9.2（6.4）	1212	10.0（6.6）

分城乡来看（见表 1 - 25），农村困难残疾人的 WHO - 5 平均得分较高，为 10.2 ± 6.6。进一步分年龄组来看，农村困难残疾人除 60—74 岁组相比城市困难残疾人得分较低外，其余年龄组的平均得分均较高。相比于上文 CES - D - 10 得分的结果，我们得到农村的困难残疾人抑郁症状比例较高，精神状况较差，与这里使用 WHO - 5 进行测量的结果并不一致。但鉴于目前国内使用 WHO - 5 研究主要集中于住院糖尿病病人，缺乏对于城乡差异的讨论，我们难以进行基于实证证据的解释。[1][2] 可能的原因在于 WHO - 5 对于精神健康状况的测量更加宽泛，而 CES - D - 10 只是对于抑郁这一心境障碍的测量，由于测量维度的不同从而产生了不一致的结果。

表 1 - 25 　　分城乡不同年龄组困难残疾人 WHO - 5 得分情况

分类	城市		农村		合计	
	n	M（sd）	n	M（sd）	n	M（sd）
<18	0	/	1	13	1	13
18—44	174	9.9（6.5）	103	10.0（6.4）	277	9.9（6.4）
45—59	360	9.3（6.3）	210	9.6（6.6）	570	9.4（6.4）

---

① 何珂等：《八段锦对 2 型糖尿病患者健康状态的影响》，《中国全科医学》2017 年第 20 期。

② 安凌王等：《一项住院 2 型糖尿病患者血糖控制、自我管理行为及心理评估的调查》，《现代生物医学进展》2015 年第 15 期。

续表

分类	城市		农村		合计	
	n	M（sd）	n	M（sd）	n	M（sd）
60—74	146	11.5（7.3）	166	10.8（6.8）	312	11.1（7.0）
>75	28	10.1（6.6）	24	10.7（5.9）	52	10.4（6.2）
总计	708	9.9（6.6）	504	10.2（6.6）	1212	10.0（6.6）

（4）自评健康：性别差异在农村地区显著，农村地区困难残疾人整体自评健康状况较差。

自评健康发展至今已经成为成熟并且被广泛使用的健康测量工具，是被访者在考虑到各种影响其健康的文化、经济、社会、环境和健康相关因素的前提下对自身的健康水平进行整体性评估。[1] 剔除不适用的样本，我们对1214个样本的分析结果如下：

分城乡看，如图1－4所示，农村困难残疾人的自评健康分布更加"分散"，即大部分农村困难残疾人的自评健康水平为"一般"（37.2%）以及"比较差"（28.3%）的同时，"非常差""比较好"以及"非常好"的残疾人比例相比城市困难残疾人也较高。对于残疾人健康促进的目标，我们希望让自评健康水平为"一般"及以上的占比不断提高，因此对于城市困难残疾人自评健康"比较差"比例较高（30.2%比28.3%）以及农村残疾人自评健康"非常差"比例较高（23.5%比19.1%）的情况需要格外关注。

通过表1－26及表1－27的结果可以看到，自评健康的性别差异在城乡间呈现不同的模式。城市地区男性困难残疾人自评健康水平为"一般"及其以上的比例均高于女性困难残疾人，但自评健康低于"一般"水平的两组分类中，男性在自评健康"比较差"的占比较高。而女性在自评健康"非常差"的占比较高。总体来看难以比较总

---

① Buratta V., Egidi V., Determining Health Expectancies, New York：John Wiley & Sons, Ltd., 2002, pp. 187－201.

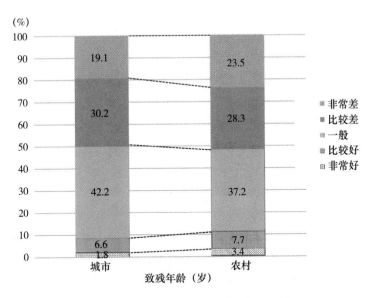

图1-4 分城乡困难残疾人自评健康分布

体健康状况的优劣。

农村地区分性别来看，则呈现出了明显的总体自评健康水平的组间差异：相比于城市男性困难残疾人，女性困难残疾人在自评健康水平为"一般"及以上的占比均较低，而"比较差""非常差"的占比均较高，高达35.3%和28.5%。

表1-26　　　城市地区分性别困难残疾人自评健康分布

分类	男		女		合计	
	人数	约占百分比（%）	人数	约占百分比（%）	人数	约占百分比（%）
非常好	10	2.2	3	1.2	13	1.8
比较好	32	7.0	15	6.1	47	6.6
一般	197	42.8	102	41.1	299	42.2
比较差	142	30.9	72	29.0	214	30.2
非常差	79	17.2	56	22.6	135	19.1
总计	460	100.0	248	100.0	708	100.0*

＊　四舍五入不为100.0。

表 1 - 27 农村地区分性别困难残疾人自评健康分布

分类	男		女		合计	
	人数	约占百分比（%）	人数	约占百分比（%）	人数	约占百分比（%）
非常好	13	3.3	4	3.5	17	3.4
比较好	34	8.7	5	4.3	39	7.7
一般	155	39.7	33	28.5	188	37.2
比较差	102	26.2	41	35.3	143	28.3
非常差	86	22.1	33	28.5	199	23.5
总计	390	100.0	116	100.0	506	100.0*

* 四舍五入不为 100.0。

（5）日常生活功能：女性困难残疾人日常生活功能水平相对较低，农村地区的性别差异更加明显。

本调查对日常生活功能的测量使用的是 Katz 所开发的量表——日常生活独立能力指数（Index of Independence in Activities of Daily Living, Index of ADL）。Katz 认为日常生活功能是基本的社会生物功能（primary sociobiological functions），选用了洗澡、穿脱衣服、上厕所、室内活动、大小便控制和吃饭 6 个条目来衡量独立生活能力。[1][2] 虽然目前大多数的研究使用 Katz 量表来研究老年人群体的独立生活能力，但 Katz 在开发量表之初所针对的群体是患有慢性病的人群，并在当时推广到了儿童、成年人，智力迟缓、身体残障人群，以及门诊、未住院和住院的患者。[3] 所以在本调查中针对全年龄段的残疾人进行日常生活独立能力的评估是有一定实用性的。

在计分规则方面，Katz 根据没有独立能力的条目数将日常生活功能分成了 7 个水平，从最高水平的"洗澡、穿脱衣服、上厕所、室内

---

[1] Katz S., "Studies of Illness in the Aged", *JAMA*, 1963, 185 (12), p. 914.

[2] Katz S., Downs T. D., Cash H. R., Grotz R. C., "Progress in Development of the Index of ADL", *The Gerontologist*, 1970, 10 (1), pp. 20 - 30.

[3] Katz, S., Akpom, C. A., "A Measure of Primary Sociobiological Functions", *International Journal of Health Services*, 1976, 6 (3), pp. 493 - 508.

活动、大小便控制和吃饭均独立"到最低水平的"洗澡、穿脱衣服、上厕所、室内活动、大小便控制和吃饭均不独立"。也有学者将每一个条目的困难程度赋分,通过加总形成得分,得分越高则表明日常生活功能的丧失水平越高。[1] 本书的计分规则依据 Katz 以及王德文等的研究,将调查样本的功能分成三个水平:对所有 6 个条目均选择"没有困难"选项的人群规定为"完全自理"组,对所有 6 个条目均选择"无法做"选项的人群规定为"不自理"组,其他的人群为"部分自理"组。[2] 剔除了 5 个有条目缺失的样本,我们对 2514 个样本的分析结果如下。

如表 1-28 和表 1-29 所示,总体来看女性困难残疾人相比于男性日常生活功能水平较低,这一差异分城乡来看同样如此,并且在农村地区的差异更大。男性困难残疾人"完全自理""部分自理"的占比较高,而女性困难残疾人"不自理"的占比较高,城市地区为3.0%,农村地区为 4.5%,这一比例在男性困难残疾人群体中分别为1.6% 和 1.8%。

表 1-28　　　城市地区分性别困难残疾人日常生活功能分布

分类	男		女		合计	
	人数	约占百分比（%）	人数	约占百分比（%）	人数	约占百分比（%）
完全自理	336	35.4	197	35.1	533	35.3
部分自理	599	63.1	347	61.9	946	62.6
不自理	15	1.6	17	3.0	32	2.1
总计	950	100.0 *	561	100.0	1511	100.0

＊　四舍五入不为 100.0。

---

① 宋新明等:《新城区老年人慢性病伤对日常生活功能的影响研究》,《人口研究》2000 年第 5 卷。

② 王德文等:《高龄老人日常生活自理能力及其影响因素》,《中国人口科学》2004 年第 1 卷。

表1-29　　　　农村地区分性别困难残疾人日常生活功能分布

分类	男		女		合计	
	人数	约占百分比（%）	人数	约占百分比（%）	人数	约占百分比（%）
完全自理	205	30.6	98	29.5	303	30.2
部分自理	454	67.7	219	66.0	673	67.1
不自理	12	1.8	15	4.5	27	2.7
总计	671	100.0*	332	100.0	1003	100.0

　　*　四舍五入不为100.0。

（6）疼痛程度：女性、农村困难残疾人疼痛程度状况相对严重。

调查中对于疼痛程度的测量询问的是过去24小时内最严重的疼痛程度，并以疼痛对于睡眠的影响作为参照，如轻度疼痛的参照为"疼痛不影响睡眠"，而重度疼痛的参照为"不能入睡或睡眠中疼醒"。我们对2522个样本的分析结果如下。

分性别来看，男性困难残疾人中"无痛"的占比较高，为42.3%。此外，男性群体中"轻度疼痛"的占比同样较高，为20.9%。女性困难残疾人群体中"中度疼痛"及以上的占比均较高，综上说明女性困难残疾人的总体疼痛状况较为严重（见表1-30）。

表1-30　　　　　分性别困难残疾人疼痛程度状况分布

分类	男		女		合计	
	人数	约占百分比（%）	人数	约占百分比（%）	人数	约占百分比（%）
无痛	690	42.3	352	39.5	1042	41.3
轻度疼痛	340	20.9	151	17.0	491	19.5
中度疼痛	245	15.0	153	17.2	398	15.8
重度疼痛	274	16.8	189	21.2	463	18.4
剧痛	82	5.0	46	5.2	128	5.1
总计	1631	100.0	891	100.0*	2522	100.0*

　　*　四舍五入不为100.0。

如表 1-31 所示，农村地区困难残疾人中疼痛的情况更为普遍且更为严重。其中"轻度疼痛""重度疼痛"和"剧痛"的占比均较高，分别为 20.2%、22.1%、5.9%。虽然城市地区困难残疾人中"中度疼痛"的占比较高，但相比农村地区的残疾人差异不大（15.9% 比 15.5%）。总体来看，农村地区困难残疾人总体疼痛程度状况较严重。

表 1-31　　　　分城乡困难残疾人疼痛程度状况分布

分类	城市		农村		合计	
	人数	约占百分比（%）	人数	约占百分比（%）	人数	约占百分比（%）
无痛	676	44.7	366	36.2	1042	41.3
轻度疼痛	287	19.0	204	20.2	491	19.5
中度疼痛	241	15.9	157	15.5	398	15.8
重度疼痛	240	15.9	223	22.1	463	18.4
剧痛	68	4.5	60	5.9	128	5.1
总计	1512	100.0	1010	100.0*	2522	100.0*

* 四舍五入不为100.0。

2. 健康行为

（1）吸烟：吸烟行为在男性、农村困难残疾人中更为常见。

吸烟行为在性别间差异明显，大部分吸烟者为男性困难残疾人。女性困难残疾人大部分不吸烟，这一比例高达96.1%。男性困难残疾人群体中，"偶尔吸烟""经常吸烟"的占比分别为15.3%和20.1%；而在女性困难残疾人中，这两类的占比仅为1.1%和1.6%（见表 1-32）。

表 1-32　　　　分性别困难残疾人吸烟状况分布

分类	男		女		合计	
	人数	约占百分比（%）	人数	约占百分比（%）	人数	约占百分比（%）
从不吸烟	803	49.4	859	96.1	1662	66.0
已经戒烟	247	15.2	11	1.2	258	10.2

分类	男		女		合计	
	人数	约占百分比（％）	人数	约占百分比（％）	人数	约占百分比（％）
偶尔吸烟	248	15.3	10	1.1	258	10.2
经常吸烟	327	20.1	14	1.6	341	13.5
总计	1625	100.0	894	100.0	2519	100.0*

＊ 四舍五入不为100.0。

相比于城市困难残疾人，农村地区吸烟者较多。其中，"偶尔吸烟"在两类人群间的占比差异不明显，为10.1%比10.5%。在"经常吸烟"的占比上，农村地区困难残疾人为15.4%，明显高于城市困难残疾人的12.3%（见表1－33）。

表1－33　　　　　　分城乡困难残疾人吸烟状况分布

分类	城市		农村		合计	
	人数	约占百分比（％）	人数	约占百分比（％）	人数	约占百分比（％）
从不吸烟	1032	68.1	630	62.8	1662	66.0
已经戒烟	144	9.5	114	11.4	258	10.2
偶尔吸烟	153	10.1	105	10.5	258	10.2
经常吸烟	186	12.3	155	15.4	341	13.5
总计	1515	100.0	1004	100.0*	2519	100.0*

＊ 四舍五入不为100.0。

（2）饮酒：男性困难残疾人中饮酒行为较为普遍，城乡间无明显差异。

与吸烟行为的情况相似，饮酒行为在男性困难残疾人中更为普遍，"经常饮酒"和"偶尔饮酒"的占比分别为6.7%和19.9%。女性困难残疾人很少有饮酒行为，"从不饮酒"的占比高达94.2%（见表1－34）。

表 1 - 34　　　　　　　分性别困难残疾人饮酒状况分布

分类	男		女		合计	
	人数	约占百分比（%）	人数	约占百分比（%）	人数	约占百分比（%）
从不饮酒	917	56.4	842	94.2	1759	69.8
已经戒酒	276	17.0	12	1.3	288	11.4
偶尔饮酒	324	19.9	35	3.9	359	14.3
经常饮酒	108	6.7	5	0.6	113	4.5
总计	1625	100.0	894	100.0	2519	100.0

饮酒状况分城乡的情况如表 1 - 35 所示，农村困难残疾人饮酒行为占比较高，但差异不明显。农村困难残疾人中"经常饮酒"的占比为 5.1%，"偶尔饮酒"的占比为 15.2%，均高于城市困难残疾人在这两组中的占比。"从不饮酒"的占比在农村困难残疾人中较低，为 66.4%。

表 1 - 35　　　　　　　分城乡困难残疾人饮酒状况分布

分类	城市		农村		合计	
	人数	约占百分比（%）	人数	约占百分比（%）	人数	约占百分比（%）
从不饮酒	1092	72.1	667	66.4	1759	69.8
已经戒酒	155	10.2	133	13.3	288	11.4
偶尔饮酒	206	13.6	153	15.2	359	14.3
经常饮酒	62	4.1	51	5.1	113	4.5
总计	1515	100.0	1004	100.0	2519	100.0

（3）体育锻炼：女性困难残疾人的锻炼水平较低，需关注农村困难残疾人的锻炼情况。

对于困难残疾人锻炼情况的描述，我们将样本分成三组：每周锻炼次数为 0 规定为"不锻炼"，每周锻炼次数为 1—3 次规定为"锻炼缺乏"，每周锻炼次数多于 3 次规定为"锻炼充足"。去掉 4 个缺失值，对 2515 个样本的分析结果如下：

分性别来看，女性困难残疾人锻炼情况较差，其中"不锻炼"的占比为 69.9%，"锻炼缺乏"的占比为 9.4%，"锻炼充足"的占比为 20.7%，而在男性困难残疾人群体中三组分类的占比分别为 58.7%、9.0% 和 32.3%，说明女性困难残疾人的锻炼水平有待提高（见表 1-36）。

表 1-36　　　　分性别困难残疾人每周锻炼状况分布

分类	男		女		合计	
	人数	约占百分比（%）	人数	约占百分比（%）	人数	约占百分比（%）
不锻炼	952	58.7	624	69.9	1576	62.7
锻炼缺乏	146	9.0	84	9.4	230	9.2
锻炼充足	524	32.3	185	20.7	709	28.2
总计	1622	100.0	893	100.0	2515	100.0

如表 1-37 所示，分城乡来看，农村地区的困难残疾人锻炼水平较低，"不锻炼"的困难残疾人占比较高，为 65.9%，"锻炼充足"的困难残疾人占比较低，为 26.5%。对于体育锻炼环境、实施的建设以及健康理念的推广，应当是今后对于农村困难残疾人这一群体实施工作的重点。

表 1-37　　　　分城乡困难残疾人每周锻炼状况分布

分类	城市		农村		合计	
	人数	约占百分比（%）	人数	约占百分比（%）	人数	约占百分比（%）
不锻炼	916	60.5	660	65.9	1576	62.7
锻炼缺乏	153	10.1	77	7.7	230	9.2
锻炼充足	445	29.4	264	26.5	709	28.2
总计	1514	100.0	1001	100.0*	2515	100.0*

*　四舍五入不为 100.0。

（4）健康体检：农村困难残疾人过去一年健康体检比例较高，残疾人健康促进工作取得成效。

对于困难残疾人过去一年的健康体检情况的描述，去掉2个缺失值后，对2517个样本的分析结果如下：

分性别来看，如表1－38所示。女性困难残疾人中过去一年进行过健康体检的占比稍高于男性中的占比，为45.7%比43.4%。

表1－38　　　　　分性别困难残疾人健康体检状况分布

分类	男		女		合计	
	人数	约占百分比（%）	人数	约占百分比（%）	人数	约占百分比（%）
体检	704	43.4	409	45.7	1113	44.2
未体检	919	56.6	485	54.3	1404	55.8
总计	1623	100.0	894	100.0	2517	100.0

农村困难残疾人过去一年进行过健康体检的占比明显高于城市困难残疾人的占比，为47.9%比41.8%，说明目前对于农村地区困难残疾人的健康体检工作更加重视且取得了一定成效。

表1－39　　　　　分城乡困难残疾人健康体检状况分布

分类	城市		农村		合计	
	人数	约占百分比（%）	人数	约占百分比（%）	人数	约占百分比（%）
体检	633	41.8	480	47.9	1113	44.2
未体检	882	58.2	522	52.1	1404	55.8
总计	1515	100.0	1002	10.0	2517	100.0

（七）困难残疾人文化程度

1. 文化程度分布：困难残疾人文化程度普遍偏低，农村困难残疾人和女性困难残疾人文化程度更低。

从困难残疾人的文化程度分布来看（表1－40），困难残疾人的文化程度主要集中在未上过学、私塾或小学、初中，可见困难残疾人的文化程度偏低。具体来看，文化程度为初中的困难残疾人占比为30.4%，私塾或小学占比为30.1%，未上过学的困难残疾人占比为24.7%，高中或中专为12.9%，大专或大本仅为1.9%。

表1-40　　　　　　　　　困难残疾人文化程度分布

文化程度	人数	约占百分比（%）
未上过学	623	24.7
私塾或小学	757	30.1
初中	765	30.4
高中或中专	325	12.9
大专或大本	49	1.9
总计	2519	100.0

从城乡困难残疾人的文化程度分布来看（表1-41），城市文化程度较农村更高。城市困难残疾人文化程度为高中或中专的人数居多，占比为18.2%，比农村高出13.3%；大专或大本的城市困难残疾人人数占比为2.8%，农村仅有0.6%。农村困难残疾人中文化程度为私塾或小学的人数居多，占比为38.4%，其次未上过学的人数占比为30.0%，比城市多出8.7%。

表1-41　　　　　　　分城乡困难残疾人文化程度分布

文化程度	城市		农村	
	人数	约占百分比（%）	人数	约占百分比（%）
未上过学	322	21.3	301	30.0
私塾或小学	372	24.6	385	38.4
初中	502	33.1	263	26.2
高中或中专	276	18.2	49	4.9
大专或大本	43	2.8	6	0.6
总计	1515	100.0	1004	100.0 *

＊　注：因四舍五入加总实际数字非100.0。

从不同性别的困难残疾人文化程度分布来看（表1-42），女性未上过学的人数占比更高，占比为35.3%，比男性高出16.4%。自初中文化程度以后，男性与女性困难残疾人的人数占比相差不大。文化程度为初中的女性困难残疾人占比为23.2%，比男性低11.1%，而进入高中或中专阶段的女性困难残疾人占比较男性低0.9%，进入大专或大本的女性困难残疾人占比较男性低0.2%。可见，困难残疾人获得的教育机会仍较少，应重视农村地区的教育普及和女性教育权利平等，推进教育制度的完善。

表1-42 　　　　　　　**分性别困难残疾人文化程度分布**

文化程度	男性		女性	
	人数	约占百分比（%）	人数	约占百分比（%）
未上过学	307	18.9	316	35.3
私塾或小学	512	31.5	245	27.4
初中	558	34.3	207	23.2
高中或中专	215	13.2	110	12.3
大专或大本	33	2.0	16	1.8
总计	1625	100.0*	894	100.0

＊ 注：因四舍五入原因加总实际数字非100.0。

2. 就读学校类型：极少数困难残疾人就读特殊学校，城市残疾人融合教育程度较高。

从困难残疾人就读学校类型分布上来看，在上过学的困难残疾人中，就读普通学校的人居多。在所有被调查的困难残疾人中，就读普通学校的人占比为73.0%，就读特殊学校的人占比仅为2.3%，其余24.7%的困难残疾人未曾上过学。

从城乡和不同性别角度来看（表1-43、表1-44），仍呈现仅有少部分困难残疾人就读特殊学校的情况。城市困难残疾人文化程度较高，未上过学的人数占比较少，但仅有2.9%的困难残疾人就读特殊学校，比农村高1.5%；男性困难残疾人中未上过学的人数比例较低，占比为 18.9%，比女性高出 16.4%，但仅有 2.7% 的男性困难残疾人就读特殊学校，比女性高出 1.1%。整体来看，残疾人随班就读的比例较高，是融合教育初级阶段的体现。

表 1-43   分城乡困难残疾人就读学校类型分布

就读学校类型	城市		农村	
	人数	约占百分比（%）	人数	约占百分比（%）
未上过学	322	21.3	301	30.0
普通学校	1149	75.8	689	68.6
特殊学校	44	2.9	14	1.4
总计	1515	100.0	1004	100.0

表 1-44   分性别困难残疾人就读学校类型分布

就读学校类型	男性		女性	
	人数	约占百分比（%）	人数	约占百分比（%）
未上过学	307	18.9	316	35.3
普通学校	1274	78.4	564	63.1
特殊学校	44	2.7	14	1.6
总计	1625	100.0	894	100.0

二 被调查困难残疾人主要特征

（一）人口基本特征

从困难残疾人的性别、年龄分布来看，男性困难残疾人占比高于女性，且农村相较于城市中的男性困难残疾人比女性更多，农村困难残疾人的比例更不均衡。结合困难残疾人的婚姻状况进行反思，男性困难残疾人中未婚人数较多，因此男性残疾人大多数不能从家庭中获得支持，从而可能更容易造成贫困的现状。困难残疾人年龄呈现"中间大、两头小"的橄榄型结构，中老年群体为困难残疾人的主要成员构成。相对青年群体，中老年群体的劳动能力和身体状况较差，这可能对其就业造成一定阻碍，影响中老年残疾人的经济收入，因而成为困难群体。同时，在调查中发现，女性困难残疾人比男性困难残疾人的老龄程度更高。现有研究表明，女性平均寿命高于男性，因此女性老年残疾人更容易面临丧偶孤寡的状况，获得的家庭支持少和自身老龄残疾的特征，更容易使其成为困难群体①。

从困难残疾人的城乡分布来看，城乡困难残疾人分布不均衡，城市困难残疾人超过六成。与城市相比，很多农村残疾人家庭可通过种植业、养殖业来实现自给自足。但城市残疾人家庭极少能依靠此类产业改善自身生活条件，城市中的困难残疾人收入主要来源于政府补贴和家人供养。因此，城市困难残疾人相对于农村困难残疾人收入渠道较窄，收入的方式比较单一。另外，随着城市化的推进，劳动力涌入城市，以及残疾人本身不具有明显的竞争优势，因而给城市困难残疾人带来巨大的就业压力。固有社会观念的滞后性也一定程度上制约了城市残疾人就业，从而可能造成了城市困难残疾人比农村困难残疾人更多的现象。

从困难残疾人婚姻状况来看，困难残疾人已婚（初婚）比例高达五成，而从未结婚的困难残疾人人数比例位居第二。可见，困难残疾人的婚姻状况变动不大，大多数困难残疾人选择稳定、单一的婚姻状态，出现离异、再婚的人数比例较小。就城乡对比而言，尽管城市困难残疾人中从未结婚的人数比例比农村低，但在有结婚经历的城市困难残疾人中，困难残疾人的婚姻变动（选择离异、再婚）人数比例更高。男性与女性对比发现，男性困难残疾人从未结婚的人数比例比较高，推测男性残疾人因其身体状况和经济条件更难以组建家庭，缺少家庭支持成为造成贫困或加剧贫困的原因之一。

---

① 中华人民共和国国家统计局：《国家统计年鉴》，中国统计出版社 2017 年版。

另外，本次被调查的所有困难残疾人均持有残疾证明。

（二）残疾情况

通过对被调查残疾人的残疾原因、致残年龄、残疾类型、残疾等级进行数据分析，总结出以下特点：

1. 困难残疾人的主要残疾原因为患病和天生残疾，且农村的困难残疾人天生残疾比例高于城市，女性困难残疾人的患病致残比例高达五成。

2. 困难残疾人的致残年龄多集中于 0—4 岁年龄段，农村困难残疾人在老年阶段致残人数占比更高，男性困难残疾人相对女性更集中在青年、中年阶段。

3. 困难残疾人肢体残疾为主要的残疾类型，男性的肢体残疾人数比例比女性更高，城市困难残疾人的智力和精神残疾患者人数比例更高。

4. 二级重度残疾的困难残疾人占比最高，城乡困难残疾人残疾等级分布情况接近，城市一级重度残疾占比略高于农村。

因此推测，幼年患病使残疾人缺少接受良好的教育或就业培训的机会，肢体残疾因其更为明显或活动不便在就业方面面临更大的阻碍，重度残疾更易丧失劳动能力而缺少经济来源，以上都可能是残疾人成为贫困群体的重要原因。

（三）文化程度

根据以上数据分析，总结发现困难残疾人的文化程度普遍偏低，主要集中在未上过学、私塾或小学、初中，进入高中或中专、大专或大本的困难残疾人非常少，可见困难残疾人有极少的机会能够接受高等教育，从而影响自身的生存和发展。同时，在困难残疾人文化程度较低的背景下，其中女性困难残疾人和农村困难残疾人的文化程度都相对更低。可见，欠发达地区和女性获得的教育机会普遍较少，应重视农村地区义务教育普及，呼吁保护女性受教育权利，推进平等教育制度的建立和完善。

在接受过教育的困难残疾人中，仅有极少数困难残疾人就读特殊学校，农村与女性困难残疾人就读特殊学校的比例更低。从共享的角度来说，这可能是残疾人教育融合的表现，但随班就读只是融合教育的初级阶段，还未达到实质性的融合教育。① 而从普及教育的角度来说，当普通学校不能满足残疾人的特殊需求，而特殊学校又不能对残疾人教育进行必要的支撑时，残疾人的教育供需就会出现不均衡的状况。

然而在特殊教育领域中，特殊高等职业教育在残疾人全方位脱贫中起到尤其重要的作用。第一，特殊高等职业教育是提高残疾人群体文化素质和受教育水平的有效途径，可以彻底实现精神层面的脱贫。第二，特殊高等职业教育有助于残疾人实现就业创业，从根本上提高残疾人群体的生活质量和水平。第三，特殊高等职业教育能够有效促进残疾人群体参与社会生活，适应社会角色转换的需要。② 因此，解决残疾人的民生保障问题，"教育先行"应成为全社会的普遍共识。

（四）健康情况

随着人类寿命的不断延长，在个体晚期带病期无法避免的情况下，致残性疾病、伤害等都会使老年人存在一定程度的失能，从而呈现"老年人残疾化"；另一方面，即便个体带残，由于医疗技术的进步，残疾人仍可以存活相当一段时间，随着残疾人群体中新的队列的不断加入，形成的累积效应会使得残疾人年龄结构进一步老化，从而呈现"残疾人老龄化"，从数据结果来看，困难残疾人总体慢性病患病率高，分病种来看，主要集中在骨关节炎、高血压、胃病、心脑血管疾病这几类慢性病，除胃病外，以上几种常见的老年慢性病在困难残疾人群体中的患病率较高进一步支持了"残疾人老龄化"的趋势。在残疾和老龄的双重作用下，这一群体在健康水平较低的同时，抵御健康风险的能力也较差，从而需要额外的关注和支持。

---

① 方俊明：《特殊教育的哲学基础》，北京大学出版社 2011 年版。
② 王荣光：《特殊高等职业教育在残疾人脱贫攻坚进程中的作用研究》，《中国校外教育》2018 年第 8 期。

老年困难残疾人生理健康、综合健康水平均较低，但心理健康水平综合来看相对较高，从健康行为方面来看，体育锻炼不足可能是老年困难残疾人的主要问题。疼痛更为普遍在显著影响老年困难残疾人的睡眠质量同时也会降低其总体的生活质量，疼痛作为患有慢性病的体现，也可能与抑郁症状的躯体化有关，需要额外地关注。老年困难残疾人综合健康状况较差体现在日常生活功能的水平较低，由于不同的年龄阶段对于健康的定义与个体在社会中的角色密切相关，相比于其他年龄组的人群，老年人的健康状态最核心的标准应当是有"独立生活的能力"或是说"自我照料的能力"，而日常生活功能的条目恰好体现了老年人的自理活动中一些基本的条目，所以我们可以得出老年困难残疾人总体上是缺乏自我照料能力的，有着较高的照护需求。良好的健康行为是有效的健康保护因子，老年困难残疾人在体育锻炼方面明显不足，产生这一情况的原因主要与骨关节炎在这一群体中患病率较高的现状有关，因此开发适宜的体育锻炼项目至关重要。

不同残疾类型和残疾等级与各种健康指标之间的关系也是我们需要关注的。精神残疾由于其致残原因与神经系统功能障碍有关，因此这两类人群的心理健康水平必然较低。多重残疾的困难残疾人的抑郁症状更普遍说明他们相比于单一类型残疾的困难残疾人面临着更多的精神负担。此外，在 WHO－5 得分方面，言语、听力、视力三类残疾的困难残疾人得分较低则说明，如果考虑范围更广的"精神健康福祉"（WHO－5相比于其他三个工具所测量的心理健康范围更加宽泛），可能社会互动的影响会更加重要，因此有关提升残疾人心理健康的措施不仅仅要以残疾人作为实施的主体，还要关注消除信息沟通、活动参与的障碍。各类心理健康指标随着困难残疾人残疾程度的加深而恶化，对于 WHO－5得分在不同残疾程度间差异不明显的情况，可能的原因是困难残疾人的整体得分已经较低，本调查中的 WHO－5 平均得分为10.03 分，而根据已有使用 WHO－5 进行测量的研究，住院 2 型糖尿病患者的平均得分为 18.47 分。在自评健康以及日常生活功能方面，结果显示多重残疾的困难残疾人是最为不利的群体，此外，随着残疾程度的不断加重，自评健康水平和日常生活功能水平均在下降。加之重度残疾人群体中出现的健康体检占比较低以及面对身体不适时自我治疗和未处置的占比较高，将会进一步影响其健康水平，因此增加他们对医疗的可及性应当是今后工作的重点。

最后，有关健康指标的性别差异和城乡差异我们可以看到女性相比于男性在自评健康和功能方面的状况更差，但在城市地区的自评健康性别差异并不明显。健康行为虽不能直接反映个体的健康状态，但不健康的行为将会成为风险因子从而最终影响健康结局。吸烟、饮酒这两类健康的风险因素在男性以及农村困难残疾人群体中更为常见，对于这两类行为的有效控制，不仅在困难残疾人中，对于提升全民健康素质也至关重要。女性困难残疾人的锻炼水平较低，加之她们本身的各类健康指标较差，可能会进一步加重不良的健康结局。健康体检以及在面对身体不适时选择找医生看病在农村困难残疾人群体中的占比较高，可能并不能反映农村困难残疾人有较好的医疗保健意识，更可能是对于农村地区有倾向性的医疗政策让这些困难残疾人被动地进行健康体检和寻医行为。

第二节　城乡困难残疾人家庭基本情况

一　被调查困难残疾人家庭基本情况

（一）配偶基本情况

1. 年龄分布：残疾人与配偶间年龄差异较大

2018 年困难残疾人家庭调查中，1357 位残疾人有配偶（共 2519 人）。配偶的年龄分布较为均衡，45—59 岁年龄段的残疾人配偶所占比例最高，共 597 人，约占困难残疾人配偶总人数的 43.6%；60—74 岁年龄段的配偶共 391 人，占比 28.8%；20—44 岁的残疾人配偶共 320 人，占比 23.6%；年龄在 75 岁及以上的配偶共 55 人，所占比例最小，为 4.1%。

表 1-45　　　　　　　　困难残疾人配偶年龄分布 5 岁组

配偶年龄	城市		农村		合计	
	人数	约占百分比（%）	人数	约占百分比（%）	人数	约占百分比（%）
20—24 岁	3	0.4	0	0.0	3	0.2
25—29 岁	16	2.2	6	1.0	22	1.6
30—34 岁	29	3.9	18	2.9	47	3.5
35—39 岁	53	7.1	49	8.0	102	7.5
40—44 岁	89	12.0	57	9.3	146	10.8
45—49 岁	135	18.2	93	15.1	228	16.8
50—54 岁	127	17.1	94	15.1	221	16.3
55—59 岁	83	11.2	59	9.6	142	10.5
60—64 岁	83	11.2	80	13.0	163	12.0
65—69 岁	70	9.4	86	14.0	156	11.5
70—74 岁	26	3.5	46	7.5	72	5.3
75 岁及以上	28	3.8	27	4.4	55	4.1
总计	742	100.0	615	100.0 *	1357	100.0 *

＊　注：因四舍五入加总实际数字非 100.0。

　　从 5 岁组的城乡困难残疾人配偶年龄分布看（表 1-45），配偶年龄主要集中在 45—49 岁、50—54 岁、55—59 岁、60—64 岁等的中年阶段。在城市中，有 18.2% 的困难残疾人配偶年龄在 45—49 岁，其次 50—54 岁也是困难残疾人配偶分布较多的年龄段，共有 17.1% 的城市困难残疾人配偶；农村中，50—54 岁是困难残疾人配偶最为集中的年龄段，共有 15.3% 的比例，也有 15.1% 的农村残疾人配偶分布在 45—49 岁的年龄段。城市中配偶年龄在 34 岁以下的占比高于农村，而农村中高龄（75 岁及以上）配偶的占比高于城市。

　　根据同年龄段残疾人是否有配偶的比较（图 1-5），可以看出，残疾人在 18—44 岁的年龄段中，有配偶的残疾人比例是无配偶残疾人比例的 0.6 倍；45 岁及以上的年龄组中，有配偶的残疾人人数均大于无配偶残疾人，其中 60—74 岁组的有无配偶比最高，为 2.1；在

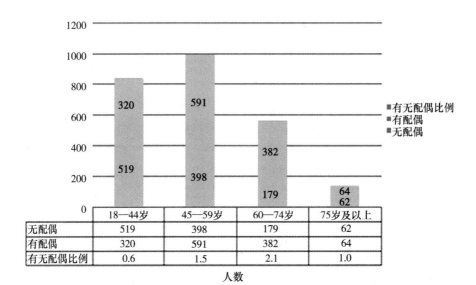

	18—44岁	45—59岁	60—74岁	75岁及以上
无配偶	519	398	179	62
有配偶	320	591	382	64
有无配偶比例	0.6	1.5	2.1	1.0

人数

图 1 - 5　同年龄段残疾人有无配偶比（N = 2519；人）

注：有无配偶比 = 有配偶的残疾人数/该年龄段无配偶残疾人数，是残疾人单身率的一种算法，反映出不同年龄段残疾人的单身状况。

75 岁及以上的残疾人中，有配偶的残疾人和无配偶残疾人比例相当。

配偶年龄分布基本与残疾人年龄分布相一致，残疾人年龄分布占比较高的年龄段，配偶在该年龄段上的占比可能也较高。从困难残疾人与配偶的年龄差和残疾人的年龄分布关系上看出（表 1 - 46），青年组（18—44 岁）、高龄组（75 岁及以上）的残疾人与其配偶的年龄差异都较大，在该年龄段分别有 12.8% 和 12.5% 的残疾人与其配偶年龄差值在 10 岁以上。60—74 岁组的同龄配偶比例最高，达到该年龄段总人数的 12.6%。18—44 岁、45—59 岁和 60—74 岁三个年龄组中，配偶间年龄差都以 1—3 岁的差值为主，分别为 29.4%、31.6% 和 36.1%，而在 75 岁及以上的分组中，配偶间主要年龄差值在 4—5 岁，占比 31.2%。高龄组年龄差距的差异较其他组大，主要原因是该年龄组为开口组，老年人再婚的概率也相应增大，年龄的影响较低。而青年组年龄差值在 10 岁以上的比例高，反映出时代变化下，青年人婚姻观念的转变，年龄在婚姻市场的影响因素相应减弱。

表 1 – 46　　　　困难残疾人年龄分布与配偶间年龄差值的关系

年龄差	18—44 岁（%）	45—59 岁（%）	60—74 岁（%）	75 岁及以上（%）
0 岁	9.7	11.0	12.6	9.4
1—3 岁	29.4	31.6	36.1	26.6
4—5 岁	28.8	29.6	27.7	31.2
6—10 岁	19.4	19.6	17.0	20.3
10 岁以上	12.8	8.1	6.5	12.5
总计	100.0*	100.0*	100.0*	100.0

＊ 注：因四舍五入加总实际数字非 100.0。

从年龄差城乡分布状况表（表 1 – 47）可以看出，残疾人与配偶没有年龄差的共有 150 人，占困难残疾人配偶总人数的 11.1%；年龄差在 10 岁以上的有 122 人，占比为 9.0%。体现出残疾人与配偶间年龄差异较大的特点。分城乡来看，农村配偶年龄差在 5 岁以上的比例高于城市，达到农村困难残疾人配偶总人数的 29.6%。配偶间年龄相同的情况也是农村占比更高，有 11.7% 的农村困难残疾人与其配偶同龄。

表 1 – 47　　　　　　配偶与残疾人年龄差绝对值城乡分布

年龄差	城市		农村		合计	
	人数	约占百分比（%）	人数	约占百分比（%）	人数	约占百分比（%）
0 岁	78	10.5	72	11.7	150	11.1
1—3 岁	242	32.6	194	31.5	436	32.1
4—5 岁	226	30.5	167	27.2	393	29.0
6—10 岁	135	18.2	121	19.7	256	18.9
10 岁以上	61	8.2	61	9.9	122	9.0
总计	742	100.0	615	100.0	1357	100.0*

＊ 注：因四舍五入加总实际数字非 100.0。

2. 教育程度：残疾人配偶受教育程度总体较低，与残疾人受教育程度差异不大。

在 1357 位残疾人配偶中，共有 320 位困难残疾人配偶未上过学，达到困难残疾人配偶总人数的23.6%；私塾或小学的学历的有500人，占配偶总人数的36.9%；学历水平为初中的共有392人，占比28.9%；配偶学历在高中或中专的共有134人，占比9.9%；学历在大专或大本以上的人数最少，共11人，占配偶总人数的0.8%。可以看出残疾人配偶的受教育程度整体上偏低。

从困难残疾人配偶受教育程度的城乡分布上（表1-48），可以看出城市中配偶的受教育程度总体上高于农村。城市中配偶受教育程度人数最高的年龄段是初中，占城市中配偶总人数的34.0%；私塾或小学的比例也较高，占比31.7%；最高学历为大专或大本，占总人数的1.5%。在农村中，配偶受教育程度最高的年龄段是私塾或小学，占农村中配偶总人数的43.0%；最高学历为高中或中专，占总人数的4.2%。农村中未上过学的配偶比例比较高，达到农村困难残疾人配偶总人数的30.0%，相较于城市中配偶的比例要高出11.8%。通过残疾人配偶受教育程度和城乡属性的交叉表分析，得出 χ^2 值为82.607，p < 0.001. 显示残疾人的受教育程度与城乡户口上存在相关性。

表1-48　　　　　　**困难残疾人配偶受教育程度城乡分布**

受教育程度	城市		农村		合计	
	人数	约占百分比（%）	人数	约占百分比（%）	人数	约占百分比（%）
未上过学	135	18.2	185	30.0	320	23.6
私塾或小学	235	31.7	265	43.0	500	36.9
初中	252	34.0	140	22.7	392	28.9
高中或中专	108	14.6	26	4.2	134	9.9
大专或大本	11	1.5	0	0.0	11	0.8
硕士及以上	0	0.0	0	0.0	0	0.0
总计	741	100.0	616	100.0*	1357	100.0*

＊　注：因四舍五入加总实际数字非100.0。

从困难残疾人配偶的受教育程度与其年龄分布的关系上（表1-49）看出，不同年龄段配偶的受教育程度分布情况不同。年龄在75岁及以上的配偶，受教育程度总体上最低，未上过学的比例占该年龄段配偶总人数的43.6%；私塾或小学的比例占该年龄段配偶总人数的41.8%；没有人学历达到了大专或大本。而在偏年轻段的18—44岁年龄组，受教育程度总体上明显提升，有34.1%的残疾人配偶受教育程度为初中，学历为大专或大本以上的人数比例达到了该年龄段配偶总人数的2.3%。在未上过学这一受教育程度上，可以看出四个年龄组的变化趋势是随着年龄的降低，未上过学的比例降低，高等学历比重越来越高，总体文化程度越来越高。这种变化体现出随着我国经济的发展和社会文化程度的提高，教育普及越来越广，社会对教育的重视程度越来越高。

表1-49　　　　　**困难残疾人配偶受教育程度与其年龄分布**

配偶受教育程度	配偶年龄分布（%）			
	18—44 岁	45—59 岁	60—74 岁	75 岁及以上
未上过学	16.6	19.3	33.3	43.6
私塾或小学	35.7	33.0	42.7	41.8
初中	34.1	36.1	16.9	9.1
高中或中专	11.2	11.5	6.9	5.5
大专或大本	2.3	0.2	0.3	0.0
总计	100.0	100.0	100.0	100.0

残疾人与配偶间的受教育程度差异总体不大，残疾人与配偶受教育程度相等的共有567人，占比为41.8%。配偶受教育程度高于残疾人的共有333人，占比24.5%；其中配偶受教育程度略高于残疾人一级的共261人，占比19.2%；配偶受教育程度高于残疾人两级学历以上的，有72人，占比5.3%。残疾人受教育程度高于配偶的共457人，占比33.7%；其中受教育程度差异较小（残疾人略高一级学历）的共有338人，占比24.9%；受教育程度相差较大（残疾人学历高于配偶两级以上）的有119人，占比8.8%。困难残疾人配偶的受教育程度总体上略低于残疾人。

分性别来看，配偶间男性的受教育程度总体上高于女性，如

表 1 – 50 所示。在残疾人为男性而配偶为女性的情况下，有 43.4% 的残疾人受教育程度略高或较高于其配偶；在残疾人为女性而配偶为男性的情况下，有 19.1% 的残疾人受教育程度高于其配偶。

表 1 – 50　　　　困难残疾人配偶受教育程度与残疾人性别差异

受教育程度差异	男性残疾人		女性残疾人		合计	
	人数	约占百分比（%）	人数	约占百分比（%）	人数	约占百分比（%）
配偶较高	4	0.5	9	1.7	72	5.3
配偶略高	109	13.4	211	38.8	261	19.2
相等	347	42.7	220	40.4	567	41.8
残疾人略高	339	41.7	100	18.4	338	24.9
残疾人较高	14	1.7	4	0.7	119	8.8
总计	813	100.0	544	100.0	1357	100.0

注：受教育程度差异的计算是通过比较残疾人和其配偶的受教育程度得出的，如果双方教育程度在同一级别，则为同等教育水平；如果受教育程度相差在上下级，则为有略微差异；如果相差程度在两级及以上，则为较大差异。受教育程度级别根据问卷而定。

3. 残疾情况：困难残疾人家庭一户多残现象值得关注。

根据残疾人配偶的残疾证持有情况（表 1 – 51），总体上困难残疾人配偶患有残疾的共 201 人，占困难残疾人配偶总人数的 14.8%。在双方都是残疾人的家庭中，人力资源不足，生活开销加大，而收入来源减少，这给困难残疾人家庭带来了更大的负担，因此需要得到政府和社会更多的关照和支持。

表 1 – 51　　　　困难残疾人配偶持证情况城乡分布

持证情况	城市		农村		合计	
	人数	约占百分比（%）	人数	约占百分比（%）	人数	约占百分比（%）
是	98	13.2	103	16.7	201	14.8
否	643	86.8	513	83.3	1156	85.2
总计	741	100.0	616	100.0	1357	100.0

（二）困难残疾人家庭基本情况

1. 子女情况：无子女家庭占了大多数比例，有子女中一孩家庭的情况最普遍。

在调查的 2519 位城乡困难残疾人中，共有 816 位残疾人拥有过子女，占比 32.4%；1703 位残疾人没有子女，占调查总人数的 67.6%。

共有 792 位残疾人的子女健在，其中大多数家庭以一孩或二孩为主，一孩家庭共有 364 人，占比 46.0%；二孩家庭共 251 人，占比 31.7%；四孩及四孩以上的家庭较少，共 72 人，占比 9.1%（表 1 - 52）。分城乡来看，农村地区家庭人均拥有 2.2 个孩子，而城市的人均子女数为 1.7（表 1 - 53），农村人均子女数要高于城市。农村地区受家庭缺乏劳动力补给、传统生育观念、政府早前计划生育政策执行效果等因素的影响，更有可能出现多孩现象。

表 1 - 52　　　　　　　**困难残疾人家庭子女数量城乡分布**

子女数量	城市		农村		合计	
	人数	约占百分比（%）	人数	约占百分比（%）	人数	约占百分比（%）
1	239	55.6	125	34.5	364	46.0
2	125	29.1	126	34.8	251	31.7
3	44	10.2	61	16.9	105	13.3
4 及以上	22	5.1	50	13.8	72	9.1
总计	430	100.0	362	100.0	792	100.0 *

*　注：因四舍五入加总实际数字非 100.0。

表 1 - 53　　　　　　　**困难残疾人家庭子女数量频数分布**

类型	平均值	中位值	标准差	极小值	极大值
城市	1.7	1.0	1.0	1.0	6.0
农村	2.2	2.0	1.2	1.0	11.0
城乡	1.9	2.0	1.1	1.0	11.0

2. 家庭规模：困难残疾人家庭规模以二人或三人为主。

根据困难残疾人家庭规模情况（表1-54），困难残疾人家庭总人数为3人的比例最高，有28.1%，共707人；家庭总人数为2人的也占较大比重，共628人，占残疾人总人数的24.9%；5人及以上的其他家庭规模情况较少，比例均低于10%。从城乡分布上看，城市中困难残疾人家庭单人户的比例略高于农村，但5人及以上的家庭规模类型中，农村的占比均高于城市。农村地区的亲缘关系较为亲密，多人户（三代及以上同住）家庭的可能性更高。

表1-54　　　　　　　困难残疾人家庭规模城乡分布情况

家庭规模	城市		农村		合计	
	人数	约占百分比（%）	人数	约占百分比（%）	人数	约占百分比（%）
1 人	164	10.8	100	10.0	264	10.5
2 人	377	24.9	251	25.0	628	24.9
3 人	469	31.0	238	23.7	707	28.1
4 人	294	19.4	176	17.5	470	18.7
5 人	121	8.0	125	12.5	246	9.8
6 人	65	4.3	66	6.6	131	5.2
7 人及以上	25	1.7	48	4.8	73	2.8
总计	1515	100.0*	1004	100.0*	2519	100.0

＊　注：因四舍五入加总实际数字非100.0。

从困难残疾人家庭规模与残疾等级的情况看（表1-55），一级伤残的残疾人中，有6.6%单人居住；四级伤残里，14.8%的人单独居住。残疾等级越高意味着残疾人的自理能力越差，更需要家人的帮助和支持。

表1-55　　　　困难残疾人家庭规模与残疾等级情况分布

家庭规模	一级（%）	二级（%）	三级（%）	四级（%）
1 人	6.6	9.4	12.1	14.8
2 人	23.6	26.6	22.0	27.8

续表

家庭规模	一级（%）	二级（%）	三级（%）	四级（%）
3 人	27.4	29.2	29.0	25.5
4 人	18.6	18.7	19.8	15.8
5 人	12.0	9.5	8.9	8.4
6 人	7.0	4.6	4.9	5.4
7 人及以上	4.8	2.0	3.2	2.3
合计	100.0	100.0	100.0 *	100.0

＊　注：因四舍五入加总实际数字非 100.0。

二　困难残疾人家庭主要特点

在本节，主要对被调查困难残疾人的配偶和家庭规模进行了描述和分析，分析结果如下：

（一）被调查困难残疾人配偶状况

结果显示，残疾人配偶的个人情况和残疾人本人在很多方面是接近的、吻合的，如残疾人和配偶的受教育程度。这反映出在婚姻市场上，经济文化因素对配偶选择偏好的影响，配偶更倾向于选择拥有相同文化背景、家庭背景的人。

在残疾人与配偶间的年龄差异上，大多数残疾人相差年龄在 3 岁之内。差距在 10 岁以上的配偶中，高龄残疾人配偶所占比例更高。可能是由于高龄残疾人由于中年丧偶或离婚等，组成了二婚家庭，此时年龄不成为影响婚姻的重要因素，而体现了婚姻观念的越来越开放。

从不同年龄段的残疾人有无配偶状况比较来看，合法结婚的年龄段中，较为年轻的残疾人没有配偶的比例更高。除去社会发展过程中初婚年龄后延的现象因素外，这与残疾是否发生在婚姻之前也有关。残疾状况加剧了无配偶人群在婚姻市场寻找配偶的难度。

（二）被调查困难残疾人家庭情况

困难残疾人中拥有子女的比例较小，其中一孩家庭所占的比例最大。该情况与先前政府推行的计划生育政策是一致的。除了政策影响外，家庭的生活负担影响下的生育意愿、残疾带来的生育功能问题等，也是影响残疾人生育行为的重要因素。

困难残疾人的家庭规模较小，三人户和二人户所占比例最高。家庭规模尤其影响着残疾人及其成员的生活照料及养老等问题，现有的福利政策仍以社会救助、社会保险和社会福利，因此 2019 年，全国政协委员朱建民建议，建立残疾人意外伤害、重大疾病及财产等残疾人综合商业保险保障制度。[①] 通过建立商业保险，更有针对性地帮助有需要的残疾人解决养老、大病医疗等问题。伴随着人口流动加速、家庭日益核心化、家庭规模日益缩小等社会因素，家庭成员能够给予残疾人的关怀更加有限，造成对残疾人生活照顾方面的人力资源短缺。[②] 当前，我国现有残疾人 8000 万，残疾人直系亲属有 2.5 亿人，我国残疾人家庭中成员的身心状况也要受到关注和重视。

（三）被调查困难残疾人家庭的城乡差异

通过城乡分类的方法，本章发现，农村残疾人在家庭照顾方面有着很大的需求。农村残疾人的家庭中，配偶的学历更低、同样患有残疾的可能性更高，而且子女较多，生活负担加重，父母离世的比例较高，父母的健康状况也不太理想，种种情况导致农村困难残疾人家庭面临着巨大的生活压力。因此，在政策中，可以适当地更加关注农村地区的残疾人生活状况，进一步完善残疾人家庭档案的动态更新。但值得肯定的是残疾人家庭中城乡差距在缩小。城乡统筹已成为当前残疾人保障政策的重要原则，但城乡均衡仍未实现，还要不断改革。[③]

三　相关政策讨论

在当前的政策文件中，对残疾人家庭的关注还是以放在家庭福利

---

① 王晓慧：《两会｜残疾人面临养老大病难题，朱建民：建立残疾人综合商业保障制度》，《华夏时报》2019 年 3 月 6 日。

② 赵建玲：《老年残疾人家庭现状与需求特点分析》，《残疾人研究》2014 年 1 月。

③ 庞文、张蜀缘：《中国残疾人社会保障制度的演进：1978—2017》，《残疾人研究》2018 年 2 月。

补贴和无障碍改造的家庭环境两方面，缺乏对残疾人家庭成员的关心，而家庭成员是家庭功能得以运行的重要载体。如何帮助残疾人配偶减轻生活压力、帮助残疾人父母解决医疗照顾问题、帮助残疾人子女解决教育、就业等，是政策文件中有所欠缺的。

想要依靠家庭帮助残疾人增强自我功能和发展，就需要给予家庭更多的支持和鼓励。当有一方为残疾人时，家庭的负担就更多地落在了父母、配偶，或者子女身上。当残疾人家庭中父母亲健康状况不是很理想时，可以考虑给予残疾人家庭更多的医疗福利。对于老年残疾人家庭，需要发展以社区为主的长期照顾。因此，残疾政策有必要关注残疾人家庭中其他成员的个人状况和家庭经济情况，并根据情况实施社会保障和社会福利。在残疾政策的实施和政策考核过程中，都应将和残疾人有直接密切相关的家庭成员的基本状况和需求纳入系统，建立健全残疾人家庭保障机制，真正发挥好家庭的功能和作用，维护残疾人权利，提高残疾人生活水平。

在利用好家庭帮助残疾人恢复自身功能、维护残疾人权益的基础上，更应该看到，要发挥残疾人自身的力量，而不是把残疾人看作是家庭的负担。不仅是帮助家庭从物质上脱贫，加大经济援助、完善医疗保障、提升个人能力，更要注重残疾人家庭从心理上脱贫，通过购买服务或社区社会工作者等专业人员的作用，疏导残疾人家庭的消极情绪，从各个层面上帮助残疾人家庭提高生活幸福感。[1] 随着中国家庭规模的缩小化，残疾人更可以依靠独立的力量生存。因为在家庭之外，社区也是残疾人及其家庭的保护伞。社区应充分发挥其人力资源和物质资源，和家庭搭建起合作的平台，帮助残疾人增强独立生活而非依赖家庭成员的能力。越来越多提供残疾人服务的社会机构和其他社会福利机构，也应当走进社区、走进残疾人家庭。社会工作者、志愿者等的帮助，不仅能起到帮助残疾人恢复自身生理功能、帮忙家庭成员照顾残疾者的作用，更能从心

---

[1]　翁嘉琦：《我国城市贫困残疾人脱贫现状分析》，《智库时代》2019 年 1 月。

理上帮助残疾人减轻压力，增强个人能力，帮助重拾信心。因此，要摆脱依赖型的政府福利救助模式和家庭成员供养模式，充分发挥家庭、社区、社会三者的联动作用。

第二章 困难残疾人及家庭"经济与住房"政策支持

本章在概括梳理城乡困难残疾人家庭脱贫攻坚政策、福利补贴政策、住房政策实施概况的基础上，结合 2018 年度"托底性民生保障政策支持系统建设"项目的有关数据，对城乡困难残疾人家庭脱贫、低保、两项补贴、住房方面的政策供给、需求、成效进行了分析，揭示了当前城乡困难残疾人家庭经济支持与住房政策取得的发展及存在的问题，并提出有针对性的建议，为更好满足人民需求提供政策参考。

第一节 经济与住房托底政策及服务基本情况

一 政策背景

改革开放以来，党和政府高度重视残疾人社会保障与扶贫攻坚工作，中央和地方出台了一系列兜底保障政策得以保障残疾人生存发展的基本权利，促进残疾人如期脱贫。进入新时代，习近平总书记两次对做好残疾人脱贫攻坚、兜底保障等问题作出重要指示，突出强调"全面建成小康社会，残疾人一个也不能少"，特别要求要"把贫困老年人、残疾人等作为群体攻坚重点，通过加大投入、完善社会保障来实现脱贫"。精准脱贫政策的有力推进为减少贫困残疾人口发挥了巨大作用，贫困残疾人脱贫攻坚取得阶段性成效，残疾人生产生活状况得到进一步改善。截至 2017 年年底，贫困残疾人得到有效扶持，其中92.5万残疾人退出建档立卡。[①]

（一）残疾人脱贫攻坚政策

取得巨大成就的背后，有不断出台并完善的脱贫政策作支撑。改革开放四十年来，我国残疾人脱贫政策不断发展完善，特别是党的十八大之后，中央针对残疾人脱贫加快顶层设计，在现有脱贫政策向困难残疾人倾斜的同时，也为困难残疾人脱贫量身定制了专项措施确保其稳定脱贫。

具体来看，党的十八大至今，伴随着精准扶贫政策的深入推进，残疾人脱贫攻坚进入精准施策阶段，该阶段是残疾人脱贫攻坚政策出台最密集、思路最系统、举措最完善的阶段。2013年10月，为贯彻党的十八大精神，中残联出台《关于在集中连片特困地区加强残疾人扶贫开发工作的通知》，通知要求要下大力气解决集中连片特困地区农村困难残疾人的生产发展、脱贫致富问题，加强对贫困残疾人的帮扶力度，让广大残疾人尽快实现小康生活。2014年，中残联颁布《关于创新农村残疾人扶贫开发工作的实施意见》，其中明确提出采取更加有力、更具实效的扶持政策和帮扶手段，加快农村贫困残疾人脱贫进程。将残疾人脱贫纳入贫困县退出考核机制中，将农村残疾人扶贫对象全部纳入建档立卡范围；同时，进一步加大财政专项扶贫资金对残疾人扶贫对象的支持力度。为贯彻中央关于"打赢脱贫攻坚战"的决定，2016年，国务院扶贫办联合民政部、中残联等有关部门出台《贫困残疾人脱贫攻坚行动计划（2016—2020年）》，计划通过10个方面的重点行为为残疾人精准脱贫提供具体举措，同时加强社会救助等社会保障政策和扶贫开发政策有效衔接；完善农村低保制度，对符合条件的贫困残疾人实行政策性保障兜底。此外，计划中明确提出了2016—2020年残疾人脱贫攻坚的总体目标——到2020年，稳定实现贫困残疾人及其家庭"不愁吃、不愁穿，义务教育、基本

---

① 《2017年中国残疾人事业发展统计公报》（残联发〔2018〕24号），http：//www.cdpf.org.cn/zcwj/zxwj/201804/t20180426_ 625574.shtml。

医疗、住房安全有保障，基本康复服务、家庭无障碍改造覆盖面有效扩大"。2017 年 8 月，《"十三五"加快残疾人小康进程规划纲要》以约束性指标方式提出力争到 2020 年，农村贫困残疾人实现脱贫，农村建档立卡贫困残疾人脱贫率达到 100%。2018 年，中残联等五部委联合下发《着力解决因残致贫家庭突出困难的实施方案》，强调运用大数据及信息平台对接，精准识别、准确掌握贫困残疾人的基本信息，详细分析贫困残疾人的分布、残疾类型和等级，逐一落实相关扶贫政策。①

综合来看，随着经济社会发展、脱贫攻坚战略实施以及党中央对残疾工作的高度重视，城乡困难残疾人脱贫攻坚工作取得显著进展，政策不断完善。2013 年以来政策经历了由加速布局到精准帮扶的转变，脱贫政策导向及内容从局部扶贫到全面扶贫、从单一要素扶贫到综合要素扶贫、从分散化扶贫到精准扶贫发展；脱贫政策目标从短期到长期规划、从解决生存问题到生存与发展兼顾；脱贫政策参与主体从单一化到多元化发展；脱贫政策形式从单一到多样、从非专业到专业化发展。然而，在困难残疾人精准脱贫领域也存在贫困残疾人参与度低、政策供需失衡、多头并进与统筹协调无序等问题，值得引起重视与关注。②

（二）残疾人最低生活保障政策

残疾人是一个规模庞大并具有特殊性的弱势群体，重视残疾人社会保障尤其是经济保障，不仅是完善社会保障体系的必要内容，更是衡量社会公正与文明进步程度的基本指标。③ 我国最低生活保障制度为困难残疾人基本生活提供了强有力的经济支持。

从当前政策走向来看，党的十八大以来，党和政府在最低生活保

---

① 吴敏：《中国残疾人扶贫的发展历程与政策变迁》，《西部论坛》2016 年第 6 期。

② 赵娜、伍海兰：《残疾人精准扶贫政策实施问题及对策探究——以广东省 K 地区为例》，《管理观察》2018 年第 2 期。

③ 葛晓梅：《残疾人最低生活保障：问题与制度完善》，《中共山西省委党校学报》2011 年第 4 期。

障政策方面作出了新的具体部署。特别是 2016 年以来，伴随精准扶贫政策的有力推进，低保政策向困难残疾人倾斜、优惠扶持力度不断加大。具体来看，有如下几个方面：

第一，确保困难残疾人家庭收入稳步增长，强化兜底政策。《"十三五"加快残疾人小康进程规划纲要》明确，将残疾人家庭人均可支配收入年均增速大于 6.5% 作为预期性指标纳入主要指标考量体系，并将符合条件的困难残疾人家庭及时纳入最低生活保障范围作为残疾人民生兜底保障重点政策。

第二，加强政策衔接，实施兜底帮扶。2016 年，民政部等部门出台文件表示："把握坚持应扶尽扶、坚持应保尽保、坚持动态管理、坚持资源统筹的原则，通过农村低保制度与扶贫开发政策的有效衔接，形成政策合力，对符合低保标准的农村贫困人口实行政策性保障兜底，确保到 2020 年现行扶贫标准下农村贫困人口全部脱贫。"①

第三，创新工作机制，扩大保障范围。2018 年中残联、民政部等联合出台的《着力解决因残致贫家庭突出困难的实施方案》提出，要切实将符合条件的残疾人家庭及时纳入最低生活保障范围，生活困难、靠家庭供养且无法单独立户的成年无业重度残疾人，经个人申请，可按照单人户纳入最低生活保障范围。

综合来看，我国残疾人城乡低保制度走了一条"城市先行—带动农村—城乡一体化"的发展道路，残疾人低保体系不断完善与发展。期间，覆盖面不断扩大，保障水平不断提高。从政策对象来看，由城市低收入群体、农村五保户、特困户逐步向城乡所有困难残疾人转移，其中特别强调了对农村建档立卡困难残疾人的补贴力度。从政策导向上看，出现逐步向农村倾斜，与其他社会保障机制相互补充的趋势，并强调了与扶贫工作的对接。然而，尽管目前残疾人低保的标准在逐年提高，覆盖面正在逐步扩大，仍有学者认为，农村困难残疾人

---

① 《国务院办公厅转发民政部等部门关于做好农村最低生活保障制度与扶贫开发政策有效衔接指导意见的通知》（国办发〔2016〕70 号），http：//www.govcn/zhengce/content/2016 - 09/27/content_ 5112631. htm。

获得低保方式不公平，低保保障方式单一，存在低保机制运行不健全等问题[①]，此外，残疾人尤其是农村困难残疾人最低生活保障存在着低保对象的核定与隐私保护之间的矛盾。[②] 对此，有学者建议需要将全国重度残疾人统一纳入低保；此外，在低保政策制定时扩宽筹资渠道、充分考虑农村残疾人的特殊性。[③]

（三）残疾人"两项补贴制度"

为了配合 2020 年全面建成小康社会，进一步促进残疾人精准脱贫目标的实现，解决残疾人特殊生活困难和长期照护困难，2015 年 9 月，国务院印发了《关于全面建立困难残疾人生活补贴和重度残疾人护理补贴制度的意见》（国发 2015〔52〕号，以下简称《意见》），规定自 2016 年 1 月 1 日起全面实施困难残疾人生活补贴和重度残疾人护理补贴制度（以下简称"残疾人两项补贴"），这是第一个在国家层面建立的残疾人专项福利制度，对改善和提高残疾人生活质量具有重要意义。

我国的残疾人两项补贴制度是在吸收国际经验的基础上，各地结合实际开展试点探索形成的[④]。将困难残疾人生活保障和重度残疾人康复护理优先纳入制度化政策保障有着深刻的社会发展背景，是基于残疾人群体与社会平均水平的明显差距和残疾人中尤为困难的群体需求而出台的。残疾人两项补贴的对象各有侧重，生活补贴主要补助生活困难残疾人，对象为低保家庭中的残疾人，护理补贴主要补助有护理需求的残疾人，对象为残疾等级被评定为一级、二级且需要长期照护的重度残疾人。两项补贴的政策目标也不尽相同，生活补贴主要补助残疾人因残疾产生的额外生活支出，护理补贴主要补助残疾人因残

---

① 王梦婷：《农村残疾人低保制度问题研究——基于闽赣 4 县 12 村抽样调查》，硕士学位论文，江西财经大学，2016 年。

② 葛晓梅：《残疾人最低生活保障：问题与制度完善》，《中共山西省委党校学报》2011 年第 34 期。

③ 赵景泉：《河北省农村残疾人社会保障问题研究》，河北师范大学，2013 年。

④ 李坤：《政策实践视角下残疾人两项补贴制度相关问题研究》，《残疾人研究》2014年第 4 期。

疾产生的额外长期照护支出。① 同时符合两项条件的残疾人，可同时申领困难残疾人生活补贴和重度残疾人护理补贴。残疾人两项补贴制度的目的是依托现有低保确定机制，最大限度地将有限的资源补贴至最需要的群体，在困难残疾人经济扶持、兜底保障方面发挥了重要作用。

残疾人"两项补贴"政策经历了由地方试点到全国推广的过程，从 2002 年以来，我国陆续编织起了残疾人兜底的社会保障网，"两项补贴"制度实现了广覆盖。政策具体来看，政策主要经历了以下两个阶段：

1. 政策探索期（2002—2015 年）：各省份先后试点探索经验

针对残疾人额外生活支出与长期照护支出导致残疾人"贫困"现象加剧的问题，我国各省市早在 2002 年就开始了地方性的探索，先后试点建立了"两项补贴"制度，对低保残疾人生活以及重度残疾人的日常护理支出进行额外补贴。截至 2015 年 8 月底，已有 20 个省份建立了困难残疾人生活补贴制度，20 个省份建立了重度残疾人护理补贴制度，其中 13 个省份同时建立了"两项补贴"制度②，各地的试点和探索为国务院发布全国性指导意见奠定了坚实基础，也有效保障了困难残疾人家庭的基本生活，取得初步成效。

2. 政策发展期（2015—2017 年）：不断加强政策链接，补贴对象逐步扩大

自 2015 年 9 月国务院正式出台《意见》后，国家层面建立了"两项补贴"制度，随后各级政府不断出台配套政策，完善顶层设计。同时 2016 年 9 月，国务院出台《关于做好农村最低生活保障制度与扶贫开发政策有效衔接的指导意见》（以下简称《指导意

---

① 民政部关于托底困难残疾人生活补贴、重度残疾人护理补贴标准的提案答复的函，http://www.mca.gov.cn/article/gk/jytabljggk/zxwyta/201710/20171015006484.shtml。

② 民政部社会福利和慈善事业促进司残障人福利处：《两项补贴制度 惠及千万残疾人——解读〈关于全面建立困难残疾人生活补贴和重度残疾人护理补贴制度的意见〉》，《社会福利》2015 年第 10 期。

见》）对农村地区的两补政策做了补充："通过农村低保制度与扶贫开发政策的有效衔接，形成政策合力，对符合低保标准的农村贫困人口实行政策性保障兜底，确保到2020年现行扶贫标准下农村贫困人口全部脱贫。"①

截至2017年3月31日，所有省份地区均按照《指导意见》要求将低保家庭中的残疾人纳入困难残疾人生活补贴范围，将残疾等级为一级、二级的重度残疾人纳入重度残疾人护理补贴范围。其中，11个省份将生活补贴对象扩大到无固定收入、低保边缘户、低收入家庭、重残无业、一户多残、老残一体、依老养残等困难群体，5个省份将非重度智力和精神残疾人纳入护理补贴范围。全国共有73个地级市在省级确定的标准基础上提标扩面，使残疾人获得更多实惠，10个省份部分地市扩大了生活补贴对象，10个省份部分地市扩大了护理补贴对象。各地均明确了残疾人两项补贴制度与其他相关制度的政策衔接办法，广东省还明确了伤残人民警察享受残疾人两项补贴的衔接办法。② 政策逐步向困难残疾人及其家庭倾斜，确保实现更广范围内覆盖。

3. 政策成熟期（2018年至今）：政策监管逐步完善，补贴标准显著提高

2018年12月，为提升残疾人两项补贴发放的信息化水平，加强对补贴信息的实时监测、比对、归纳分析和动态管理，民政部会同中国残联开发建设了全国残疾人两项补贴信息系统，并自12月12日起，在全国范围内上线运行。

同时，民政部公布数据显示，截至2018年9月，全国31个省（自治区、直辖市）均出台实施意见，全国所有县（区）实现残疾人两项补贴发放全覆盖，分别惠及困难残疾人1062万人、重度残疾人

---

① 《"十三五"加快残疾人小康进程规划纲要》，http：//www.gov.cn/zhengce/content/2016－08/17/content_ 5100132. htm。

② "民政部关于托底困难残疾人生活补贴、重度残疾人护理补贴标准的提案答复的函"，http：//www.mca.gov.cn/article/gk/jytabljggk/zxwyta/201710/20171015006484.shtml。

1164 万人。据统计，生活补贴标准大部分省份处于每月 50—80 元，10 个省份达到或超过每月 100 元，最高的北京市每月可达 900 元。护理补贴标准大部分省份处于每月 50—80 元，14 个省份达到或超过每月 100 元，最高的浙江省每月可达 500 元。[①]

"两项补贴"政策自实施以来获得残疾人群体的一致认可，数千万残疾人因此获益，困难残疾人依靠补贴实现了基本生活保障。然而，据民政部掌握情况来看，残疾人两项补贴制度还存在着制度建设不健全、政策宣传不到位等问题。[②] 同时，目前两项补贴政策在资金保障方面还存在显著不足，出现地区之间补贴标准的失衡现象，一方面受地方政府财力影响较大，另一方面也受当地残疾人数量的显著影响。

（四）困难残疾人家庭住房政策

"安得广厦千万间，大庇天下寒士俱欢颜。"古往今来，住房始终倾注着人们许多的希冀与憧憬，作为人民群众的一项基本需求，是人民对美好生活期待的基本保障；让所有百姓安居乐业，实现人民群众"住有所居"也是政府的基本职责。

我国的住房保障制度是在经济体制改革中逐步发展和完善的。具体到困难残疾人住房保障方面，近年来，政府通过加大力度出台政策、投入资金等，力图兜住城乡困难残疾人基本住房底线，保障居民住房条件。

分城乡来看，自党的十八大以来，对于城镇困难残疾人的住房保障政策主要侧重于公租房、廉租房等住房救助方面，相关政策的制定也是围绕如何更好地为残疾人提供公租房、廉租房等来展开的，比如，2015 年《国务院关于加快推进残疾人小康进程的意见》指出，"为符合住房保障条件的城镇残疾人家庭优先提供公共租赁住房或发放住房租赁补贴"；2016 年《"十三五"加快残疾人小康进程规划纲要》指出，"对符合住房保障条件的城镇残疾人家庭给予优先轮候、

---

① 民政部对"关于重度残疾人无需单独立户也可享受低保的建议"的答复，http://www.mca.gov.cn/article/gk/jytabljggk/rddbjy/201810/20181000011857.shtml。

② 焦佳凌：《残疾人两项补贴制度的创新与亮点》，《社会福利》2016 年第 6 期。

优先选房等政策"。对于农村困难残疾人的住房保障政策则主要侧重于危房改造，比如，2015 年《国务院关于加快推进残疾人小康进程的意见》提到，"各地在实施农村危房改造时，同等条件下要优先安排经济困难的残疾人家庭。按照农村危房改造的政策要求，采取制定实施分类补助标准等措施，对无力自筹资金的残疾人家庭等给予倾斜照顾"。2016 年《贫困残疾人脱贫攻坚行动计划（2016—2020 年）》提出，"精准识别农村贫困残疾人家庭危房存量，各地可结合实际，对贫困残疾人家庭适当提高危房改造的补贴标准。鼓励各地通过贷款贴息、集中建设农村集体公租房、过渡房等方式解决自筹资金确有困难的残疾人危房户的基本住房安全问题。在危房改造中同步做好无障碍改造"。2017 年国务院《"十三五"加快残疾人小康进程规划纲要》指出，"农村危房改造同等条件下优先安排经济困难的残疾人家庭。按照农村危房改造政策要求，采取制定实施分类补助标准等措施，对无力自筹资金的残疾人家庭给予倾斜照顾。到 2020 年完成农村贫困残疾人家庭存量危房改造任务"。

综上所述，随着我国经济和社会的发展，城乡困难残疾人家庭的住房问题得到党中央的高度重视，政策保障日臻完善。具体说来，政策经历了从无到有、从单一到多元、从一般性文件到专业性、规范性文件的转变。政策对象日益细化，困难残疾人群体从困难群体中细分出来，又进一步区分了城镇与农村困难残疾人的政策。责任主体从单纯注重政府转变为政府、市场、社会多元主体并重。2015—2017 年全国城镇棚户区住房改造开工 1816 万套，2018 年全国棚改计划新开工 580 万套，2016—2017 年改造农村地区建档立卡贫困户危房 300 多万户。大批保障性住房的建设使用，对改善人民的居住环境，提升人民群众的生活质量发挥了积极的作用。①

---

① 国家统计局：固定资产投资快速增长　经济社会发展基础加强——改革开放 40 年经济社会发展成就系列报告之八，http：//www.stats.gov.cn/ztjc/ztfx/ggkf40n/201809/t20180906_1621360.html。

二 被调查困难残疾人及家庭经济和住房状况

(一) 家庭经济状况

在家庭经济状况方面,本章节主要描述了城乡困难残疾人家庭收支状况以及负债情况,为下一步完善扶贫工作部署以及残疾人社会保障工作提供参考依据。选取家庭收入、支出、负债、家庭财产等维度对城乡困难残疾人家庭经济状况进行描述,并对自评经济状况以及未就业生活来源做了描述。其中,重点分析了在收入中政府转移性收入所占的比重以及家庭医疗支出状况及个人自付比例;同时,对其负债原因以及家庭财产状况进行了详细讨论。以下是数据具体分析:

1. 被调查困难残疾人家庭收入

在家庭收入方面,本书利用数据对城乡困难残疾人个人及其配偶的工资性收入进行了分析。此外,以年为单位,对残疾人个人及家庭人均收入进行了测算,重点考量了政府转移性收入占个人及其家庭人均收入的比重。研究发现城乡困难残疾人个人工资性差距较大,且低于配偶;个人总收入及家庭人均收入较低且转移性收入占比大。

(1) 困难残疾人个人工资性收入差距大,城乡差异更为显著。

本次调查对目前仍然在参加劳动或工作的城乡困难残疾人的工资性收入进行了测量 (表2-1),在501户符合条件的调查样本中,城乡困难残疾人工资性年收入在0—8万元,均值为10472.5元,中位数为8000.0元,收入差距较大。从城乡来看,我国城市贫困残疾人个人工资性收入均值为每人每年13937.4元,相比之下,农村只有7235.1元。农村贫困残疾人的工资性收入的中位值仅为城市的42%,极值与城市也相差较大。综合来看,城乡贫困残疾人工资性收入呈现城乡差距显著、标准参差不齐的特征。

表2-1　　　　　　　　　　残疾人个人工资性收入　　　　　　　　　（元）

	样本量	均值	中位数	标准差	最小值	最大值
总体情况	501	10472.5	8000.0	10197.6	0.0	80000.0
城市	242	13937.4	11880.0	11271.0	0.0	80000.0
农村	259	7235.1	5000.0	7815.7	0.0	40000.0

（2）参加工作的困难残疾人配偶工资收入高于困难残疾人

结合表2-2，不难发现，残疾人配偶每年工资收入均值为12183.7元，困难残疾人配偶工资性收入要显著高于残疾人自身（10472.5元）。同时，分城乡来看（表2-2），城市、农村困难残疾人配偶工资性收入都要显著高于残疾人本身的工资收入，且城市高于农村。可能的原因是残疾人配偶自身身体状况要优于残疾人自身，外出寻找工作时具有更强的竞争力，也较易获得更有竞争力的薪酬，配偶工作作为残疾人家庭总收入的重要组成部分，为维持残疾人家庭生活发挥了重要作用。

表2-2　　　　　　　　　　残疾人配偶工资性收入　　　　　　　　　（元）

	样本量	均值	中位数	标准差	最小值	最大值
总体情况	678	12183.7	10000.0	14043.8	0.0	200000.0
城市	242	15190.3	12000.0	16210.6	0.0	200000.0
农村	259	9194.9	5100.0	1070.3	0.0	100000.0

（3）困难残疾人个人总收入：年收入总体较低

本次调查对过去一年残疾人个人年收入状况进行了测量。数据结果显示，城乡残疾人个人总收入均值为每年8468.5元，其中来自政府的转移性收入（低保金、残疾补贴、其他专项补贴、临时救助等）为每年5724.8元，占个人年收入的67.6%。

从城乡比较来看（表2-3），城市困难残疾人个人年收入均值为10581.7元，近乎两倍于农村困难残疾人个人年收入（5268.1元）。

此外，城市残疾人年收入的中位数为 7560.0 元，远高于农村的 3420.0 元。由此可见，残疾人个人年收入出现显著城乡分化，城市残疾人比农村困难残疾人相比享有更高的薪资待遇及收入。最后，农村个人年收入中，政府转移性收入的比例已经达到 79.6%，接近八成的农村困难残疾人生活需要政府维持和救助，政府转移收入成为最重要收入来源。

表 2 - 3　　　　　　　　分城乡残疾人个人总收入　　　　　　　　（元）

类型	分类	样本量	中位数	均值	比重
城市	个人收入	1513	7560.0	10581.7	62.6%
	转移收入	1281	5520.0	6626.3	
农村	个人收入	2504	3420.0	5268.1	79.6%
	转移收入	2507	3000.0	4195.3	

分残疾类型来看（表 2 - 4），困难听力残疾人个人年收入最高，年均为 12515.7 元，与年收入最低的智力残疾人（6599.0 元）相比，相差 5916.7 元。从政府转移收入占个人年收入的比重来看，困难精神残疾人所占比重最大，以均值为测量，比重高达 100.0%，其次为困难智力残疾人，占比 96.6%。然而，占比最少的为听力残疾人（46.8%）。由于不同残疾类型有其自身的特殊性，对政府转移性财政投入的依赖性也不相同，且通常来看，残疾类型种类越多（多重残疾），个人年收入中政府转移性收入所占的比重就会越大。

表 2 - 4　　　　　　　　分残疾类型残疾人个人总收入　　　　　　　　（元）

残疾类型	分类	样本量	中位数	均值	比重
视力	个人收入	188	7145.0	9664.1	58.6%
	转移收入	161	4000.0	5664.4	
听力	个人收入	69	9000.0	12515.7	46.8%
	转移收入	54	3280.0	5850.7	

残疾类型	分类	样本量	中位数	均值	比重
言语	个人收入	20	4900.0	8165.0	58.5%
	转移收入	14	2000.0	4772.9	
肢体	个人收入	1140	6000.0	9152.9	54.1%
	转移收入	977	3840.0	4951.4	
智力	个人收入	215	4920.0	6599.0	96.6%
	转移收入	163	5760.0	6371.1	
精神	个人收入	338	4800.0	7282.2	100.0%
	转移收入	241	6000.0	7289.4	
多重	个人收入	542	4800.0	7591.6	84.4%
	转移收入	426	4800.0	6404.2	

（4）困难残疾人家庭人均收入：家庭收入内部差异大，转移性收入占比大

从调查结果上看，残疾人家庭人均收入（年）均值在8018.0元，而中位数却为5541.0元，说明困难残疾人家庭人均内部差距较大。同时，残疾人家庭人均收入中，转移性收入均值为3554.9元，占收入比为44.3%，说明残疾人家庭收入有相当一部分来自于政府社会救助，且收入水平仍然较低，需要持续改善。

分城乡来看（表2-5），城市困难残疾人家庭人均年收入为10057.1元，其中政府转移收入占比34.2%，而农村困难残疾人家庭人均年收入为4940.9元，不足城市的50.0%；同时，政府转移收入占比44.7%，高于城市近10个百分点。由此可见，农村困难残疾人家庭相比城市而言，更加依赖政府的救助性补贴等社会救助。此外，以农村为例，家庭人均年收入（4940.9元）远低于国家统计局发布的2018年贫困地区农村居民人均可支配收入10371元。① 综上，城乡困难残疾人家庭人均收入呈现城乡分化大、农村依赖救助比例高、人均收入低的特点。

---

① 国家统计局发布，http：//www.gov.cn/shuju/2019-02/15/content_5365982.htm。

表 2 - 5 　　　　　　　分城乡残疾人家庭人均年收入 　　　　　　（元）

类型	分类	样本量	中位数	均值	比重
城市	人均收入	1506	7256.5	10057.1	34.2%
	转移收入	1509	2500.0	3443.7	
农村	人均收入	998	3790.0	4940.9	44.7%
	转移收入	998	1475.0	2209.0	

　　分残疾类型来看（表 2 - 6），城乡困难残疾人家庭年收入方面，智力残疾人家庭人均收入最高，为 9748.5 元，其次是听力残疾人（9303.8 元）。从转移性收入占比来看，言语残疾人转移性收入占家庭年收入的比重最高，为 43.4%，其次是精神残疾人（40.5%）。不同于残疾人个人年收入的是，智力残疾人家庭人均收入最高，且转移收入占比较低。

表 2 - 6 　　　　　　　分残疾类型残疾人家庭人均年收入 　　　　　　（元）

残疾类型	分类	样本量	中位数	均值	比重
视力	人均收入	188	6628.6	7969.9	42.65%
	转移收入	188	2500.0	3391.2	
听力	人均收入	69	6666.7	9303.8	33.6%
	转移收入	69	1430.0	3124.0	
言语	人均收入	20	3321.7	5682.3	43.4%
	转移收入	20	1220.0	2467.8	
肢体	人均收入	1140	5080.0	7517.2	35.3%
	转移收入	1143	2000.0	2653.6	
智力	人均收入	216	7140.0	9748.5	33.9%
	转移收入	215	2566.7	3301.1	
精神	人均收入	338	6000.0	8942.7	40.5%
	转移收入	336	2400.0	3621.1	
多重	人均收入	539	5333.3	7737.9	37.1%
	转移收入	543	1800.0	2869.0	

2. 被调查困难残疾人家庭支出情况

在家庭支出方面，本书分析了城乡困难残疾人家庭支出数目以及支出去向，并重点分析了日常生活消费、医疗支出所占的比重。其中，关注了自付费用占医疗支出的比例。研究发现城乡困难残疾人家庭支出大、经济负担较重，同时医疗支出已经成为重要开销来源且自付比例极高，为困难残疾生活增添了较大负担。

（1）困难残疾人家庭收不抵支，经济负担重

本次调查对困难残疾人家庭支出状况进行了比较分析，从支出状况来看（表2-7），困难残疾人家庭总支出为年均29253.7元，超出总收入（23512.4元），呈现收不抵支态势。从消费状况来看，城乡困难残疾人家庭的经济支出近五成用于维持日常生活消费。此外，医疗支出也是压在城乡困难残疾人肩上的沉重担子。

表2-7　　　　　　　　　残疾人家庭总支出　　　　　　　　（元）

分类	样本量	中位数	均值	比重
年家庭支出	2485	20000.0	29253.7	—
日常生活消费支出	2482	10000.0	13294.0	45.4%
医疗支出	2462	4500.0	11179.0	38.2%
（其中）自付医疗费用	2475	3000.0	7197.7	—
养老支出	2514	0.0	300.3	1.0%

分城乡来看，城市困难残疾人年家庭总支出在32951.9元，显著高于农村（23650.2元）。同时，在中位数上，农村残疾人家庭支出（15000.0元）也较大程度上低于城市（24000.0元）。可能的原因是城市生活成本高，日常生活开销、医疗、养老等支出费用也会更高。

分残疾等级来看（表2-8），重度残疾人（1级、2级）家庭总支出超过均值，而3级、4级则不足均值，其中1级残疾人家庭总支出比4级残疾人多了4988.3元，城乡困难残疾人家庭总支出随着残

疾等级加重而增加。可能的原因是重度残疾人家庭需要支付更多的医疗费用，无形中加重了家庭的经济负担。

表2-8　　　　　　　　　　分残疾等级残疾人家庭总支出　　　　　　　　（元）

分类	样本量	均值	中位数	标准差	最小值	最大值
1级	450	31177.6	20000.0	37356.8	0.0	390000.0
2级	981	30360.0	20000.0	35262.8	0.0	417600.0
3级	646	27911.1	20000.0	29175.1	0.0	315000.0
4级	391	26189.3	19200.0	28494.6	0.0	330000.0

（2）困难残疾人家庭医疗支出开销大，且自付比例高

调查发现医疗支出已成为困难残疾人家庭总支出的重要部分，约占年消费支出的38.2%，且自付比例很高，达到64.4%，残疾人家庭医疗开销已经成为影响困难残疾人美好生活的主要壁垒，"因病致贫""因病返贫"是影响残疾人精准脱贫的重要阻碍因素。

分城乡来看（表2-9），城市困难残疾人的医疗费用支出为每年12155.8元，高于城乡调查均值，且显著高于农村残疾人（9714.3元）。然而，农村残疾人医疗支出中，自付费用的比例则达到了66.0%，自费比例仍然处于高位。

表2-9　　　　　　　　　　分城乡残疾人家庭总支出　　　　　　　　（元）

类型	分类	样本量	中位数	均值	比重
总体情况	医疗支出	2462	4500.0	11179.0	64.4%
	自付费用	2475	3000.0	7197.8	
城市	医疗支出	1477	5000.0	12155.8	63.6%
	自付费用	1483	3500.0	7726.1	
农村	医疗支出	985	3600.0	9714.3	66.0%
	自付费用	992	3000.0	6407.9	

分残疾等级来看（表2-10），困难残疾人家庭医疗支出基本随着残疾等级的加深而逐步增多，但2级残疾残疾人医疗支出最大，年均12567.4元，且自付比例较高（64.5%），仅次于4级残疾残疾人，自付比例达到66.3%。

表2-10 　　　　　　　　　分城乡残疾人家庭总支出 　　　　　　　　　　（元）

类型	分类	样本量	中位数	均值	比重
1级	医疗支出	443	5000.0	11751.1	63.4%
	自付费用	450	3500.0	7444.9	
2级	医疗支出	978	5000.0	12567.4	64.5%
	自付费用	980	3000.0	8109.6	
3级	医疗支出	642	3600.0	10223.2	63.7%
	自付费用	642	3000.0	6510.1	
4级	医疗支出	380	4000.0	8391.9	66.3%
	自付费用	383	3000.0	5564.6	

3. 被调查困难残疾人负债情况

在负债状况方面，本书选取了家庭现有债务状况以及负债原因两个指标，重点分析了城乡困难残疾人负债的具体原因。研究发现目前困难残疾人家庭总体负债较重且看病、支付孩子上学费用已成为主要负债原因。以下是具体数据分析结果：

（1）困难残疾人家庭总体债务负担较重

本次调查显示，城乡困难残疾人家庭有负债的比例为47.2%。在有负债的残疾人中，家庭债务均值为27662.9元；债务在1万元及以下的比例为11.6%，家庭债务总额在5万元及以下的比例为33.8%，此外，还有13.4%的困难残疾人比例在5万元以上。由此看出，残疾人负债比例较高，且存在部分负有重额债务的困难残疾人。

分城乡来看，城市困难残疾人家庭现有债务均值为27555.8元，且内部差距大，大部分残疾人都没有债务（中位数为0）。而农村困难残疾人家庭负债则比城市严重，大部分残疾人家庭均有不同程度债务问题，中位值为3500元，均值略高于城市（27824.8元）。

据表2-11，分残疾等级来看，不同于困难残疾人家庭支出的是，困难残疾人家庭现有负债数额与残疾等级并未呈现正向关系。相反，4级残疾残疾人家庭现有债务数量远超于重度残疾人，均值为30478.1元，负担较重。

表2-11 分残疾等级残疾人家庭现有债务

类别	样本量	均值	中位数	标准差	最小值	最大值
1级	453	27727.8	0.0	64488.2	0.0	540000.0
2级	994	26448.1	0.0	88599.8	0.0	1500000.0
3级	647	27751.3	0.0	59398.1	0.0	500000.0
4级	391	30478.1	0.0	100515.1	0.0	1000000.0

（2）看病、孩子上学成为困难残疾人家庭负债的主要原因

由图2-1显示的负债原因上看，城乡困难残疾人借债的首要原因是看病，占比42.0%；其次是孩子上学，占比16.0%，前两项共

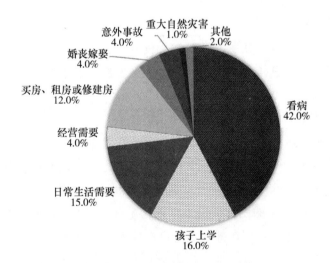

图2-1 城乡困难残疾人借债原因

占借债原因六成左右。其次，日常生活需要和买房、租房或修建房也是困难残疾人借债的其他诱因。此外，分城乡讨论后，发现结果并不显著，与总体状况基本相似。

4. 被调查困难残疾人家庭财产

在家庭财产方面，本书选取了房产以及家庭物品状况两项指标，并重点分析了房产数量、房产现值以及家庭物品拥有数量及情况。研究发现绝大部分困难残疾人家庭拥有基本住房，但家庭财产仍然主要以基本生活物品为主，积累性、发展性家庭财产拥有情况不足。

（1）近八成困难残疾人家庭有一套及以上住房

本次调查显示（表2－12），有69.4%的困难残疾人家中有1处房产，有2处及以上房产的比例为7.4%。然而仍然有23.1%的困难残疾人家庭目前没有自有产权房。从均值上看，在有效的2518份样本中，困难残疾人家庭房产数仅为每户0.86处，可以看出困难残疾人家庭住房状况还有改善空间。

表2－12　　　　　　　　残疾人家庭房产数

房产数	家庭数	有效百分比（%）	累计百分比（%）
0	581	23.1	23.1
1	1748	69.4	92.5
2	172	6.8	99.3
3	13	0.5	99.8
4 处及以上	4	0.1	99.9
总计	2518	100.0	100.0

（2）分城乡：农村困难残疾人家庭房产数多于城市

分城乡来看（表2－13），城市困难残疾人家庭中没有房产的比例为27.5%，高于农村11.1个百分点。而农村困难残疾人家庭有1处房产的比例为76%，高于城市的65.1%。由此可见，农村困难残疾人家庭房产数要多于城市。这可能的原因是农村困难残疾人自建房屋比重大，且相比较而言，农村地广人稀，建房成本相对较低。

表 2 – 13　　　　　　　　分城乡残疾人家庭房产数

房产数	城市		农村	
	家庭数	约占百分比（%）	家庭数	约占百分比（%）
0	416	27.5	165	16.4
1	985	65.1	763	76.0
2	103	6.8	69	6.9
3	7	0.5	6	0.6
4 处及以上	3	0.2	1	0.1
总计	1514	100.1	1004	100.0

（3）家庭财产仍以基本生活物品为主，缺乏积累性、发展性家庭财产

据表 2 – 14 显示，从总体上看，城乡困难残疾人家庭在家庭财产拥有情况方面，大部分家庭都拥有彩色电视机、洗衣机、冰箱、智能手机等基本家庭生活用品，拥有率都超过了 50.0%，其中彩色电视机、洗衣机、冰箱分列拥有财产情况前三名。在交通工具中，拥有数量最多的是电动车，占比 42.1%，其次是摩托车（12.0%）；拥有汽车的城乡困难残疾人只有 75 户，占调查有效样本总数的比例仅为 3.0%。此外，金银首饰等贵重物品的拥有比例也不超过 2.0%，更有 123 户城乡困难残疾人家庭没有任何家庭财产物品，接近被调查家庭的 4.9%。由此可见，困难残疾人家庭财产主要还是以基本生活物品为主，如汽车、贵重金银等积累性、发展性家庭财产仍然较为匮乏。

表2-14   **残疾人家庭物品情况表**

	家庭数	约占百分比（%）
彩色电视机	2094	83.1
洗衣机	1807	71.7
冰箱	1711	67.9
空调	1002	39.8
电脑	507	20.1
电动车	1060	42.1
摩托车	303	12.0
智能手机	1340	53.2
汽车	75	3.0
贵重物品	50	2.0
以上都没有	123	4.9

5. 被调查困难残疾人自评经济状况

为充分了解城乡困难残疾人经济状况，本书对以上群体自评经济状况进行了指标分析，研究发现城乡困难残疾人自评经济状况较差，满意度低。

（1）困难残疾人自评经济状况较差，满意度低

从困难残疾人经济状况自评结果来看，认为家庭经济水平非常困难的比例达到36.1%，认为比较宽裕或相当宽裕的比例仅为1.1%。自评困难比率（非常困难或比较困难）高达73.8%，城乡困难残疾人对自身经济状态的满意度较差。

（2）分城乡：四成农村困难残疾人和三成城市困难残疾人自评经济状况极度困难

分城乡来看（表2-15），约有41.2%的农村困难残疾人和32.7%的城市困难残疾人认为自己的经济状况处于非常困难的水平；自评经济状况中，比较困难及非常困难的比例更是分别达到了77.7%和71.2%。认为自己目前经济比较宽裕或相当宽裕的城乡困难残疾人

分别为 1.3% 和 0.9% ，由此可见，城乡困难残疾人脱贫增收工作仍然有持续改善空间。

表 2-15 分城乡残疾人经济状况

经济状况	城市		农村	
	人数	约占百分比（%）	人数	约占百分比（%）
非常困难	495	32.7	414	41.2
比较困难	583	38.5	366	36.5
大致够用，不感觉欠缺	417	27.5	215	21.4
比较宽裕	18	1.2	8	0.8
相当宽裕	1	0.1	1	0.1
总计	1514	100.0	1004	100.0

6. 被调查困难残疾人未就业主要生活来源

研究对城乡困难残疾人未就业主要来源进行了分析，研究发现政府兜底经济保障成为未就业困难残疾人主要生活来源。

政府社会救助政策成为未就业困难残疾人主要生活来源。本次调查对未就业城乡困难残疾人的主要生活来源进行了调查，据表 2-16 结果显示，排在前三位的分别是领取残疾人补贴（58.3%）、家庭其他成员供养（54.3%）以及领取低保（36.1%）。从中不难发现，领取"两项补贴"等困难补贴、低保等已成为未就业城乡困难残疾人的主要生活来源，"两项补贴"以及最低生活保障政策覆盖面广、推行力度大，目前也已经取得一定成效。

表 2-16 残疾人未就业主要生活来源

	人数	约占百分比（%）
领取低保	909	36.1
领取残疾人补贴	1334	58.3
家庭其他成员供养	1241	54.3

	人数	约占百分比（%）
财产性收入	57	2.5
保险收入	85	3.7
其他	285	12.5

分残疾等级来看（表2－17），1级、2级重度残疾人未就业主要生活来源大多依赖领取低保金及残疾人补贴，占比均达到七成以上，依靠政府社会救助维系生活，且随着残疾等级的加重，依靠趋势越发明显。与此同时，重度残疾人依靠家庭成员供养的比例也高于3级、4级残疾人，比例达到50%以上。

表2－17　　　　　　　**分残疾等级未就业主要生活来源**

经济状况	1级		2级		3级		4级	
	人数	百分比（%）	人数	百分比（%）	人数	百分比（%）	人数	百分比（%）
领取低保	313	73.1	680	71.7	369	65.9	199	60.3
领取残疾人补贴	311	72.7	658	69.4	229	40.9	132	40.0
家庭其他成员供养	240	56.1	549	57.9	286	51.1	156	47.3
财产性收入	4	0.9	24	2.5	18	3.2	11	3.3
保险收入	14	3.3	28	3.0	29	5.2	13	3.9
其他	29	6.8	99	10.4	86	15.4	69	20.9

分残疾类型来看（表2－18），视力、智力、精神与多重困难残疾人更加依赖低保、残疾人补贴等作为未就业主要生活来源。同时，言语、精神、智力困难残疾人更加依赖家庭成员供养支付生活开销。特别值得注意的是，听力、言语困难残疾人财产性收入及保险收入支付生活开销的比例为0，说明上述两类困难残疾人或许缺乏必要的理财知识或由于自身身体条件限制，不能很好地进行财产交易，获取额外收入。

表2-18　　　　　　　　　分残疾类型未就业主要生活来源

经济状况	视力		听力		言语		肢体		智力		精神		多重	
	人数	百分比（%）	人数	百分比（%）	人数	百分比（%）	人数	百分比（%）	人数	百分比（%）	人数	百分比（%）	人数	百分比（%）
领取低保	118	67.8	29	50.9	10	52.6	661	66.3	158	78.6	236	72.6	363	70.9
领取残疾人补贴	109	62.6	22	38.6	10	52.6	531	53.3	118	58.7	224	68.9	320	62.5
家庭其他成员供养	64	36.8	19	33.3	13	68.4	485	48.6	132	65.7	215	66.2	313	61.1
财产性收入	9	5.2	0	0.00	0	0.00	33	3.3	1	0.5	6	1.8	8	1.6
保险收入	14	8.0	2	3.5	0	0.00	46	4.6	4	2.0	6	1.8	13	2.5
其他	28	16.1	13	22.8	3	15.8	161	16.1	9	4.5	25	7.7	46	9.0

（二）家庭住房状况

在家庭住房状况方面，本书通过对城乡困难残疾人现有住房条件以及住房质量，详细勾勒当前被调查困难残疾人其住房的基本状况，为下一步改善住房环境，确保"两不愁、三保障"中"基本住房条件"得到完全实现。本书选取家庭住房情况以及危房状况，重点分析了城乡困难残疾人家庭住房来源、住房建筑面积以及是否为危房等具体指标。研究发现城乡困难残疾人家庭住房条件得到基本保障，但农村困难残疾人家庭住房质量仍需要改善，危房比例仍然较高，值得引起关注。

1. 住房情况

（1）自建房、拆迁安置房为困难残疾人住房主要来源，自购房比例仍然较低

被调查的城乡困难残疾人家庭住房来源中（表2-19），自建房的比例最高，达到42.4%；其次是拆迁安置房（14.4%）；自购普通商品住房及经济适用房或限价商品房的比例为10.1%。总体租房比例为11.2%；享受政府托底性住房保障政策，租住廉租房及公租房的比例为7.1%。由此可以看出，城乡困难残疾人家庭住房以自建房或拆迁安置房为主，自购房屋及租房的比例均较低。

表 2 - 19　　　　　　　　　　　　**残疾人住房来源**

家庭现有在住房来源	人数	约占百分比（％）
自购普通商品住房	191	7.6
自购经济适用房或限价商品房	64	2.5
自建房	1067	42.4
拆迁安置房	362	14.4
政府补贴建房	144	5.7
工作单位提供免费住房	60	2.4
租住单位住房	19	0.8
租住廉租房	106	4.2
租住公租房	73	2.9
市场租房	82	3.3
借房	95	3.8
其他	255	10.1
总计	2518	100.0

（2）分城乡：农村住房面积显著高于城市

表 2 - 20 显示，2018 年城乡困难残疾人家庭现住房建筑面积的均值为 84.7 平方米。分城乡来看，城市困难残疾人现住房建筑面积均值为 76.9 平方米，农村则为 96.5 平方米。从中位数上看，城市建筑面积为 67.8 平方米，远低于农村（85.0 平方米）。由此可以看出，农村困难残疾人家庭住房面积要显著高于城市，与表 2 - 12，城乡困难残疾人家庭房产数比较分析的结果类似，农村困难残疾人有相对较多的房产及住房面积。

表 2 - 20　　**分城乡残疾人家庭住房建筑面积（平方米）**

类型	样本量	均值	中位数	标准差
城市	1511	76.9	67.8	51.3
农村	994	96.5	85.0	62.9
总体情况	2505	84.7	74.0	57.0

2. 被调查困难残疾人危房情况

农村困难残疾人住房质量堪忧。调查数据显示，城乡困难残疾人中，家庭现住房屋属于危房的有597户人，占比23.7%。其中，城市困难残疾人现住房屋为危房的有308户，占比（城市困难残疾人住房）20.4%；农村有289户，占比（农村困难残疾人住房）28.8%，农村困难残疾人住房质量堪忧。

（三）调查主要发现

1. 困难残疾人个人收入城乡差异大，政府转移性收入成为重要收入来源

从个人总收入来看，2018年调查显示城乡困难残疾人个人总收入均值为8468.5元；其中，城市困难残疾人（个人）年收入近乎两倍于农村困难残疾人，残疾人个人收入城乡差异显著，从导致这一差异的原因上看，一方面工资性收入的差异也呈现出了城乡分化趋势，农村困难残疾人个人工资性收入仅为城市年均收入的52%左右。另一方面从家庭人均收入上看，城市困难残疾人家庭人均均值为10057.1元，农村仅有4940.9元。综上所述，城乡困难残疾人收入城乡差异大，农村呈现出劣势。

同时，从收入来源上看，城乡困难残疾人收入的绝大部分来源于政府转移性收入（即低保、"两项补贴"、临时救助、慰问金、各种贫困补贴等）。城市与农村困难残疾人个人总收入中，转移收入分别占比62.6%和79.6%；而家庭人均收入中，也有34.2%及44.7%来自转移性收入。此外，智力、精神残疾人个人总收入几乎100%来自政府的兜底性保障扶持。近年来，民政部、中残联等相关部门接连出台了一系列针对困难残疾人的脱贫攻坚及兜底性保障政策、文件，力图通过政策性托底兜住困难残疾人生存底线，确保其拥有政府救济维系基本生活，从转移性收入成为城乡困难残疾人重要收入来源来看，措施取得了明显成效。

2. 绝大部分家庭收不抵支，自评经济状态较差

本次调查结果显示，2018年残疾人家庭总收入（年）均值在23512.4元，而同年度家庭总支出均值为29253.7元。从均值比较上来看，城乡困难残疾人家庭经济状况呈现"收不抵支"现象。生活成

本的增加使困难残疾人家庭支出不断上升，其中家庭收入用于基本生活消费支出比重较大，说明困难残疾人家庭支出主要用于维持温饱、满足基本生活需要。由于支出负担的持续加重，困难残疾人自评经济状况恶劣：有73.8%的城乡困难残疾人认为自身目前的经济状况处于非常困难或比较困难状态。同时，个别家庭负债沉重。

农村残疾人家庭人均可支配收入仅为全国家庭人均可支配收入的一半，但残疾人人均康复支出是全国人均医疗保健费用的1.7倍，是典型的"收入低、支出大"的贫困人群。①

3. 医疗支出成为困难残疾人家庭重要生活开销，且已成为最主要借债原因

从具体情况来看，医疗支出所占困难残疾人家庭总支出的比例已达38.2%，成为仅次于日常生活消费支出的重要支出项目。一方面是由于残疾人群体自身特殊性的客观医疗康复需要，另一方面也有由于社会经济发展带来的医疗费用的上涨，需要花费更多的支出在维系健康状况上来。同时，城乡困难残疾人自付医疗费用的比重正在逐渐提高，本次调查显示，自付医疗费用占医疗支出的比重达到64.4%，每年均值约7197.7元。城市医疗支出（12155.8元）显著高于农村（9714.3元）。

医疗消费的增加相伴而来的是负债的上升。在接受调查的城乡困难残疾人中，负债的有1188人，比例为47.2%。其中，负债最重要的原因则是看病。我国贫困人口因病致贫比例超过四成，因病致贫人口持续增加，医疗消费负担加重无疑会导致困难残疾人借债以及返贫。

4. 大部分困难残疾人家庭能够实现"住有所居"，农村困难残疾人住房有"量"无"质"

针对困难残疾人家庭住房情况的调查结果显示，有76.9%的城乡困难残疾人家庭有1处及以上房产；此外，2018年城乡困难残疾人家庭现住房建筑面积均值为84.7平方米，农村高于城市。从总体上看，大部分城乡困难残疾人家庭能够基本实现"住有所居"，且以自建房

---

① http://theory.people.com.cn/n1/2018/0413/c40531-29923528.html.

屋或拆迁安置房为主，享有产权。除此之外，政府补贴建房及廉租房、公租房等政府住房保障措施也取得了一定成绩，三者约占困难残疾人住房来源的12.8%，很好发挥了兜底作用。

然而，调查发现农村困难残疾人住房出现有"量"无"质"的特殊现象。相比于城市困难残疾人而言，农村困难残疾人住房保有量、房产数高于城市11.1%，户均住房面积高于城市19.6平方米，然而农村困难残疾人中现住房屋为危房的比例却高于城市8.4个百分点，即农村困难残疾人虽然享有较多的房产及住房面积，房屋质量却令人担忧。

从原因上分析，随着经济社会快速发展以及新型城镇化建设的加速推进，大批农村人口进城务工，由于自身身体条件以及心理状况的影响，农村困难残疾人在就业竞争中处于不利地位，仍留在农村的有相当一部分是残疾人。子女外出，农村空心化等造成了农村困难残疾人客观上享有较大的人均住房面积。但所住房屋大部分年久失修或较为破旧，农村困难残疾人家庭收入低、经济状况入不敷出，很难有足够的资金修缮与改造房屋，现有的住房保障政策在农村大多以危房改造等形式来进行，但危房改造未覆盖至农村全体困难残疾人，因此困难残疾人家庭住房条件仍有较大改善空间。

第二节　经济与住房托底政策及服务支持性分析

一　经济与住房政策实施状况

（一）经济与住房政策的成效

1. 农村困难残疾人扶贫进一步纳入脱贫攻坚战略，取得显著成绩。

精准扶贫、精准脱贫战略为困难残疾人扶贫脱贫带来了希望，提供了机遇。2016年4月24日，习近平总书记深入安徽金寨贫困村贫困户考察精准扶贫时深刻指出："因病、因残致贫问题时有发生，扶贫机制要进一步完善兜底措施。"习近平总书记在此明确提出"因残致贫"问题的存在和扶贫机制需完善的方向，开启了贫困残疾人精准扶贫的新阶段①。

具体来看，2016 年，《国务院关于印发"十三五"脱贫攻坚规划的通知》（国发〔2016〕64 号）要求："完善贫困残疾人关爱服务体系。落实困难残疾人生活补贴和重度残疾人护理补贴制度。"2017 年，《中共中央办公厅、国务院办公厅关于支持深度贫困地区脱贫攻坚的实施意见》（厅字〔2017〕41 号）专项提出"解决因残致贫问题"并明确一系列具体措施。2018 年印发的《中共中央国务院关于打赢脱贫攻坚战三年行动的指导意见》更是专门部署了贫困残疾人脱贫攻坚行动，进一步明确了多项具体政策措施。精准扶贫战略稳步实施，贫困残疾人扶贫进一步纳入脱贫攻坚战略。

据中国残疾人事业发展统计公报显示，2016 年度退出建档立卡贫困残疾人 87.81 万；2017 年度退出建档立卡贫困残疾人 92.5 万；2018 年度退出建档立卡贫困残疾人 116.1 万，连续三年脱贫人数稳定增长，残疾人贫困发生率显著下降。② 这些数据进一步说明了，针对农村困难残疾人的精准扶贫政策使残疾人获得了实实在在的效益，农村建档立卡残疾人稳步脱贫，"因残致贫"现象正在逐步解决。

2. 低保政策逐步细化，领取低保金成为未就业困难残疾人主要生活来源。

低保标准稳步提高，动态调整机制不断健全。建立稳定的低保稳步增长机制关乎困难群众的基本生活，低保政策的重点在我国农村地区，《国务院办公厅转发民政部等部门关于做好农村最低生活保障制度与扶贫开发政策有效衔接指导意见的通知》（以下简称《通知》）强调："农村低保标准低于国家扶贫标准的地方，要按照国家扶贫标

---

① 程凯：《坚持精准扶贫精准脱贫基本方略　着力解决因残致贫问题》，《行政管理改革》2018 年第 7 期。

② 同上。

准综合确定农村低保的最低指导标准。农村低保标准已经达到国家扶贫标准的地方，要按照动态调整机制科学调整。进一步完善农村低保标准与物价上涨挂钩的联动机制，确保困难群众不因物价上涨影响基本生活。各地农村低保标准调整后应及时向社会公布，接受社会监督。"截至 2018 年 9 月底，城市低保平均标准为每人每月 575 元，农村低保平均标准为每人每年 4754 元，分别较上年同期增长 7. 6%、12. 9%。①

领取低保金成为未就业困难残疾人主要生活来源。基于上述低保标准的不断提高，越来越多困难残疾人通过政府兜底保障维系了基本生活。在本次调查中，未就业困难残疾人主要生活来源显示，领取低保金位列第三位，比率达到 36. 1%，已成为未就业困难残疾人重要的生活来源。

低保政策逐步细化，面向人群更加广泛。《通知》强调通过农村低保制度与扶贫开发政策的有效衔接，形成政策合力，对符合低保标准的农村贫困人口实行政策性保障兜底，确保到 2020 年现行扶贫标准下农村贫困人口全部脱贫。其中，《"十三五"加快残疾人小康进程规划纲要》提出将最低生活保障制度作为残疾人民生兜底保障重点政策，具体而言："要将符合条件的残疾人家庭及时纳入最低生活保障范围。生活困难、靠家庭供养且无法单独立户的成年无业重度残疾人，经个人申请，可按照单人户纳入最低生活保障范围。"截至 2017 年年底，全国共有低保对象 5311. 2 万人，其中残疾人 605. 4 万人（重度残疾人 168. 1 万人）。②

3. 政策托底效果初步显现，政府转移收入维系困难残疾人家庭基本生活。

自 2003 年开始全面推行的城乡居民最低生活保障制度以及自 2015 年开始的"两项补贴"制度作为残疾人政府转移收入的重要组成部分，已

① 民政部发布，http：//news. sina. com. cn/o/2018－10－31/doc-ifxeuwws9725049. shtml。
② 《民政部对"关于将收入低的重度病残人员纳入低保对象范畴的建议"的答复》，http：//www. mca. gov. cn/article/gk/jytabljggk/rddbjy/201811/20181100013041. shtml。

经成为困难残疾人家庭收入的重要来源。2017 年民政部统计公报显示，截至 2017 年年末，困难残疾人生活补贴人数 1019.2 万人，重度残疾人护理补贴人数 1053.7 万人。[①] 本次调查数据结果显示，2018 年残疾人转移收入为 5724.8 元，占个人总收入中的 67.6%，成为最重要收入来源。由此可见，城乡居民最低生活保障制度以及"两项补贴"制度等惠及困难残疾人经济收益的补贴政策正在取得显著成效，发挥了建设性的托底作用。

4. 城乡困难残疾人家庭基本住房得到有效保障。

国务院发布的《关于加快推进残疾人小康进程的意见》（国发〔2015〕7 号）指出，要扎实做好残疾人基本民生保障，优先保障城乡残疾人基本住房。近年来主要完成了以下几项工作：

（1）统筹规划城乡困难残疾人保障性住房，确保优先安排解决。各地在制定保障性住房工作总体规划和目标时，充分体现按照"统筹考虑"和"优先安排解决"的原则对城乡低收入残疾人家庭保障性住房建设做出安排。对于符合廉租住房、公共租赁住房和经济适用住房条件的城市残疾人家庭，优先安排配租、配售。同时，在农村地区，把解决农村贫困残疾人家庭住房困难与扶贫开发、保障性安居工程、抗震救灾、扶贫易地搬迁、小城镇建设等工作相结合优先实施。

（2）制定困难残疾人保障性住房特殊扶助政策。将解决城乡低收入残疾人家庭住房困难问题作为改善民生的重点，在确保残疾人家庭享受各项保障性住房政策的基础上，针对残疾人的特殊困难和需求，制定特别扶助政策。在配租、配售廉租住房、经济适用房时，对符合条件的残疾人在选择房源、楼层等方面给予照顾。对符合廉租住房保障条件的贫困和重度残疾人家庭，市、县人民政府在发放租赁补贴时给予优先照顾。

（3）加大危房改造力度。党和政府一直十分关心农村困难残疾人

---

① 《2017 年社会服务发展统计公报》，http：//www.mca.gov.cn/article/sj/tjgb/2017/201708021607.pdf。

的住房问题，力争到 2020 年完成农村贫困残疾人家庭存量危房改造任务。从成效上来看（图 2 - 2），2014—2018 年，政府对农村贫困残疾人的危房改造资金投入和完成户数呈现波动上升趋势，取得显著效果。具体来看，中央和地方投入各级经费力图保障危房改造资金，实现了从 2015 年 6 亿元到 2018 年 13.7 亿元的翻倍增长；危房改造完成户数也从 2014 年的 8.5 万户到 2018 年的 11.3 万户，农村困难残疾人住房质量正在逐步提升。

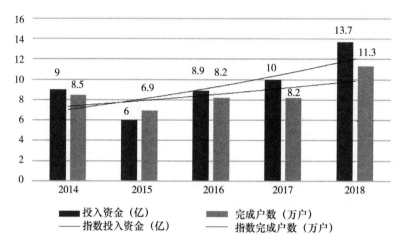

图 2 - 2 2014—2018 年全国危房改造资金投入及成果

资料来源：2014—2018 年《中国残疾人事业发展统计公报》

基于以上政策，城乡困难残疾人家庭住房状况得到基本保障。在住房保有量方面，本次调查结果显示，约八成城乡困难残疾人家庭享有 1 套及以上住房。享受政府托底性住房保障政策，租住廉租房及公租房的比例为 7.1%，自租房或借助他人房屋的比例降至 8% 以下。在住房质量方面，完成危房改造户数四连增。城乡困难残疾人住房保障政策基本惠及全体困难残疾群体，得到有效保障。

（二）经济与住房政策存在的问题

1. 政策瞄准性需要加强

从收入上看，贫困残疾人及其家庭收入不高、支出大。贫困残疾人由于客观条件制约，是典型的支出型贫困人口。部分贫困残疾人尤其是农村重度残疾人口及其家庭还存在"收不抵支"现象，脱贫形势严峻。从本次调查数据来看显著印证了这一问题。具体来看，主要有以下三个方面：

（1）残疾人收入低且来源单一。据国家统计局 2017 年年末的数据显示，全国城乡居民人均可支配收入为 25974 元；其中城镇居民为 36396 元，农村 13432 元。① 而本次调查显示，城乡困难残疾人个人总收入均值为每年 8468.5 元，不足全国平均水平的三分之一，且这些收入中有 67.6% 来自于政府转移性收入。

（2）贫困残疾人家庭支出负担重。城乡困难残疾人家庭年均总支出超过总收入，入不敷出现象普遍存在。同时，重度残疾人家庭支出更高，其中自付医疗花费巨大，整体来看，农村贫困重度残疾人经济负担较重，生活压力较大。

（3）农村重度贫困残疾人债务问题较为严重。本次调查显示，农村困难残疾人家庭债务额在 27824.7 元，且负债主要原因是子女教育、医疗支出等。

整体上看，农村贫困重度残疾人作为残疾人之中的"难中之难"及"困中之困"，仍然面临较为严峻的脱贫任务，其经济状况及发展状况还需要得到细化政策扶持和更有针对性的帮助。

2. 城乡困难残疾人医疗保障有待加强，重度残疾人"因病致贫"现象凸显

中共中央办公厅、国务院办公厅印发的《关于支持深度贫困地区脱贫攻坚的实施意见》首次将"解决因残致贫问题"列入中央文件，并提出了更有效、更具体的扶持政策措施。② 2018 年 1 月，为着力解决因残致贫家庭和深度贫困残疾人脱贫攻坚的突出困难和问题，中残联、民

---

① 《国家统计局城乡一体化住户收支与生活状况调查》，http：//data. stats. gov. cn/easyquery. htm？cn = C01。

② 《聚焦因残致贫家庭突出困难和问题　加快推动贫困残疾人脱贫攻坚步伐》，http：//www. cdpf. org. cn/yw/201801/t20180123_ 617118. shtml。

政部等六部委共同制定了《着力解决因残致贫家庭突出困难的实施方案》。"因病致贫"作为"因残致贫"的重要组成部分,是残疾人贫困的重要原因。然而,从本次调查结果来看,城乡困难残疾人医疗保障不足导致残疾人医疗支出负担大,从而导致家庭支出大、负债重等一些负面影响,最终严重影响了脱贫效果且增加了"返贫"风险。

从调查结果来看,城乡困难残疾人每年家庭医疗支出在 11179.0 元左右,且呈现城市困难残疾人支出高、农村自付费用占比高的特点,已成为家庭总支出的重要组成部分,占比接近四成。同时,重度残疾人的家庭医疗支出要相对高于其他类型残疾人,并已成为家庭负债的最主要来源。同时,农村重度残疾人目前的医疗自付比例仍然很高,达到 60% 以上。基于此,我们可以发现,重度残疾人尤其是农村贫困重度残疾人的高额医疗支出已经影响到了残疾人的日常生活,加重了其经济负担,"因病致贫"已成为该群体贫困的重要因素。

(三)"两项补贴"政策区域差异大

残疾人"两项补贴"制度实施至今,总体进展情况良好,制度全覆盖已经实现,受益人数约 2100 万人次。各地按照国务院的统一安排部署,立足于维护残疾人切身利益,努力克服经济下行压力和财力紧张等困难,积极筹措资金,部分地区采取残疾人就业保障金补差的方式,努力保障补贴及时发放。然而,在执行过程中也遇到了补贴标准各省规定不一,区域差异大的问题,显著影响了政策的平衡性与普惠程度。

具体来看,呈现"东高西低"的区域差异性,中西部地区补贴标准显著低于经济发达的东部地区。北京按照残疾等级的不同,对符合申领要求的残疾人给予每人每月 320 至 400 元不等的困难残疾人生活补贴;100 至 300 元不等的重度残疾人护理补贴。上海市对低保家庭残疾人与低收入家庭残疾人的补贴标准分别为每人每月 300 元和 200 元;对一级残疾人给予每人每月 300 元的重度残疾人护理补贴,二级残疾人及三级智力残疾人标准则为每人每月 150 元。相较之下,经济欠发达省份制定的标准相对较低,其中尤以贵州、云南等省份较为突出。贵州省对一级和二级重度残疾人予以补贴,标准分别为每人每月

50 元和 40 元；云南省则规定重度残疾人护理补贴为一级每人每月 70 元、二级每人每月 40 元。同时，较多中西部省份困难残疾人生活补贴最低标准为每人每月 50 元。

（四）农村困难残疾人家庭住房质量不尽人意

残疾人基本住房条件作为保障残疾人基本民生的重要组成部分，是衡量残疾人实现小康的重要指标，让所有困难群体"住有所居"也是党和政府应尽的基本责任。精准扶贫目标中，"两不愁、三保障"也明确提到要保障残疾人住房安全有保障问题。当前的残疾人保障政策中，面向农村困难残疾人的主要是农村困难残疾人家庭危房改造计划及集中建设农村集体公租房、过渡房等措施。如第一节住房保障政策所述，2016 年以来党和政府接连出台了多部文件确保农村困难残疾人享有基本的住房保障，但农村贫困残疾人的住房还是呈现有"量"无"质"情况，农村困难残疾人家庭危房改造任务还需要加速布局和加快完成。具体来看，本次调查显示，参与调查的 2519 份城乡困难残疾人样本中，有 289 户农村困难残疾人家庭仍然住在危房之中，占比 28.8%。

梁土坤等学者在对陕西省农村贫困残疾人住房问题研究指出，当前农村贫困残疾人住房状况呈现极度边缘化现象，即贫困残疾人住房状况与健全人、非贫困残疾人之间的差距逐步扩大，状况急剧恶化，处于社会最边缘。李芳萍、吴军民、赖水源等的研究对该现象产生的原因进一步作出了解释，提出农村贫困残疾人家庭住房质量问题的主要原因：一是家庭经济贫困，无力建设符合质量要求的房子；二是农户思想观念较为传统，对建房模式有很大影响；三是农村住房建设缺乏科学规划与技术指导，住房质量问题未引起人们的足够重视。[1] 此外，根据第一节文献与政策梳理我们发现，农村困难残疾人危房改造大多采取"先建后补"的方式，部分地区农村困难残疾人无力先期垫付高额的改造房屋费用，同时，由于各地方政府财力水平不同，对

---

① 李芳萍、吴军民、赖水源等：《农村贫困残疾人家庭住房保障问题研究——基于江西省 9 县区的抽样调查》，《残疾人研究》2016 年第 3 期。

农村残疾人危房改造的投入力度与资金也差别各异，中西部地区农村困难残疾人家庭危房改造补贴显著低于东部地区。总体上看，农村困难残疾人存在人均住房质量堪忧、危房改造投入资金不足，覆盖面不够广等问题，仍需要引起各级政府的高度重视，确保残疾人享有基本的住房保障。

二 启示与建议

（一）加强政策瞄准、精准施策确保全体残疾人如期脱贫

1. 加强对农村困难重度残疾人的扶持力度，增强政策瞄准

本次调查显示，当前农村贫困重度残疾人面临个人及家庭收入较少、家庭支出大，尤其是医疗负担重的突出问题，已经成为残疾人"全面建成小康社会"的重要短板，因此脱贫攻坚尤其是残疾人脱贫政策在制定及实施时要重点向农村贫困重度残疾人倾斜。要加快落实《关于加强残疾人社会救助工作的意见》《着力解决因残致贫家庭突出困难的实施方案》《贫困残疾人脱贫攻坚行动计划（2016—2020年)》文件的相关具体要求，将建档立卡贫困重度残疾人全部纳入低保并提高保障水平，确保应保尽保，应救尽救。对于因参保条件受限没有纳入低保的贫困残疾人，研究出台救助政策给予重点扶持使其都能享受一份托底保障。

2. 建立残疾人"两项补贴"动态调整机制，提高补助标准

针对当前城乡困难残疾人收入偏低，依靠转移性收入比重大的特点，为了有针对性解决支出重、负债多的问题，要研究建立动态调整和可持续发展机制，逐步形成与经济社会发展水平相一致的"两项补贴"制度①。根据深度贫困地区脱贫攻坚任务要求，有效识别、区分和衔接残疾人补贴对象和建档立卡贫困人口，逐步扩大困难残疾人生活补贴和重度残疾人护理补贴覆盖面，使"两项补贴"制度真正成为

---

① 《民政部关于推进深度贫困地区民政领域脱贫攻坚工作的意见》，《中国民政》2018年第8期。

城乡支撑困难残疾人脱贫奔小康的重要经济保障。

（二）提高医疗救助水平，降低城乡困难残疾人家庭"因病致贫"风险

1. 提高困难残疾人医疗救助水平，提升补贴标准及范围

针对前述提到的当前城乡困难残疾人医疗支出负担大，尤其是农村困难残疾人医疗自付比例高的问题，要进一步完善医疗救助的顶层设计。当前，已有专门针对低保户及城乡困难残疾人、重度残疾人的医保缴纳补贴制度，但在报销方面需要进一步完善，尤其是提高农村贫困重度残疾人的报销比例。同时，本次调查发现，三级、四级残疾人医疗支出个人自付比例较高，值得引起重视并加以完善。下一步，可以在调研的基础上建立针对不同残疾等级残疾人的阶梯报销标准制度，确保困难残疾人家庭及时获得基本医疗保险，通过提高救助水平确保其得到基本医疗救助。

2. 建立困难残疾人重特大疾病保障与救助机制

医疗支出特别是重特大疾病医疗支出已经成为残疾人家庭支出及借债的主要花费，是残疾人贫困的重要原因。建立城乡困难残疾人重特大疾病保障与救助机制有助于减轻贫困残疾人生活负担，减少困难残疾人"因病致贫""因病返贫"现象发生，有效助力全面建成小康社会。在坚持"保基本"的前提下，做好基本医疗保险，把绝大多数残疾人的基本医疗需求解决好、保障好。同时，要适当降低个人自付费用比例，减轻患者及家属负担。[①] 此外，针对残疾人康复、辅具、护理等特殊需求，要研究出台专门性报销给付办法，减轻残疾人在护理等日常医疗开支上的经济负担。

（三）兜稳住房底线，完善困难残疾家庭住房保障体制机制

1. 加大财政投入力度，多渠道筹措资金加快危房改造进度

当前，农村困难残疾人危房改造供给存在不足，贫困重度残疾人

---

① 王东进：《建立重特大疾病保障和救助机制是健全全民医保体系的重大课题》，《中国医疗保险》2014 年第 1 期。

等群体的有效需求未得到满足，主要是由危房改造政策不够精准，资金力度投入不足等原因造成的。因此，首先要多渠道筹建资金。在这方面，我们可以学习英国引入社会力量，构建完善住房保障体系的案例。

在英国的公共服务体系构建中，社会组织、社区和企业等发挥了重要作用。"分布在英全国各地的房屋协会，在为低收入者提供廉租住房方面发挥了很大的作用。还有数量众多的企业、社区组织、志愿者组织和慈善组织，成为公共服务的重要来源。"[1] 英国这一举措对我国当前贫困残疾人住房保障体系建设具有重要参考意义，当前我国住房保障体系还是以政府为主导，比如农村危房改造资金来源主要靠中央及地方政府的经费划拨。然而，资金来源的局限性制约了大规模的危房改造建设，影响了农村困难残疾人危房改造力度，从而不利于构建"住有所居"的住房保障网，我国可以进一步借鉴英国在住房保障等公共服务领域的做法，引入社会资本介入，倡导社会力量广泛参与诸如住房保障等公共服务领域，满足群众更多样化的需求。

具体来看，一方面可以通过建立农村困难残疾人家庭住房保障基金，提取土地出让金作为专项基金等，通过专项基金来确保长期稳定资金来源。另一方面，政府也可以通过接受社会捐款等方式充分调动社会自愿，确保社会资本进入，得以保障残疾人危房改造资金来源。

此外，精准识别农村残疾人危房存量，加快农村困难残疾人危房改造实施进度；鼓励各地通过农村集体公租房、过渡房等方式解决自筹资金建房有困难的残疾人危房户、无房户的基本住房安全问题。

2. 完善住房保障救助策略，建立农村保障性住房制度

针对当前农村居民仍有"居无定所"人员以及部分残疾人住房条件较差的问题，研究建议大力推进基本公共服务均等化，城市住房保障体系向农村延伸，建立适应农村特点的保障性住房制度。在有条件

---

① 赵溪、郭春宁：《英国残疾人社会福利政策及其启示》，《残疾人研究》2014年第2期。

的地方开展农村保障性住房建设试点，可以借鉴城镇经济适用房、廉租住房等住房保障制度实践经验，保障方式主要以发放租赁住房补贴为主，实物配租、租金核减为辅，解决农村贫困家庭的住房问题。此外，农村保障性住房建设应该采用封闭运行的方式，鼓励困难残疾人家庭租赁或购买保障性住房，建立廉租住房保障退出机制，以实现享受人员的动态调整①。

---

① 李芳萍、吴军民、赖水源等：《农村贫困残疾人家庭住房保障问题研究——基于江西省 9 县区的抽样调查》，《残疾人研究》2016 年第 3 期。

第三章　困难残疾人及家庭"社会保障"政策支持

　　本章主要对于托底性民生保障政策支持系统建设中的社会保障状况及相关政策进行了分析。主要内容分为三个方面：一是相关社会保障政策的发展情况，主要包括目前国内外对于"残疾人社会保障"的定义以及党的十八大以来我国残疾人社会保障政策的演变情况。二是以"托底性民生保障政策支持系统建设"项目人群调查数据为基础，分别从职工社会保险、城乡居民养老保险、社会救助与福利补贴三个方面分析了困难残疾人家庭相关社会保障政策的参与率、获得率等情况。三是对于困难残疾人社会保障托底政策的系统性分析，包括困难残疾人社会保障政策的总述；困难残疾人社会保障政策的实施情况、政策成效、政策需求的分析；困难残疾人社会保障政策的比较（区域比较、人群比较、国际比较）；综合政策分析基础上的启示与建议。

第一节　社会保障托底政策及服务基本情况

一　研究背景

　　受到身体条件方面的影响，很多残疾人在社会就业和自身发展方面往往面临着比普通人更多的压力。"给予残疾人群体更多的社会保障和发展机会，提供更加完备的公共服务"，"深化残疾人服务机制的改革，将是'十三五'时期中国残疾人事业发展的方向和主要着力点"，这也是使残疾人群体能够与健全人共同步入全面小康、共享经济社会改革发展成果的必由之路①②。

（一）残疾人社会保障定义

残疾人社会保障制度是国家以各种法律法规的形式，通过国民收入再分配，保障残疾人基本生活权益的社会安全制度。英国学者汤森德曾经提出建立社会保障体系的三大目标：最低等级的目标是解决贫困问题，以社会救济的方式帮助小部分人解决最基础的生存问题；第二等级的目标是保证经济收入安全，以社会保险的形式给予大多数人抵御风险的代替性收入；最高等级的目标是促进社会公平，以收入再分配的社会公共福利的形式提高全体公民的生活质量水平。③

作为残疾人的一项基本权利，社会保障的概念在国际社会中一直以来都备受重视，在 1975 年 12 月联合国大会宣布的《残疾人权利宣言（残废者权利宣言）》中明确指出"残废者有权享有经济和社会保障，并过着像样的生活"④；在 1982 年 12 月联合国大会通过的《关于残疾人的世界行动纲领》中也提出"促进实现残废人在他们居住的社会里充分参加社会生活和社会发展并享有与其他公民相同的生活条件的权利，并且公平分享社会和经济发展所带来的改善的生活条件"；⑤1993 年 12 月联合国大会将"维持收入和社会保障"作为单独一项规则纳入《残疾人机会均等标准规则》；2006 年 12 月联合国大会通过的《残疾人权利公约》第二十八条指出各缔约国要为残疾人提供"适足的生活水平和社会保护"。

（二）困难残疾人社会保障分类

1993 年，十四届三中全会通过的《关于建立社会主义市场经济体制若干问题的决定》对于我国社会保障的具体内容做出了规定，划

---

①　《广州市残疾人事业发展第十三个五年规划》，2017 年 12 月，广州市残疾人联合会，http://www.gzdpf.org.cn。

②　同上。

③　Peter Townsend, *Poverty in the United Kingdom: a Survey of Household Resources and Standards of Living*, Berkeley: University of California Press, 1979.

④　《残废者权利宣言》，1975 年 12 月，联合国大会第 3447 号决议。

⑤　《关于残疾人的世界行动纲领》，1982 年 12 月，联合国大会第 37/52 号决议。

分成社会保险、社会救助、社会福利、社会优抚、社会互助和个人储蓄积累保障六个部分。在实际应用中，我们一般将前四部分作为残疾人社会保障体制的主要构成部分。其中，"社会救助是最基本的救助手段，有助于保障残疾人的基本生活。社会保险是更高层次的保障手段，能够为残疾人提供长期稳定的保障。社会福利和社会优抚则有助于满足残疾人的多种需求，提高生活质量"①。在本章节中，统一采用较为符合我国残疾人保障体系现实状况的划分标准，即分为社会保险、社会救助、社会福利、社会优抚和其他特惠性社会保障五个部分。

作为社会保障系统中最基本的子系统，社会保险需要参保人履行缴费义务后才可以享受，但是，由于残疾人群体的经济收入水平普遍偏低，高额的保费便成了影响他们参保的重要因素。不同国家之间社会保险的种类有很大区别，跟残疾人相关的社会保险种类主要有养老、医疗和工伤等几种。这里的社会保险指的是广义上的社会保险，就我国目前的残疾人社会保险来说，主要包含城镇及农村养老保险、城镇及农村医疗保险以及职工社会保险。

"社会救助是指政府通过转移支付方式帮助困难群体摆脱生活危机的一种生活保障制度"，"具有最低生活保障性、对象普遍性、权利义务单项性、按需分配等特点"。②③ 残疾人社会救助主要包含在政府推行的各项社会救助措施中，根据国务院 2014 年 2 月 21 日发布的《社会救助暂行办法》，我国目前涉及残疾人的社会救助主要包括以下几个方面：残疾人最低生活保障、特困人员供养、医疗救助、住房救助、教育救助、就业救助、临时救助等。2015 年 8 月，中残联、民政部等发布的《关于加强残疾人社会救助工作的意见》中对于低保、特

---

① 齐心、厉才茂、陈晓芬、郭勇：《北京市残疾人社会保障研究报告》，《人口与发展》2008 年第 14 期。

② 伍琳：《中国残疾人社会保障制度的历史演进与财政支持研究——以福建省为例》，博士学位论文，福建师范大学，2016 年，第 37 页。

③ 同上。

困、受灾残疾人以及无法被社会救助制度覆盖的严重困难残疾人作出了多个方面的社会救助工作指导意见。2016 年 9 月，民政部、中残联等联合发布了《关于做好农村最低生活保障制度与扶贫开发政策有效衔接的指导意见》，其中对于严格落实困难残疾人生活补贴制度和重度残疾人护理补贴制度以及综合评估家庭贫困程度等做出了具体的要求。

社会福利通常是指全体社会成员在社会福利资源分配过程中，都能享受的物质或福利服务，包括社会津贴、福利性服务等。我国残疾人社会福利主要是指残疾人两项补贴（困难残疾人生活补贴和重度残疾人护理补贴）以及国家对残疾人实施的一系列公共服务优惠和减免等，如搭乘公共交通工具给予便利和优惠，免费游览公园、博物馆、展览馆等。2015 年 9 月，国务院颁布了《国务院关于全面建立困难残疾人生活补贴和重度残疾人护理补贴制度的意见》，对于低保残疾人以及残疾等级为一级、二级且需要长期照护的残疾人通过给予现金补贴的方式来进行帮扶。这是我国首次针对残疾人的福利补贴，该意见于 2016 年 1 月 1 日起正式实施。2017 年 6 月，民政部发布了《残疾人两项补贴信息平台建设规范》，充分发挥信息化网络平台的作用，便于补贴的发放和管理，有利于让残疾人两项补贴制度真正落到实处。

社会优抚是针对军人及其家属所建立的社会保障制度，是指国家和社会对军人及其家属所提供的各种优待、抚恤、养老、就业安置等。是专门针对军人及其家属的社会保险、社会福利、社会救助等制度的综合的社会保障。我国宪法第 45 条明确规定"国家和社会保障残废军人的生活，抚恤烈士家属，优待军人家属"，1984 年第六届中国人大二次会议上通过的《中华人民共和国兵役法》和 2004 年发布的《军人抚恤优待条例》中对于军人具体的优抚内容作出了详细的规定。因本书主要针对一般困难残疾人家庭，故后续写作中对于社会优抚部分将不再作具体阐述。

特惠型残疾人社会保障是指国家和社会在为残疾人提供保证其基

本生存的物资帮助的基础上，根据社会经济发展水平，给予残疾人相应的康复、教育、就业、社会环境等方面的权益保障。2017 年 2 月，国务院颁布了《残疾预防和残疾人康复条例》，针对残疾儿童、城乡贫困残疾人以及重度残疾人做出了涉及医疗、护理补贴，全生命周期残疾防控等多项具体要求和规定。2017 年 7 月，中残联发布《关于做好贫困重度残疾人家庭无障碍改造工作的通知》，针对贫困重度残疾人家庭进行家庭无障碍设施改造。2018 年 7 月，国务院发布了《国务院关于建立残疾儿童康复救助制度的意见》，对于残疾儿童给予了有关手术治疗、辅助器具配置和康复训练等一系列的康复救助措施方面的指导和建议。

二　被调查困难残疾人及家庭社会保障状况

（一）困难残疾人参加职工社会保险情况

调查数据显示（表 3 - 1），在受访的残疾人人群中，参加职工养老保险的有 808 人，占总调查人数的 32.1%；参加职工医疗保险的有 1298 人，占总调查人数的 51.5%；参加其他保险（失业保险、工伤保险、生育保险）的有 124 人，占总调查人数的 4.9%；未参加任何职工社会保险的有 1084 人，占总调查人数的 43.1%。经计算易知，本次调查中，参加至少 1 种职工社会保险的有 1433 人，占总调查人数的 56.9%；至少参加 2 种职工社会保险的有 711 人，占总调查人数的 28.2%。可见，整体来看，困难残疾人家庭中参加职工社会保险的比例并不高，有超过 43% 的人未参与任何职工社会保险。这与职工社会保险的特点是分不开的，与基本医疗、养老保险不同的是，职工社会保险自缴部分的费用相对较高，这对于经济水平普遍不高的残疾人来说，是影响其参保率的主要因素。这几种类型的职工社会保险中，参与医疗保险的人的比例最高，占到总调查人数的一半以上，养老保险次之。从分城乡的残疾人参加职工社会保险的情况来看（本次调查中，城市有效样本 1515 份，农村有效样本 1004 份），在不同类型的保险的参保率上，户籍类型并不是主要的影响因素。可以看到，除了其他保险的参保率城市比农村高 3.2% 之外，无论是医疗保险还是养老保险，农村地区的参保率都要略高于城市地区。

表 3 - 1　　　　　　　**困难残疾人参加职工社会保险情况**

保险类型	人数	约占百分比（%）
养老保险	808	32.1
医疗保险	1298	51.5
其他保险	124	4.9
未参加	1084	43.1

表 3 - 2　　　　　　**城乡困难残疾人参加职工社会保险情况**

保险类型	城市		农村	
	人数	约占百分比（%）	人数	约占百分比（%）
养老保险	481	31.7	327	32.6
医疗保险	749	49.4	549	54.7
其他保险	94	6.2	30	3.0
未参加	674	44.5	410	40.8

　　通过表 3 - 3 可以看出，本次调查中困难残疾职工养老保险的参保率与残疾人的文化程度存在着正相关性，随着文化程度的提高，其职工养老保险的参保率也不断上升，从 24.9% 上升到 53.1%。经卡方检验，P 值小于 0.05，认为残疾人的文化程度与其参加职工养老保险的参保率之间存在着显著的正相关关系。一般说来，由于文化程度与收入的相关关系，文化程度的提高，其支付能力也就越强，因此其经济收入也就越有可能支付得起养老保险的费用，相较于城乡居民养老保险来说，职工养老保险需要个人缴纳的费用相对较高。其他几类社会保险并没有发现类似的相关关系，这说明随着文化程度的提高，人们更加关注自己步入老年生活后的生活质量和生活保障。

表3-3　　不同文化程度残疾人参加职工养老保险情况（N,%）

文化程度	人数	职工养老保险	
		参保人数	参保率
未上过学	623	155	24.9
私塾或小学	757	219	28.9
初中	765	261	34.1
高中或中专	325	147	45.2
大专或大本	49	26	53.1
总计	2519	808	32.1

注：经卡方检验，P 值小于 0.05。

（二）困难残疾人参加城乡居民养老保险情况

从 2014 年开始，我国的居民养老保险不再做城乡之分，而是采用统一标准。从表中可以看到本次调查中困难残疾人参加城乡居民养老保险的人数有 998 人，约占调查总人数的 39.6%。从表 3-1 中可以看到职工养老保险的参保率为 32.1%，比居民养老保险的参保率低 7.5 个百分点。考虑到参加过职工养老保险后的人不再参加居民养老保险，因此困难残疾人总的养老保险参保率要综合两种类别的养老保险来计算，困难残疾人的养老保险的参保率达到 71.7%，低于全国城乡残疾居民养老保险参保率的平均水平（根据《2016 年中国残疾人事业发展统计公报》可知，2016 年我国城乡残疾居民养老保险参保率为 79.0%），这与困难残疾人群体经济收入普遍较低的现状有关。

同样的，户籍类型（城市、农村）对于调查对象的居民养老保险的参保率并没有显著影响，农村户籍的困难残疾人比城市困难残疾人的参保率要高 5.6%。

表3-4　　　　困难残疾人参加城乡居民养老保险情况

	人数	约占百分比（%）
是	998	39.6
否	1509	59.9

	人数	约占百分比（%）
不知道	12	0.5
总计	2519	100.0

表 3 - 5 　　　　　　城乡困难残疾人参加居民养老保险情况

户籍类型	人数	居民养老保险	
		参保人数	参保率
城市	1515	566	37.6
农村	1004	432	43.2
总计	2519	998	39.6

（三）困难残疾人获得社会救助与福利补贴情况

本次调查中，获得至少两项社会救助的有 634 人，约占总调查人数的 25.2%；获得至少 3 项社会救助的有 152 人，约占总调查人数的 6.0%。从获得几项社会救助的困难残疾人在总的调查人数中的占比来看，最低生活保障依然是我国目前对于困难残疾人最为主要的社会救助方式，获得最低生活保障的残疾人一共有 1610 人，约占总的调查人数的 63.9%。从 2012 年到 2018 年，我国享受最低生活保障的总人数由 7488 万下降到 4526.1 万，这反映了我国脱贫政策的成效显著。与此同时，我国城乡残疾人纳入最低生活保障的人数在全国低保总人数中的占比从 2012 年的 14.3% 上升到 16.5%。

获得过医疗救助的残疾人约占总调查人数的 22.7%，目前我国的医疗救助主要有两个方面：基本医疗保险个人缴费的补贴和医疗保险支付后的基本医疗自负费用的补贴。从表 3 - 7 中可以看到享受城居保/新农合缴费补贴的残疾人约占总调查人数的 21.1%，也就是说本次调查中获得过医疗救助的残疾人绝大多数是享受基本医疗保险个人缴费补贴的形式，然而困难残疾人家庭最主要的医疗负担往往来自于医疗自付部分而非保险费用，因此，在医疗救助的医疗保险支付后的自付费用补贴方面还需要更为具体的制度和政策落实。

另外，获得特困人员供养的残疾人约占总调查人数的 6.8%，特困人员供养应当与城乡居民基本养老保险、基本医疗保障、最低生活保障、孤儿基本生活保障等制度相衔接。

表 3 - 6 困难残疾人获得社会救助情况

救助类型	人数	约占百分比（%）
最低生活保障	1610	63.9
特困人员供养	172	6.8
医疗救助	572	22.7
其他救助	222	8.8
无	303	12.0

从 2016 年 1 月 1 日开始，我国正式实施困难残疾人生活补贴和重度残疾人护理补贴制度，简称"两项补贴"，这是我国首次针对残疾人群体的福利性补贴措施。民政部社会服务发展统计公报显示，2016 年享受两项补贴的人数分别为 521.3 万和 500.1 万，到 2017 年分别增加到 1019.2 万和 1053.7 万，整体翻了一番，除新疆生产建设兵团外，补贴发放实现县区全覆盖。本次调查中获得困难残疾人生活补贴的有 1286 人，获得重度残疾人护理补贴的有 416 人，分别占调查人数的 51.1% 和 28.6%（见表 3 - 7）。目前享受困难残疾人生活补贴的主要是低保家庭的残疾人，享受重度残疾人护理补贴的主要是等级为一级、二级且需要长期照护的残疾人，依据不同地区财政水平的不同，相应的标准制定也有一定差别。相较于表 3 - 6 中的占 63.9% 的享受最低生活保障的残疾人比例，51.1% 水平还有一定的提升空间。

本次调查的全部残疾人中，获得至少两项福利补贴的有 709 人，占总调查人数的 28.1%，至少获得 3 项福利补贴的有 230 人，占总调查人数的 9.1%，至少获得 4 项福利补贴的有 62 人，占总调查人数的 2.5%。可以看出，我国当前针对困难残疾人家庭的福利补贴还处在一个较低的水平，主要以自 2016 年开始实施的"两项补贴"为主，形式仍较为单一，缺少完整的福利照护体系。

表 3 - 7　　　　　　　　困难残疾人获得福利补贴情况

补贴类型	人数	约占百分比（%）
困难残疾人生活补贴	1286	51.1
重度残疾人护理补贴	416	28.6
其他福利补贴	180	7.1
居民养老保险缴费补贴	323	12.8
城居保/新农合缴费补贴	531	21.1
无	303	12.0

从表 3 - 8 中可以看到困难残疾人的户籍类型与其在困难残疾人获得社会救助以及福利补贴的获得率有一定相关性，其中，农村困难残疾人在获得医疗救助、特困人员供养、居民养老保险缴费补贴方面的比例要比城市残疾人高 4%—6%，这一定程度与农村地区人均收入低于城市地区有关。尤其是在基本医疗保险的缴费补贴方面，农村要比城市残疾人群体高 21%，这跟城市地区参加职工医疗保险比例高于农村地区是相关的。

表 3 - 8　　　　城乡困难残疾人获得社会救助及福利补贴情况

类型	城市		农村	
	人数	约占百分比（%）	人数	约占百分比（%）
最低生活保障	1003	66.2	607	60.5
特困人员供养	80	5.3	92	9.2
医疗救助	317	20.9	255	25.4
其他救助	124	8.2	98	9.8
困难残疾人生活补贴	765	50.5	521	51.9
重度残疾人护理补贴	296	19.5	155	15.4
其他福利补贴	104	6.9	76	7.6

类型	城市		农村	
	人数	约占百分比（%）	人数	约占百分比（%）
居民养老保险缴费补贴	162	10.7	161	16.0
城居保/新农合缴费补贴	193	12.7	338	33.7
无	189	12.5	114	11.4

（四）调查主要发现

综合项目人群调查数据分析，困难残疾人家庭社会保障政策现状特点总结及相应建议如下：

第一，困难残疾人职工社会保险参保率整体较低。本次调查中有超过43%的残疾人未参与任何形式的职工社会保险，这与社会保险的自缴部分费用较高有关，本次调查以困难残疾人家庭为主，因而其经济收入水平难以支付费用较高的社会保险。这也侧面说明了残疾人就业率普遍不高，因此完善残疾人社会保障体系必须与解决困难残疾人就业问题同步进行。

第二，困难残疾人的职工养老保险参保率与残疾人的文化程度存在着正相关性。高文化程度的群体往往有更高的收入，也就越能支付得起职工养老保险的费用；另外，随着文化程度的提高，人们对于自步入老年生活后的生活质量也更加关心。因此，困难残疾人的受教育问题必须得到重视，是需要与完善残疾人社会保障体系同步推进的。

第三，困难残疾人的城乡居民养老保险参保率低于全国平均水平。这与困难残疾人群体的经济收入普遍较低有关。相较于普通人，困难残疾人在缴纳保险费用方面面临着更大的经济压力，目前我国财政对于困难残疾人参加养老保险的缴费补贴力度仍然不足，这就需要国家财政在困难残疾人参加社会保险方面有更为优惠的补贴措施。

第四，困难残疾人的社会救助仍以最低生活保障为主要形式，以医疗救助为辅。我国城乡残疾人纳入最低生活保障的人数在全国低保总人数中的占比不断提高，在医疗救助方面，当前还是以基本医疗保险的个人缴费部分补贴为主，救助力度有待提升。困难残疾人的社会救助形式多元化发展的同时要注重多种社会救助形式之间平衡协调发展。

第五，困难残疾人的福利补贴以"两项补贴"为主要形式，形式单一。自 2016 年 1 月 1 日开始实施的"两项补贴"，标志着我国残疾人福利事业发展迈出了重要一步，目前已实现补贴发放区县全覆盖。但是，其他方面、其他形式的福利仍较为缺乏，缺少完整的福利照护体系。我国当前困难残疾人的社会福利制度刚刚起步，要继续巩固和落实两项补贴，在总结经验教训基础上探索新的社会福利模式。

第六，困难残疾人在获得社会救助以及福利补贴方面存在城乡差异。由于城乡收入差异问题，在医疗救助、特困人员供养、居民养老保险缴费补贴、基本医疗保险缴费补贴方面，农村地区获得的比例要高于城市地区。

第二节　社会保障政策及服务支持性分析

一　困难残疾人及家庭社会保障政策综述

（一）政策发展

改革开放 40 年来，我国残疾人社会保障制度取得了历史性的进展，经历了由单纯救济性保障向综合性保障转变、由满足基本生存需要向满足更高层次发展需要转变、由政府绝对主导向社会广泛参与转变。

2012 年，党的十八大和《中国残疾人事业"十二五"发展纲要》均提出要健全残疾人社会保障和社会服务两个体系，提高基本公共服务水平和均等化程度。

2015 年，我国"两个体系"基本框架已经建立起来，并且建立了困难残疾人生活补贴和重度残疾人护理补贴的"两项补贴"（2015年 9 月，《国务院关于全面建立困难残疾人生活补贴和重度残疾人护理补贴制度的意见》出台，2016 年 1 月 1 日正式实施，截至 2017 年年底，"两项补贴"制度已实现全国县区全覆盖)，这是我国第一次针对残疾人群的专项福利补贴。

2016年，国务院印发《"十三五"加快残疾人小康进程规划纲要》，以"平等、参与、共享、融合"为基本理念，总体目标是让全体残疾人和全国人民共同迈入全面小康社会，强调普惠性制度与特惠性制度相结合，残疾儿童康复救助制度、残疾人基本辅助器具补贴、贫困残疾人家庭无障碍改造补贴等一系列特惠性制度和服务相继推出。

2017年2月，国务院发布《残疾预防和残疾人康复条例》，主要针对残疾儿童、城乡贫困残疾人和重度残疾人群，尝试构建对残疾人群的全生命周期防控。2017年7月，针对贫困重度残疾人家庭，中残联发布了《关于做好贫困重度残疾人家庭无障碍改造工作的通知》。

2018年1月，民政部、中残联等联合发布《关于扶持残疾人自主就业创业的意见》，对于自主就业创业残疾人给予优先照顾、税收优惠、金融扶持和资金补贴。2018年7月，国务院颁布《关于建立残疾儿童康复救助制度的意见》，在手术治疗、辅助器具配置和康复训练等方面给予残疾儿童更多的照顾。

2019年政府工作报告明确提出，将"加快发展社会事业，更好保障和改善民生"作为2019年政府工作任务之一，"支持社会力量增加非基本公共服务供给"。在保障基本医疗卫生服务方面，李克强总理明确表示要"继续提高城乡居民基本医保和大病保险保障水平，居民医保人均财政补助标准增加30元"，"降低并统一大病保险起付线，报销比例由50%提高到60%，进一步减轻大病患者、困难群众医疗负担"，"做好常见慢性病防治，把高血压、糖尿病等门诊用药纳入医保报销"。① 继续完善社会保障制度和政策，城乡低保、专项救助标准进一步提高，加快建设多层次养老保障体系。

2019年4月，为落实《中共中央 国务院关于打赢脱贫攻坚战三

---

① 《2019年全国两会政府工作报告》，2019年3月，中国新闻网，http://www.chinanews. com/gn/z/lhgongzuobaogao2019/index. shtml。

年行动的指导意见》《中共中央办公厅 国务院办公厅印发〈关于支持深度贫困地区脱贫攻坚的实施意见〉的通知》等文件精神，在脱贫攻坚中切实做好贫困重度残疾人的照护服务工作，民政部、财政部、国家卫生健康委员会、国务院扶贫办、中国残疾人联合会发布《关于在脱贫攻坚中做好贫困重度残疾人照护服务工作的通知》。其中，对于有关贫困重度残疾人的照护服务相关工作部分，从组织保障和工作内容两方面明确了具体内容，指出要"精准确定贫困重度残疾人照护服务对象和服务内容"，"依托和整合现有公共服务设施开展集中照护服务"，"推动开展贫困重度残疾人社会化照护服务"，"加大贫困重度残疾人康复工作力度"，"鼓励社会力量参与贫困重度残疾人照护服务"。①②③

从以上政策演变梳理中可以看出，自党的十八大至今，针对困难残疾人的托底性社会保障政策在数量上保持了较快速度的增长；保障范围更加精准化，从普适性的养老、医疗保险到针对贫困重度残疾人的专项照护；保障政策内容更为具体化，可操作性增强。

（二）政策趋势

在当前阶段，我国的残疾人社会保障制度在社会救助和社会保险的基础上，更加重视通过全面的公共服务实现社会公平、建成小康社会的高层次目标，残疾人社会保障工作已经从过去的单纯救济补偿发展为全方位、多层次的全面综合性保障。从以上几个阶段的政策演变历程来看，我国残疾人社会保障政策发展有如下几个特点：

1. 在法律法规上从原则性、宽泛性向具体化转变。最初的残疾人保障法等在具体法律规范上过于宏观和笼统，缺少必要的配套政策和具体实施办法，往往倡导性条目较多。随着我国残疾人事业的发展，

---

① 《民政部 财政部 国家卫生健康委员会 国务院扶贫办 中国残疾人联合会关于在脱贫攻坚中做好贫困重度残疾人照护服务工作的通知》，2019 年 04 月 25 日，中华人民共和国民政部，http：//xxgk. mca. gov. cn：8081/new_ gips/contentSearch? id =158187。

② 同上。

③ 同上。

在社会保障方面的法律法规日趋细化，残疾人保障法在 2008 年重新修订后，有关康复、教育、就业、无障碍环境等相关章节均有具体的法规细则延续。这就使得残疾人社会保障工作更加有法可依，更加具有操作性。

2. 在保障方式上从救济性保障向综合性保障转变。传统的残疾人保障工作，以临时性救助和救济活动为主，而残疾人的社会保险和社会福利等保障制度相对比较薄弱。随着我国残疾人保障事业的发展，对于残疾人的帮扶不再是临时的救济工作，而是纳入完整的社会保障体系中，引导、帮助残疾人纳入现行的社会保险体系，社会福利制度逐步完善。

3. 在保障内容上从满足基本生存需要向兼顾发展需要转变。在 2000 年以前，我国的残疾人社会保障内容主要是以简单的经济救济为主，但是，每个人都有实现个人理想追求和获得社会尊严的机会和权利，作为残疾人也不例外，他们的这种需求在过去的社会保障措施中满足程度较低。2000 年以后，社会保险制度化进程加快，越来越多的残疾人被纳入社会保险体系中。尤其是 2012 年之后，随着"两个体系"的建立和完善，残疾人获得的公共服务水平不断提高。《"十三五"加快残疾人小康进程规划纲要》的实施，使得"平等、参与、共享、融合"理念融入我国残疾人社会保障工作，各项特惠性保障措施日益完善，涉及残疾人的医疗康复、教育、就业、社会环境等多个方面，有助于残疾人更好地融入社会，共享改革开放成果。

4. 在保障主体上从政府绝对统筹向社会力量全面参与转变。在 1988 年残联成立之前，在残疾人的社会保障制度实施中，一直是政府统筹残疾人工作，其下属机构分别侧重不同的保障方面。自残联成立之后，这种情况开始发生改变，政府与残联在残疾人社会保障工作中均发挥着不可替代的作用，残联的工作内容包括了医疗卫生、就业、扶贫、教育、住房、社会保障等众多的领域，使得残疾人社会保障体系更为完善和健全。2013 年，国务院发布了《关于政府向社会力量购买服务的指导意见》，政府开始重视社会组织和社会工作在参与管理、提供服务方面的作用。2014 年，国务院发布了《关于支持助残社会组织发展的指导意见》，首次就助残社会组织的孵化培育、资金支持、购买服务等做出具体规定。截至 2017 年年底，全国共有社会服务机构和设施 182.1 万个，职工总数 1355.8 万人。[①] 为残疾人提供服务的机构在 2015 年年底有 1.5 万余个，为老年人和残疾人提供住宿社会服务的机构数为 27809 个，为残疾人提供非住宿服务的机构数为 13930 个。[②] 多元主体的联动互补，构建起了多层次的残疾人服务保障体系。

二　困难残疾人及家庭社会保障政策分析

（一）政策实施情况

过去的五年，我国"各级财政对于残疾人事业的专项资金投入超过 1800 亿元，比上一个五年增长 123%，残疾人服务设施达到 3822 个"[③]，比 2017 年增加 63.3%，中央预算内投资规模比上一个五年大幅增长。2017 年中央财政安排残疾人事业发展补贴资金 30.57 亿元，落实社会服务兜底工程中央预算内投资 12 亿元，支持 170 个残疾人康复和托养项目建设，对 89 万残疾人家庭进行无障碍改造，启动了残疾人服务标准化建设。2018 年，"中央财政残疾人事业发展补助资金达到 31.7 亿元"[④]，"由各地统筹用于残疾人康复（含残疾儿童康复救助）、托养、扶贫、助学、文化、家庭无障碍改造、机动轮椅车燃油补贴等方面支出"，[⑤]"中央财政补助资金采用因

---

① 《2017 年社会服务发展统计公报》，民政部，2018 年，http：//www.mca.gov.cn/article/sj/tjgb/2017/201708021607.pdf。

② 郑功成：《中国残疾人事业发展报告（2017）》，人民出版社 2017 年版，第 159 页。

③ 张海迪：《张海迪在中国残疾人联合会第七次全国代表大会上的报告》，中国残疾人联合会第七次全国代表大会，2018 年（http：//www.cdpf.org.cn）。

④ 《2018 年中央财政残疾人事业发展补助资金 31.7 亿全部下达》，http：//finance.people.com.cn。

⑤ 同上。

素法分配，对残疾人数量多、工作绩效好、贫困程度深的省份给予了倾斜支持"。①

残疾人托养服务机构数从 2007 年的 1000 个增加到 2017 年的 7923 个，其中，寄宿制托养机构 2560 个，日间照料机构 3076 个，综合性托养服务机构 2287 个，全年 1.9 万名托养服务管理和服务人员接受了各级各类专业培训。残疾人服务设施建设也得到了全面发展。根据《2018 年中国残疾人事业发展统计公报》，截至 2018 年年底，"全国已竣工并投入使用的各级残疾人综合服务设施 2364 个，总建设规模 578.3 万平方米，总投资 176.9 亿元"，"已竣工并投入使用的各级残疾人康复设施 914 个，总建设规模 344.9 万平方米，总投资 111.2 亿元"，"已竣工并投入使用的各级残疾人托养服务设施 791 个，总建设规模 214.8 万平方米，总投资 57.8 亿元"。②③④ 民政部 2018 年第四季度统计公报显示，截至 2018 年第四季度，全国老年人与残疾人服务机构达 29792 个，智障与精神病人服务机构 236 个。残疾人综合性服务机构数量上的增加以及功能结构上的完善有助于建立健全居家安养、社区日间照料、机构托养相衔接的残疾人养护照料体系，对于实现残疾人养护照料的全覆盖有着重要的意义。

据《2018 年中国残疾人事业发展统计公报》，截至 2018 年年底，"全国已有残疾人康复机构 9036 个，其中，提供视力残疾康复服务的机构 1346 个"⑤，"提供听力言语残疾康复服务的机构 1549 个，提供肢体残疾康复服务的机构 3737 个"⑥，"提供智力残疾康复服务的机

---

① 《2018 年中央财政残疾人事业发展补助资金 31.7 亿全部下达》，http：//finance. people. com. cn。
② 《2018 年中国残疾人事业发展统计公报》，2019 年，中国残疾人联合会，http：//www. cdpf. org. cn/。
③ 同上。
④ 同上。
⑤ 同上。
⑥ 同上。

构 3024 个，提供精神残疾康复服务的机构 1962 个"①，"提供孤独症儿童康复服务的机构 1811 个，提供辅助器具服务的机构 1929 个"，② "康复机构在岗人员达 25.0 万人，其中，管理人员 2.9 万人，专业技术人员 17.6 万人，其他人员 4.5 万人"。③ 根据《残疾预防和残疾人康复条例》规定，"县级以上人民政府应当组织卫生、教育、民政等部门和残疾人联合会整合从事残疾人康复服务的机构（以下简称康复机构）、设施和人员等资源，合理布局，建立和完善以社区康复为基础、康复机构为骨干、残疾人家庭为依托的残疾人康复服务体系"，"从事残疾预防和残疾人康复服务的机构依法享受有关税收优惠政策。县级以上人民政府有关部门对相关机构给予资金、设施设备、土地使用等方面的支持"。我国残疾人康复服务机构建设快速推进，但建设标准、管理依据不健全，监管不到位的问题逐渐显现。

2019 年全国两会上，财政部作了《关于 2018 年中央和地方预算执行情况与 2019 年中央和地方预算草案的报告》，其中关于社会保障部分，主要有以下几个方面：一是"提高养老保障水平"，按 5% 的幅度提高单位职工退休人员的基本养老金标准；二是"推进健康中国建设"，城乡居民医保补助提升 30 元/人，基本公共卫生服务经费财政补助提升 5 元/人；三是"加强基本住房保障"，2019 年城镇保障性安居工程专项资金预算安排 1433 亿元，增长 12.4%；农村危房改造补助资金预算安排 298.5 亿元，增长 12.9%；四是"强化民生政策兜底"，中央财政困难群众救助补助资金预算安排 1466.97 亿元，增长 5.1%；地方低保补助方面，城镇人均补助水平提高 5%，农村人均补助水平提高 8%；中央财政医疗救助补助资金安排 271.01 亿元④。

---

① 《2018 年中国残疾人事业发展统计公报》，2019 年，中国残疾人联合会，http：//www.cdpf.org.cn/。

② 同上。

③ 同上。

④ 《关于 2018 年中央和地方预算执行情况与 2019 年中央和地方预算草案的报告》，2019 年 3 月，http：//www.chinanews.com/gn/2019/03－17/8782199.shtml。

（二）政策成效

从表3－9中可以看出，从2014年到2017年，纳入低保的城乡残疾人数从1105.6万下降到928.8万，整体上是递减的趋势，从侧面说明了我国的残疾人扶贫工作成效显著。尽管总人数是不断递减的，但是城乡残疾人在全国总低保人数中所占的比例却从2010年的12.3%增长到了2017年的17.5%。一方面说明我国将全部残疾人纳入最低生活保障制度体系中的努力有了成效，另一方面也说明我国广大的残疾人群体仍然面临着贫困的威胁，残疾人扶贫工作依然任重而道远。

表3－9   2014—2017年残疾人社会保障发展的若干指标和数据

类型	2014	2015	2016	2017
纳入低保的城乡残疾人数（万人）	1105.6	1088.5	833.8	928.8
城镇残疾职工参加社会保险人数（万人）	283.2	300.0	—	—
城乡残疾人基本养老保险参保人数（万人）	2180	2229.6	2370.6	2614.7
农村残疾人新农合参保率（%）	97.5	97.4	96.4	96
享受困难残疾人生活补贴人数（万人）	455	517.7	521.3	1019.2
享受重度残疾人护理补贴人数（万人）	279	440.1	500.1	1053.7
残疾人托养服务机构数（个）	5917	6352	6740	7923

资料来源：历年《中国残疾人事业发展统计公报》、中国残疾人状况及小康进程监测报告、中国残疾人联合会年度统计数据以及2017年中国残联第六届主席团第五次全体会议发布数据。

城镇残疾职工参加社会保险的人数较为稳定，在300万人左右。自2014年城乡残疾人基本养老保险统一以来，我国城乡残疾人基本养老保险参保人数增加了500多万人，参保率也逐渐上升，已经超过了80%。农村残疾人新农合的参保率与全国平均水平较为接近，但近年来新农合的自缴部分费用越来越高，一定程度上影响了低收入群体参保的积极性。

随着我国2016年开始全面实施困难残疾人生活补贴和重度残疾

人护理补贴制度，享受"两项补贴"的人数有了飞速增长，2017 年"两项补贴"的受益人数比 2016 年翻了一番。根据《2018 年中国残疾人事业发展统计公报》，截至 2018 年年底，我国 595.2 万 60 岁以下参保的重度残疾人中，有 576.0 万人得到政府的参保扶助，代缴养老保险费比例为 96.8%；有 298.4 万非重度残疾人享受了个人缴费资助政策，1024.4 万人领取养老金，比 2017 年减少了 1.7%。

（三）政策需求

《关于全面建立困难残疾人生活补贴和重度残疾人护理补贴制度的意见》自 2016 年 1 月 1 日正式实施。根据民政部社会服务发展统计公报显示，截至 2017 年年底，除新疆生产建设兵团外，两项补贴发放已经实现区县全覆盖，提前完成了"十三五"加快残疾人小康进程指标任务。

表 3-10 "十三五"加快残疾人小康进程部分指标完成情况 （%）

部分指标	预期目标		进展情况			评估结论
	目标值	属性	2015	2016	2017	
残疾人城乡居民基本养老保险参保率	90	预期性	78.1	76.7	79.3	符合预期
残疾人城乡居民基本医疗保险参保率	95	预期性	97.1	96.4	96.0	提前完成
残疾人基本康复服务覆盖率	80	约束性	——	60.3	65.6	符合预期
残疾人辅助器具适配率	80	约束性	——	46.5	49.4	较为滞后

资料来源：历年《中国残疾人事业发展统计公报》《社会服务发展统计公报》、国家统计局。

从表 3-10 中可以看到，2015 年到 2017 年，我国残疾人城乡居民基本养老保险的参保率先降后升，整体提高了 1.2%。其中，2016 年至 2017 年的增长率为 3.3%，如果按照 3.3% 的增长率来计算，到 2020 年参保率预计达到 88.9%，接近 90% 的预期目标。但是，考虑到 2015 年到 2016 年存在着总的参保率下降的情况，还需要在后期工作中，加大残疾人养老保险缴纳补贴力度，扩大补贴覆盖面，将更多的残疾人纳入城乡居民基本养老保险体系中，提高残疾人城乡居民基本养老保险参保率。

从表 3-10 中不难看出，从 2015 年到 2017 年，我国残疾人城乡居民基本医疗保险的参保率均高于 95.0%，分别为 97.1%、96.4%、96.0%，已提前完成"十三五"加快残疾人小康进程的指标任务。但是，考虑到残疾人城乡居民基本养老保险的参保率存在下降的情况，因此相关工作依然不能松懈，要继续推动政策的落实，同时加强基本医疗、大病保险、医疗救助等各项制度政策的衔接，充分发挥医疗救助体系托底保障功能。

根据残疾人信息和数据动态更新调查结果显示，2016 年和 2017 年残疾人获得基本康复服务比例分别为 60.3%、65.6%。距离 2020 年的"十三五"预期指标还有较大的差距，如果保持 2016 年到 2017 年的 8.8% 的年增长率，到 2020 年预期残疾人基本康复服务覆盖率将达到 84.5%，基本可以实现目标任务。因此残疾人基本康复服务工作的开展仍然需要各级政府高度重视。另外，残疾人基本康复服务发展水平地区差异明显，有的地区甚至出现覆盖率下降的情况，能否改变这种地区发展不平衡的现状对于"十三五"相关指标任务的实现起着决定性作用。

残疾人辅助器具适配率，即获得辅助器具的残疾人占总的有相关需求的残疾人的比例。辅助器具适配是帮助残疾人获得或者改善其相关功能的重要手段，对于残疾人生活质量的改善有着重要的作用。根据动态更新数据结果，2016 年和 2017 年我国残疾人辅助器具适配率为 46.5%、49.4%，仅根据这两年所测算出的年增长率为 6.2%，若保持该增长率，在 2020 年辅助器具适配率的预计值为 59.2%，距离 80% 的目标预期值还有相当大的差距。因此，在辅助器具的适配工作方面，必须要大幅度提高资金投入和工作落实效率。同时，该项指标的发展水平在全国不同地区存在着发展不平衡现象。

（四）政策服务满意度

调查数据显示，残疾人对于社会救助状况的满意度状况如表 3-11所示：

表 3 - 11 救助满意度情况（N,%）

满意程度	人数	约占百分比（%）
非常满意	258	21.2
满意	368	30.2
一般	399	32.7
不满意	121	9.9
非常不满意	74	6.1

注：有效样本量为1220。

在本次调查中可以看到，满意及以上的人数占比51.4%，仅仅占总人数的一半多一点，而不满意及非常不满意的人数占比近16%。可见，整体上来看，城乡困难残疾人家庭对于目前社会救助的满意程度并不高。这与社会救助体系形式单一（以低保为主，医疗救助、特困人员供养等覆盖率较低）、救助力度较低有关，城乡困难残疾人家庭在社会救助方面的获得感较低。因此，相关部门需要在提高困难残疾人群众对于社会救助工作满意度方面多下功夫，扩大各种形式社会救助覆盖面，提高基本公共服务投入，全方位保障残疾人群体的生存发展权益。

三 困难残疾人及家庭社会保障政策比较

（一）区域比较

图 3 - 1 选取了我国 2018 年 4 季度农村低保标准最高的省（直辖市、自治区），从中可以看到 2018 年 4 季度各省（直辖市、自治区）之间的城乡低保标准存在较大差异，上海市最高，城乡低保标准均达到了12840 元/年，安徽省的城市低保标准只有 6840 元/年，湖北省农村低保标准为5275 元/年，上海市的低保标准比这两地高了一倍还要多。这显然与不同地区的经济发展水平有直接关系，经济发达地区的城乡低保标准远高于相对欠发达地区。另外，城市与农村低保标准之间也存在一定的差异。从图中可以看出，农村低保标准较高的几个省市（上海市、北京市、天津市、浙江省、江苏省、福建省），其农村和城市低保

标准之间不存在差别，基本实现了城乡统一标准。但是广东省、安徽省、内蒙古自治区、湖北省则存在着较大的城乡差异，其中，内蒙古自治区的低保标准城乡差异最大，城市低保标准比农村高 2238 元/年。在内地以及西部偏远地区，城乡低保标准差异往往较大。

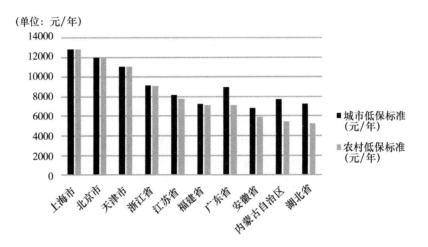

图 3-1 2018 年 4 季度部分省（直辖市、自治区）城乡低保标准

［数据来源：民政部 2018 年 4 季度各省社会服务统计数据（选取了农村低保标准最高的 10 个省市）］。

图 3-2 选取了我国 2018 年 4 季度社会福利支出最高的 10 个省市，从中可以看到不同地区之间的差异非常大，江苏省最高，4 季度的社会福利支出超过 100 万元，四川省支出 20 万元多一点，前者是后者的 5 倍多。社会福利的支出大致是与地区经济发展水平一致的，排名前五的几个省市均经济发展水平较高。

图 3-3 选取了我国 2018 年 4 季度社会救助支出最高的 10 个省（直辖市、自治区）市，从中可以看到除了四川省外，其他几个省（直辖市、自治区）的社会救助支出差别不大，均在 120 万元左右。四川省最高，超过 170 万元，甘肃省最低，为 103 万元。可以明显看出，社会救助支出较高的大多是经济发展程度普遍不高的省份（广东省除外），四川省、河南省、云南省、贵州省、甘肃省、湖南省等均

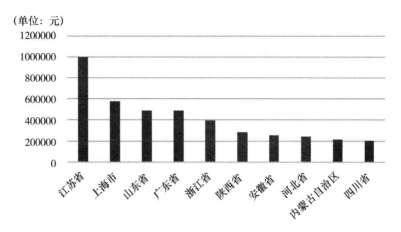

图 3 - 2 2018 年 4 季度部分省（直辖市、自治区）社会福利支出（元）
（数据来源：民政部 2018 年 4 季度各省社会服务统计数据。）

为全国扶贫重点省份，这种分布与社会福利支出较高的省市正好相反，这是由社会救助与社会福利的属性不同导致的。社会救助强调的是对于贫困人群的托底救济性帮扶，因而在经济发展水平普遍不高的地区往往投入力度较大，而社会福利则是一种层次更高的社会保障，是为了提高人的生活幸福感。

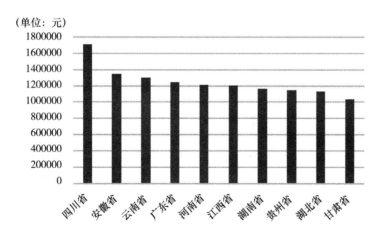

图 3 - 3 2018 年 4 季度部分省（直辖市、自治区）社会救助支出（元）
（数据来源：民政部 2018 年 4 季度各省社会服务统计数据。）

图3-4和图3-5选取了民政部2018年4季度各省（直辖市、自治区）社会服务统计中相关服务机构数量最多的5个省份和数量最少的5个省份。从柱状图中明显可以看到，在相关精神疾病服务机构以及老

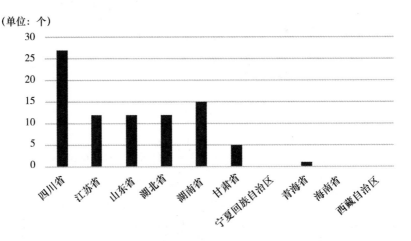

图3-4 2018年4季度部分省（直辖市、自治区）智障与精神疾病服务机构数量（个）

（数据来源：民政部2018年4季度各省社会服务统计数据。）

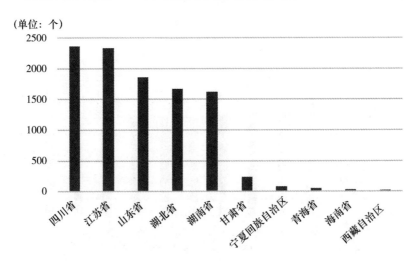

图3-5 2018年4季度部分省（直辖市、自治区）老年人与残疾人服务机构数量（个）

（数据来源：民政部2018年4季度各省社会服务统计数据。）

年人、残疾人服务机构数量上面，不同省（直辖市、自治区）之间存在着巨大的差距。无论是智障与精神疾病服务机构数量还是老年人与残疾人服务机构数量，四川省都是最多的，分别有 27 个、2362 个，宁夏回族自治区、海南省、西藏自治区三地均无智障与精神疾病服务机构，西藏自治区老年人与残疾人服务机构仅有 17 个，四川省的老年人与残疾人服务机构数量是西藏自治区的近 140 倍。尽管相关服务机构的数量与当地人口数量有关，但是现实实际人口数量差距并不像图标中所显示的服务机构数量的差距这样大。

（二）人群比较

贫困非残疾人群与困难残疾人群体均可获得最低生活保障，同时可获得医疗、住房、教育、自然灾害等方面救助，以及相同的权利与义务对等的社会保险、城乡居民社会养老保险和基本医疗保险以及社会津贴、福利服务等面向全体社会成员的普惠性社会福利。除此之外，考虑到残疾人的特殊性，贫困残疾人还享有其他特惠性的社会保障。

比如医疗救助方面，残疾人住院治疗所产生的基本医疗费用经过医疗保险等补助后，个人负担的基本医疗费用在一定程度上给予减免，不同地区的减免标准不同；在住房救助方面，在危房改造等工作中给予残疾人群体优先落实和资金倾斜的帮扶。

针对残疾人的教育保障，特殊教育保障主要体现在针对残疾人而建立的特殊教育学校，保障残疾人获得正常的教育权，同时提升其自身能力素质，对于自食其力的生存与发展具有重要的意义；就业保障方面，通过多种渠道解决残疾人就业问题，2018 年城镇残疾人安排就业 948.4 万人次，新增培训残疾人 49.4 万人次；[1] 提供专门针对残疾人群体的康复救助服务，2015 年我国完成白内障复明修复手术 73.9 万例，其中贫困白内障患者免费手术 29.9 万例，低视力者配用助视

---

[1] 《2018 年残疾人事业基本情况》，2019 年，国家统计局，http：//data. stats. gov. cn/easyquery. htm？cn＝C01。

器人数 152774 人，残疾人辅助器具供应数 195.9 万件，残疾人普及型假肢装配数 31588 例，肢体残疾儿童康复训练人数 33095 人，盲人定向行走训练人数 120115 人，自《残疾人预防和残疾人康复条例》和《国务院关于建立残疾儿童康复救助制度的意见》颁布后，关于残疾人的康复救助工作更加规范化。①

另外，还有针对残疾人的特惠性社会福利，一是在上文中讨论过的在 2016 年开始全面实施的困难残疾人生活补贴和重度残疾人护理补贴；二是《中华人民共和国残疾人保障法》中规定的对于残疾人外出乘坐公共交通工具、参观园林景点等给予优惠；除此之外，还有针对残疾人的无障碍设施的建设，方便残疾人的日常生活。

（三）国际比较

国际上标志着残疾人社会保障制度形成的萌芽事件是英国 1601 年颁布的《济贫法》，到现在经过四个多世纪的发展，无论是在残疾人保障理念、保障手段还是具体的法律法规方面，都已经有了较为成熟的模式。我国现代残疾人社会保障体系的发展只有短短几十年时间，在结合中国国情的基础上，在不断学习和借鉴国际经验的过程中完善和成长。下面，以发达国家和地区为例，对残疾人社会保障政策进行国内与国际比较。

1. 保障理念

在残疾人社会保障理念方面，目前为止拥有较为成熟的残疾人社会保障体系的国家大都经历过类似的转变，即从政府的人道主义关怀到残疾人的权利意识的崛起。我国也不例外，最初出于对残疾人群体的同情以及社会稳定的需要，政府往往会给予残疾人一定的经济救助，但发展到今天，获得包括教育、就业、医疗、住房等多种服务保障内容在内的完善的社会保障制度已经成为残疾人的一项基本权利。

保障理念的转变需要相应的法律法规来支撑，这一方面，与某些发

---

① 《2018 年残疾人事业基本情况》，2019 年，国家统计局，http：//data. stats. gov. cn/easyquery. htm？cn = C01。

达国家相比，我国还存在着不小的差距。近些年来，我国涉及残疾人社会保障方面的立法进程明显加快，但仍然存在着立法不够配套、倡导性条目多于操作性条目、措施不够细化等问题。比如在无障碍环境建设方面的保障性立法仍不够完善，"北欧国家立法已经涉及残疾人家庭中浴室、卧室内的无障碍设施"，而我国只有类似于 2012 年实施的《无障碍环境建设条例》等指导性条例，缺乏相应的强制性立法。[①]

2. 保障手段

在保障手段方面，我国与国际上所实行的基本手段相同，即包括社会救助、社会保险、社会福利几个部分。英国、瑞典、挪威等欧洲福利国家通常采用补偿性原则，针对不同层次残疾人基本需求来给予特定的补偿，也就是所谓的特惠性政策。以瑞典来说，除了适用于全民的普惠性的社会保障措施外，残疾人能够获取如残疾护理补贴（我国有相应的重度残疾人护理补贴）和汽车补贴（我国有相应的残疾人燃油补贴），甚至在家庭补贴项目中包含了残疾人监护人的保险项目。日本则在广泛建立残疾人生活指导机构的基础上，形成了"家庭服务员帮助料理家务制，向残疾人提供日常生活用具"。[②] 我国在特惠性保障政策法规的制定方面也做了很多工作，但是，就目前来说我国的特惠性保障措施相对较少，特殊器具用品保障服务滞后，无障碍环境建设还需落到实处。

3. 保障制度的执行

保障制度的执行依赖于执行标准和执行程序的规范，在这方面较为成熟的发达国家建立了严格、清晰、可操作的保障性服务和补贴的资格申请认定标准，在便于精准化满足残疾人群的特殊需求的基础上又保证了资金补贴发放的有效性。比如"美国和澳大利亚残疾人能否享有特殊的社会保险取决于其致残原因，如工伤保险、伤残退伍军人

---

① 张蕾：《以需为本的残疾人社会保障：国际经验与中国实践》，《残疾人研究》2016年第 1 期。

② 余向东：《残疾人社会保障法律制度研究》，中国法制出版社 2011 年版，第 86 页。

保险等"，"工伤保险的受益程度与残疾人的收入相关"。①② 我国在相关方面的规范体系还不够完善，残疾人福利和保障性服务的提供呈现出平均化和普遍化的特点，针对性和有效性不足。

美国社保局通过居民社保账号来管理全国的社会保障福利的发放和保障性服务的提供。我国对于残疾人的补贴发放、医疗救助等社会保障政策的实行主要依据于残疾人证系统。目前，我国仅有 40% 的残疾人持有二代残疾人证，比例较低，相应的电子信息登记系统的数据收集和更新也在进行当中。截至 2018 年年底，有 20 个省市启动第三代残疾人证的换发工作，残疾人电子信息登记系统尚未实现全覆盖，不足以对残疾人社会保障政策的精确落实提供有力支撑。

四 启示与建议

（一）区域角度

通过区域比较，在国内不同地区之间的实际覆盖人群和保障标准方面存在着较大的差距，无论是最低生活保障标准、基本医疗养老保险参保率，还是相关残疾人服务机构的数量、社会救助支出、社会福利支出，不同地区之间都存在着发展不平衡的现象。相关标准的设定要考虑到当地生活成本的高低，地区间存在适当差距是正常的，但假如差距超过了生活成本区别的范围就是不合理的。不同地区之间的城乡差异也有明显不同，在东部沿海经济较为发达的省市，往往城乡差距较小，但是中部和西部地区在社会保障标准方面的城乡差异却较大。统筹城乡发展是实现社会公平的重要途径，因此在中西部地区尤其要重视加大财政对于农村地区残疾人社会保障的支持力度。

要加快完善残疾人社会保障的法制化进程。区域之间由于经济发展程度的差异导致社会保障标准上的不同。需要通过立法形式来保持区域间发展的相对平衡，明确保障责任主体和监管执行标准等，在制

---

① 张蕾：《以需为本的残疾人社会保障：国际经验与中国实践》，《残疾人研究》2016 年第 1 期。

② 同上。

度设计层面促进残疾人基本社会保障措施的全面覆盖，形成一个完整、协调的残疾人社会保障体系。根据各地现实发展水平制定出符合实际的执行标准，避免出现相关法规条文的笼统性、不够细化的问题，充分照顾到城乡发展不平衡、内陆沿海发展不平衡的现实条件。

强化政府主导作用，根据残疾人社会福利和保障性服务的层次需求，进一步厘清中央和地方的职责边界，高度重视残疾人社会保障的公平原则，增加中央和地方财政对于欠发达地区和农村残疾人的社会保障的政策倾斜。

鼓励社会力量进入残疾人社会保障服务供给领域。社会力量的救济一定程度上可以弥补地区间的发展不平衡现状，通过财政、税收优惠政策引导社会资源向残疾人社会保障领域倾斜，增强相关政策的灵活性和可操作性，给予地方更多的发展自主权，构建一个全社会参与的、充满活力的残疾人社会保障体系。

（二）人群角度

用一个词来形容困难残疾人群体就是"难上加难"。首先作为残疾人，意味着身体或者心理上的功能性缺失，无论是日常生活还是个人心理状态都面临着大多数非残疾人所不能理解的压力；另外，作为贫困人口，意味着经济收入较低甚至没有经济收入，日常生活开支面临着巨大的困难，在个人未来发展诉求方面要比普通人有更大的压力。

因此，专门针对残疾人的特惠性社会保障措施势在必行，特惠型残疾人社会保障是指国家和社会在为残疾人提供保证其基本生存的物资帮助的基础上，根据社会经济发展水平，给予残疾人相应的康复、教育、就业、社会环境等方面的权益保障。目前我国残疾人社会保障体系还是以普惠性的保障措施为主，"两项补贴"是首次针对残疾人的特惠性福利补贴。今后，在继续加强残疾人基本生活保障的基础上，应逐渐加强残疾人的医疗康复保障、服务保障、就业保障和教育保障。我国当前相关的特惠性服务框架已经具备了，但是缺乏更为细致的操作细则，在资源投入力度上也相对不足，今后的一大努力方向就是在保障内容上由满足残疾人基本生存需要向兼顾高层次发展需要转变。充分发挥政府主导作用，鼓励社会力量广泛参与，多形式、多渠道、多层次发展残疾人社会保障事业，让广大困难残疾人群体共享国家新时期改革开放的成果。

（三）国际角度

在保障理念方面，我国在国家层面基本上实现了从社会救济到平权发展的转变，需要解决的问题是中央与地方之间理念传递上的"断层"现象。一些地方在对中央政策理念的落实方面还存在问题，对于残疾人群体依然有歧视现象，这大大影响了我国困难残疾人社会保障工作的效果。因此，对于地方相关工作人员的集中统一学习培训非常必要，要真正让中央对于残疾人的理念转变为地方实实在在工作方式的变化。同时，在立法过程中，要更加重视一直以来被忽视的残疾人的自我发展权利，培养残疾人参与社会生活的能力。在保障手段和执行方面，我国可以借鉴美国的做法，建立全国统一的电子档案，定期更新个人信息，每个人都有唯一的社保账号，以此为基础构建我国困难残疾人的社会保障的信息化平台体系。制定严格、可操作的资格认定标准，确保财政资金专款专用，提高资金使用效率。

第四章　困难残疾人及家庭"医疗与康复"政策支持

医疗与康复是降低残疾人残疾程度，使其功能最大化的重要手段，[①] 同时也是保障残疾人平等参与社会生活的重要前提，[②] 它能够帮助残疾人进行功能的恢复或者补偿，是残疾人最迫切的需求，是基本民生问题之一，也是国家基本公共服务的重要内容。[③] 诸多研究表明，目前我国残疾人的医疗与康复服务需求与服务利用情况差距显著，严重影响残疾人健康状况的改善。健康与贫困关系密切，在现实生活中因病致贫、因病返贫的现象仍然存在。习近平总书记曾明确指出，要落实健康扶贫政策，突出解决贫困家庭大病和慢性病等问题，更好地推进精准扶贫、精准脱贫。因此，健康在解决贫困问题中发挥着至关重要的作用。对于困难残疾人来说，其承受风险的能力更弱，因而其健康状况的改善更应成为托底性民生保障工作的重要内容之一。

根据 2018 年"托底性民生保障政策支持系统建设"项目困难家庭残疾人调查结果，本章梳理了有关困难残疾人医疗与康复政策的发展及困难残疾人医疗与康复服务的现状，对于有针对性地改善困难残疾人的健康状况，为托底性民生保障政策支持系统的建设夯实基础具有一定意义。

---

① 世界卫生组织、世界银行：《世界残疾报告》（国际中文版），邱卓英译，日内瓦：世界卫生组织，2013 年。
② 邱卓英等：《中国残疾人康复需求与发展研究》，《中国康复理论与实践》2017 年第 8 期。
③ 张海迪：《我国康复专业人才严重不足》，http：//www. cdpf. org. cn/ywzz/xcwh_263/gzdt_264/201703/t20170315_585622. shtml。

第一节 医疗与康复托底政策及服务基本情况

一 政策背景

我国历来重视残疾人康复工作，自 20 世纪 80 年代我国残疾人康复工作被纳入国家发展规划以来，我国的残疾人康复事业经历了"八五""九五"两个时期的探索和积累，残疾人康复工作内容从首创之初的抢救性"三项康复"（即：白内障复明手术、小儿麻痹后遗症矫治手术、聋儿听力语言训练）扩展到低视力康复、精神病防治康复、智力残疾儿童康复、用品用具供应服务等诸多领域，初步建立起社会化的康复训练服务体系，为残疾人康复工作的进一步发展打下了坚实的基础。① 进入 21 世纪，在"十五"时期，我国残疾人事业有了更大的发展空间，残疾人康复工作进入拓展提升阶段，着力于扩大康复服务的覆盖面，不断满足贫困残疾人的发展需求。

在"十一五"和"十二五"时期，我国残疾人康复工作进入了全面发展的新阶段，不仅关注康复服务覆盖面和数量的扩大，还强调康复服务的效果并明确其工作的重点，并着力提升贫困残疾人的康复救助与服务水平，促使我国残疾人事业进入加快发展的关键时期。"十二五"期间，国务院印发《关于加快推进残疾人小康进程的意见》（国发〔2015〕7 号），强调要提升残疾人基本公共服务水平，将政策关注的重点放到残疾儿童康复救助以及贫困和重度残疾人重点康复项目资助及补贴方面，落实对贫困和重度残疾人社会保险领域的政策。② 随后，国务院发布《关于全面建立困难残疾人生活补贴和重度残疾人护理补贴制度的意见》（国发〔2015〕52 号），对贫困和重度残疾人的救助和补贴提出了更明确的要求。

随着经济社会的发展以及一系列国家政策的推进与落实，"十三

---

① 程凯：《我国残疾人康复工作的回顾与展望》，《中国康复理论与实践》2008 年第 3 期。
② 国务院：《关于加快推进残疾人小康进程的意见（国发〔2015〕7 号）》，http://www.gov.cn/zhengce/content/2015 - 02/05/content_ 9461. htm。

五"期间，我国残疾人事业进入跨越式发展时期，出台了一系列关于贫困残疾人康复与救助的政策规定，贫困残疾人相关政策的数量远超以往，我国残疾人康复事业取得新的进步。

"十三五"开局之年，党和国家便把贫困残疾人的康复问题摆在至关重要的位置，将残疾人精准康复服务纳入经济社会发展与脱贫攻坚规划中，还明确提出把农村建档立卡贫困残疾人作为精准康复的优先服务对象。随后，国务院出台《"十三五"加快残疾人小康进程规划纲要》①（国发〔2016〕47 号）和《国家残疾预防行动计划（2016—2020 年）》②（国办发〔2016〕66 号），提出了"十三五"期间残疾人小康进程事业发展的各项要求和指标，继续实施包含贫困、重度残疾人康复服务在内的重点康复项目；将贫困残疾人基本型辅助器具纳入基本公共服务并鼓励对其进行补贴；还要"加强对重大致残性疾病患者群体的救治救助，将符合条件的贫困严重精神障碍患者全部纳入医疗救助"。在此基础上，《残疾人康复服务"十三五"实施方案》③及《关于加快发展康复辅助器具产业的若干意见》④（国发〔2016〕60 号）相继发布，再次对贫困残疾人的康复保障政策，包括医疗救助与补贴以及残疾儿童康复救助等方面提出明确要求，并对康复辅助器具产业的发展作出全面部署，鼓励有条件的地方"对城乡贫困残疾人、重度残疾人基本型康复辅助器具配置给予补贴"。

2017 年 2 月，国务院印发《残疾预防和残疾人康复条例》（国令第 675 号），再次强调，要对困难残疾人进行医疗救助和补贴，"通过实施重点康复项目为城乡贫困残疾人、重度残疾人提供基本康复服务，按照

---

① 国务院：《"十三五"加快残疾人小康进程规划纲要（国发〔2016〕47 号）》，http：//www.gov.cn/zhengce/content/2016 - 08/17/content_ 5100132. htm。

② 国务院：《国家残疾预防行动计划（2016—2020 年）（国办发〔2016〕66 号）》，http：//www.gov.cn/zhengce/content/2016 - 09/06/content_ 5105757. htm。

③ 中国残联等：《残疾人康复服务"十三五"实施方案》，http：//www.cdpf.org.cn/zcwj/zxwj/201610/t20161025_ 571268. shtml。

④ 国务院：《关于加快发展康复辅助器具产业的若干意见（国发〔2016〕60 号）》，http：//www.gov.cn/zhengce/content/2016 - 10/27/content_ 5125001. htm。

国家有关规定对基本型辅助器具配置给予补贴"①。在贫困残疾人基本
公共服务方面,国务院发布《关于印发〈"十三五"推进基本公共服务
均等化规划〉的通知》(国发〔2017〕9 号),提出要实施包括困难残
疾人生活补贴和重度残疾人护理补贴、残疾人基本社会保险个人缴费资
助和保险待遇以及残疾人康复在内的 10 项服务。② 对于精神障碍残疾
患者,国家在《关于加快精神障碍社区康复服务发展的意见》(民发
〔2017〕167 号)中提出要"创新政策支持体系。全面实施困难残疾人
生活补贴和重度残疾人护理补贴制度",并鼓励有条件的地区扩大政策
覆盖范围,将持有残疾人证的轻度精神障碍患者纳入护理补贴范围。③

2018 年 6 月,新华社授权播发了《中共中央国务院关于打赢脱贫
攻坚战三年行动的指导意见》,将贫困家庭有护理补贴需求的残疾人
作为精准康复的优先服务对象,对 16 周岁及以上有长期照料护理需
求的贫困重度残疾人提供特困人员救助供养或多种照料形式。④ 对贫
困残疾人的医疗康复工作提出要求,保障建档立卡贫困残疾人享有医
疗救助、重度残疾人享有护理补贴。2018 年 7 月,国务院还印发了
《关于建立残疾儿童康复救助制度的意见》⑤(国发〔2018〕20 号),
要求全面实施残疾儿童康复救助制度,涵盖了城乡低保和建档立卡贫
困家庭的残疾儿童、纳入特困人员供养范围的残疾儿童以及其他经济
困难家庭的残疾儿童,并鼓励有条件的地区扩大残疾儿童涵盖范围。⑥

---

① 国务院:《残疾预防和残疾人康复条例(国令第 675 号)》,http://www.gov.cn/
zhengce/content/2017 - 02/27/content_ 5171308. htm。

② 国务院:《关于印发〈"十三五"推进基本公共服务均等化规划〉的通知(国发
〔2017〕9 号)》,http://www.gov.cn/zhengce/content/2017 - 03/01/content_ 5172013. htm。

③ 民政部等:《关于加快精神障碍社区康复服务发展的意见(民发〔2017〕167
号)》,http://www.gov.cn/xinwen/2017 - 11/13/content_ 5239315. htm#1。

④ 新华社:《中共中央国务院关于打赢脱贫攻坚战三年行动的指导意见》,http://
www.gov.cn/zhengce/2018 - 08/19/content_ 5314959. htm。

⑤ 国务院:《关于建立残疾儿童康复救助制度的意见(国发〔2018〕20 号)》,ht-
tp://www.gov.cn/zhengce/content/2018 - 07/10/content_ 5305296. htm。

⑥ 中国残疾人联合会:《全国残疾人康复工作简报(2018 年第二期)》,http://
www.cdpf.org.cn/ywzz/kf_ 211/gzdt_ 212/201807/t20180702_ 631152. shtml。

二　被调查困难残疾人医疗与康复服务状况

从困难残疾人接受服务的情况、对服务的需求两个方面对目前困难残疾人医疗与康复服务的现状进行了描述。在服务接受状况方面，主要选取了调查中接受免费康复服务情况、付费康复服务情况、接受康复服务的内容、医疗服务的可及性和满意度、社会保障五个方面的内容进行了分析；在服务需求方面，数据主要来源于2006年第二次全国残疾人抽样调查数据以及中国残联《2013年度全国残疾人状况及小康进程监测报告》中的已有结果。

（一）接受服务情况

1. 免费康复服务：接受服务残疾人仅占1/5，但对服务的评价较高。

在2519名困难残疾人中，过去一年内享受到政府免费服务的残疾人数为563人，仅占22.4%，大多数困难残疾人未享受到免费服务，占77.6%（1956人）。在给出服务评价的306名使用免费服务的困难残疾人中，大部分残疾人的评价较高，认为服务"好"的占一半以上（163人，占53.3%）；认为"较好"的占20.9%（64人）；认为"一般"的占23.2%（71人）；认为"无效果"的仅占不到3%（8人）。（见图4－1、图4－2）

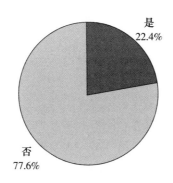

图4－1　享受政府免费服务情况

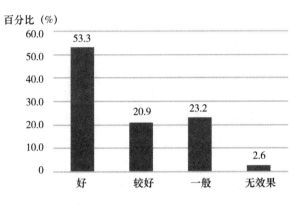

图4-2 对免费服务的评价情况

（1）免费康复服务的获得情况

分性别来看，女性享受政府免费服务的比例略高于男性，对服务的评价也高于男性。享受过政府免费服务的男性残疾人比例为21.4%，女性为24.2%，高出男性2.8个百分点。（见表4-1）

表4-1 分性别困难残疾人享受政府免费服务情况

政府免费服务	男		女		合计	
	人数	约占百分比（%）	人数	约占百分比（%）	人数	约占百分比（%）
是	347	21.4	216	24.2	563	22.4
否	1278	78.6	678	75.8	1956	77.6
总计	1625	100.0	894	100.0	2519	100.0

不同年龄残疾人的免费康复服务情况有所差异。18岁以下贫困残疾人口未享受政府免费服务，随着年龄增加，困难残疾人享受政府免费服务的比例逐渐升高，在45—59岁年龄组人口达到最高（占24.7%），随后这一比例呈现逐渐降低的趋势。（见表4-2）

表4－2　　　　　　　　**分年龄困难残疾人享受政府免费服务情况**

年龄分组	是		否		合计	
	人数	约占百分比（%）	人数	约占百分比（%）	人数	约占百分比（%）
0—17	0	0.0	4	100.0	4	100.0
18—44	157	18.7	682	81.3	839	100.0
45—59	244	24.7	745	75.3	989	100.0
60—74	136	24.2	425	75.8	561	100.0
75 岁及以上	26	20.6	100	79.4	126	100.0
总计	563	22.4	1956	77.6	2519	100.0

　　分城乡来看，困难残疾人享受政府免费服务的情况存在差异。城市残疾人享受服务的比例为 19.9%，农村为 26.0%，高出城市 6.1 个百分点。（见表4－3）

表4－3　　　　　　　　**分城乡困难残疾人享受政府免费服务情况**

政府免费服务	城市		农村		合计	
	人数	约占百分比（%）	人数	约占百分比（%）	人数	约占百分比（%）
是	302	19.9	261	26.0	563	22.4
否	1213	80.1	743	74.0	1956	77.6
总计	1515	100.0	1004	100.0	2519	100.0

　　不同类别困难残疾人的免费康复服务情况不同。精神残疾人口享受政府免费服务的比例最高，为 29.2%；听力残疾人口比例最低，占 15.9%，比精神残疾人口低 13.3 个百分点；其他依次为视力残疾（25.0%）、肢体残疾（22.9%）、言语残疾（20.0%）、多重残疾（19.1%）和智力残疾（16.7%）。（见表4－4）

表4-4　　　　分残疾类别困难残疾人享受政府免费服务情况

残疾类型	是		否		合计	
	人数	约占百分比（%）	人数	约占百分比（%）	人数	约占百分比（%）
视力	47	25.0	141	75.0	188	100.0
听力	11	15.9	58	84.1	69	100.0
言语	4	20.0	16	80.0	20	100.0
肢体	262	22.9	881	77.1	1143	100.0
智力	36	16.7	180	83.3	216	100.0
精神	99	29.2	240	70.8	339	100.0
多重	104	19.1	440	80.9	544	100.0
总计	563	22.4	1956	77.6	2519	100.0

分残疾等级来看，二级困难残疾人享受政府免费服务的比例最高，为23.2%；一级残疾人最低，为19.5%；轻度残疾（三级和四级）人口享受服务的比例相差不大，分别为22.6%、22.7%。（见表4-5）

表4-5　　　　分残疾等级困难残疾人享受政府免费服务情况

残疾等级	是		否		合计	
	人数	约占百分比（%）	人数	约占百分比（%）	人数	约占百分比（%）
一	89	19.5	368	80.5	457	100.0
二	232	23.2	766	76.8	998	100.0
三	147	22.6	504	77.4	651	100.0
四	89	22.7	303	77.3	392	100.0
总计	557	22.3	1941	77.7	2498	100.0

（2）免费康复服务的评价情况

在对服务的评价上，男性残疾人认为服务"好"和"较好"的比例分别为52.3%和20.5%，分别低于女性残疾人3.5和1.6个百分点；认为"一般"和"无效果"的比例均略高于女性。（见表4-6）

表4-6　　　　　分性别困难残疾人对免费康复服务的评价

免费服务评价	男		女		合计	
	人数	约占百分比（%）	人数	约占百分比（%）	人数	约占百分比（%）
好	115	52.3	48	55.8	163	53.3
较好	45	20.5	19	22.1	64	20.9
一般	52	23.6	19	22.1	71	23.2
无效果	8	3.6	0	0.0	8	2.6
总计	220	100.0	86	100.0	306	100.0

60—74岁组人口对服务评价为"好"的比例最高，占60.5%，其余依次为45—59岁组、75岁及以上组、18—44岁组；评价"较好"比例最高的年龄组为18—44岁组，占22.4%，其余依次为60—74岁组、45—59岁组、75岁及以上组；评价"一般"和"无效果"比例较高的年龄组分别集中在75岁及以上组与18—44岁组、45—59岁组与60—74岁组。（见表4-7）

表4-7　　　分年龄困难残疾人对免费康复服务的评价（N,%）

年龄分组	免费服务评价				合计
	好	较好	一般	无效果	
0—17岁	0 (0.0)	0 (0.0)	0 (0.0)	0 (0.0)	0 (0.0)
18—44岁	25 (43.1)	13 (22.4)	20 (34.5)	0 (0.0)	58 (100.0)
45—59岁	82 (53.6)	31 (20.3)	34 (22.2)	6 (3.9)	153 (100.0)
60—74岁	52 (60.5)	19 (22.1)	13 (15.1)	2 (2.3)	86 (100.0)
75岁及以上	4 (44.4)	1 (11.1)	4 (44.4)	0 (0.0)	9 (100.0)
总计	163 (53.3)	64 (20.9)	71 (23.2)	8 (2.6)	306 (100.0)

注：因四舍五入加总实际数字非100.0。

城乡困难残疾人对免费服务的评价差异不大，城市残疾人对服务评价为"好"和"无效果"的比例略高于农村，评价为"较好"和"一般"的比例略低于农村，但比例差异均不超过2.5个百分点。（见表4-8）

表 4 - 8　　　　　　分城乡困难残疾人对免费康复服务的评价

免费服务评价	城市		农村		合计	
	人数	约占百分比（%）	人数	约占百分比（%）	人数	约占百分比（%）
好	82	54.3	81	52.3	163	53.3
较好	30	19.9	34	21.9	64	20.9
一般	34	22.5	37	23.9	71	23.2
无效果	5	3.3	3	1.9	8	2.6
总计	151	100.0	155	100.0	306	100.0

在不同类别的残疾人中，认为服务"好"的比例最高的一类残疾人为视力残疾人，达 60.5%；其次为多重残疾和精神残疾，分别占 54.5%、53.8%。（见表 4 - 9）

表 4 - 9　　分残疾类别困难残疾人对免费康复服务的评价（N,%）

残疾类型	免费服务评价				合计
	好	较好	一般	无效果	
视力	23（60.5）	7（18.4）	7（18.4）	1（2.6）	38（100.0）
听力	2（50.0）	2（50.0）	0（0.0）	0（0.0）	4（100.0）
言语	0（0.0）	0（0.0）	1（100.0）	0（0.0）	1（100.0）
肢体	115（52.3）	45（20.5）	54（24.5）	6（2.7）	220（100.0）
智力	4（50.0）	2（25.0）	2（25.0）	0（0.0）	8（100.0）
精神	7（53.8）	3（23.1）	3（23.1）	0（0.0）	13（100.0）
多重	12（54.5）	5（22.7）	4（18.2）	1（4.5）	22（100.0）
总计	163（53.3）	64（20.9）	71（23.2）	8（2.6）	306（100.0）

＊　注：因四舍五入加总实际数字非 100.0。

在四个等级的残疾人中，四级残疾人认为服务"好"的比例最高，占 57.5%，二级残疾人次之，为 56.9%；一级残疾人认为"较好"和"无效果"的比例均较高（33.3%、6.7%）；三级残疾人认为"一般"的比例较高（28.6%）。（见表 4 - 10）

表 4 - 10　　分残疾等级困难残疾人对免费康复服务的评价（N,%）

残疾等级	免费服务评价				合计
	好	较好	一般	无效果	
一	14（46.7）	10（33.3）	4（13.3）	2（6.7）	30（100.0）
二	62（56.9）	17（15.6）	28（25.7）	2（1.8）	109（100.0）
三	43（47.3）	19（20.9）	26（28.6）	3（3.3）	91（100.0）
四	42（57.5）	18（24.7）	12（16.4）	1（1.4）	73（100.0）
总计	161（53.1）	64（21.1）	70（23.1）	8（2.6）	303（100.0）

注：因四舍五入加总实际数字非 100.0。

2. 付费康复服务：过去一年在康复服务上支出费用较多，付费服务评价不高。

在 2485 个有效样本中，未支付费用的残疾人占多数（1838 人，占 74.0%）；为康复服务支付费用的残疾人有 647 人，占 26.0%，其中，有 202 名残疾人同时还接受过政府免费康复服务，占 31.2%。

残疾人过去一年在康复服务上支付费用的范围在 1—150000 元，均值约 6928 元，中位数为 3000 元。支付的费用比例从高到低分别为 2000 元以下（234 人，36.2%）、2000—4999 元（187 人，28.9%）、1 万元以上（102 人，19.2%）、5000—9999 元（124 人，15.8%）（见图 4 - 3）。在 647 名付费残疾人中，有 304 名残疾人对服务给出了评价，大部分残疾人对于付费服务的总体评价不高：评价为"一般"的残疾人占比最高，达 50.0%（152 人），"好"和"较好"的残疾人仅分别占 22.4%（68 人）和 17.4%（53 人），认为服务"无效果"的残疾人占比为 10.2%（31 人）（见图 4 - 4）。

（1）付费康复服务的获得情况

男性和女性在康复服务上支付的费用及其评价情况略有差异。男性在 2000 元以下组的比例略高于女性约 6 个百分点，其余费用组的比例均相近或略低于女性。（见表 4 - 11）

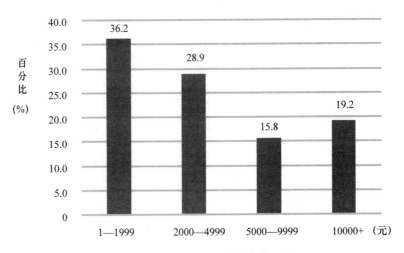

图 4 - 3 在康复服务上支付的费用情况

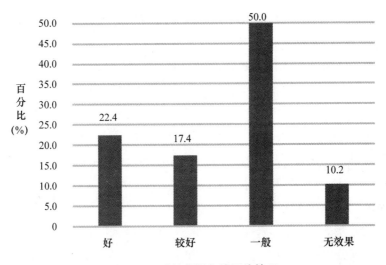

图 4 - 4 对付费服务的评价情况

表4-11　　　　分性别过去一年在康复服务上支付的费用情况

费用（元）	男		女		合计	
	人数	约占百分比（%）	人数	约占百分比（%）	人数	约占百分比（%）
1—1999	156	38.5	78	32.2	234	36.2
2000—4999	117	28.9	70	28.9	187	28.9
5000—9999	58	14.3	44	18.2	102	15.8
10000 元及以上	74	18.3	50	20.7	124	19.2
总计	405	100.0	242	100.0	647	100.0

不同年龄残疾人对康复服务的付费及评价情况不同。以5000元为分界线，残疾人为康复服务支出的费用呈现两极趋势：75岁及以上组老年人口在5000元以下组的花费比例均高于其他年龄组；18—44岁组中青年人口在5000元及以上组的花费比例高于其他组。（见表4-12）

表4-12　　　　分年龄过去一年在康复服务上支付的费用情况　　　　（N,%）

费用（元）	年龄分组					合计
	0—17	18—44	45—59	60—74	75 +	
1—1999	0 (0.0)	71 (34.1)	85 (36.0)	66 (38.8)	12 (40.0)	234 (36.2)
2000—4999	1 (33.3)	55 (26.4)	71 (30.1)	49 (28.8)	11 (36.7)	187 (28.9)
5000—9999	0 (0.0)	37 (17.8)	39 (16.5)	24 (14.1)	2 (6.7)	102 (15.8)
10000 元及以上	2 (66.7)	45 (21.6)	41 (17.4)	31 (18.2)	5 (16.7)	124 (19.2)
总计	3 (100.0)	208 (100.0)	236 (100.0)	170 (100.0)	30 (100.0)	647 (100.0)

注：因四舍五入加总实际数字非100.0。

城乡残疾人对康复服务的付费情况有所不同。以5000元为分界线，残疾人为康复服务支出的费用呈现城乡两极趋势：城市残疾人花费5000元以上的比例高于农村，花费5000元以下的比例低于农村。（见表4-13）

表4-13   分城乡过去一年在康复服务上支付的费用情况

费用（元）	城市		农村		合计	
	人数	约占百分比（%）	人数	约占百分比（%）	人数	约占百分比（%）
1—1999	105	31.1	129	41.7	234	36.2
2000—4999	97	28.7	90	29.1	187	28.9
5000—9999	63	18.6	39	12.6	102	15.8
10000 元及以上	73	21.6	51	16.5	124	19.2
总计	338	100.0	309	100.0	647	100.0

注：因四舍五入加总实际数字非100.0。

　　不同类别残疾人的付费康复服务情况不同。视力、精神残疾人花费2000—4999元的比例较高，分别占比33.3%、32.3%；听力、言语、肢体、智力和多重残疾人花费2000元以下的比例较高；精神残疾人支付5000元以上的比例也较高。（见表4-14）

表4-14   分残疾类别过去一年在康复服务上支付的费用情况   （N,%）

残疾类型	费用（元）				合计
	1—1999	2000—4999	5000—9999	10000 +	
视力	15 (29.4)	17 (33.3)	8 (15.7)	11 (21.6)	51 (100.0)
听力	14 (77.8)	2 (11.1)	0 (0.0)	2 (11.1)	18 (100.0)
言语	2 (100.0)	0 (0.0)	0 (0.0)	0 (0.0)	2 (100.0)
肢体	103 (36.0)	86 (30.1)	43 (15.0)	54 (18.9)	286 (100.0)
智力	12 (48.0)	5 (20.0)	7 (28.0)	1 (4.0)	25 (100.0)
精神	32 (25.8)	40 (32.3)	22 (17.7)	30 (24.2)	124 (100.0)
多重	56 (39.7)	37 (26.2)	22 (15.6)	26 (18.4)	141 (100.0)
总计	234 (36.2)	187 (28.9)	102 (15.8)	124 (19.2)	647 (100.0)

注：因四舍五入加总实际数字非100.0。

　　残疾严重程度不同，支付的服务费用也不同。一级、二级残疾人花费在5000元以上的比例均高于其他费用组；三级、四级残疾人花费在5000元以下组所占比例较高。（见表4-15）

表 4－15　　**分残疾等级过去一年在康复服务上支付的费用情况**　　（N,%）

费用（元）	残疾等级				合计
	一	二	三	四	
1—1999	45（35.7）	88（33.8）	65（40.6）	35（37.2）	234（36.2）
2000—4999	26（20.6）	78（30.0）	44（27.5）	36（38.3）	187（28.9）
5000—9999	29（23.0）	40（15.4）	20（12.5）	12（12.8）	102（15.8）
10000 元及以上	26（20.6）	54（20.8）	31（19.4）	11（11.7）	124（19.2）
总计	126（100.0）	260（100.0）	160（100.00）	94（100.0）	647（100.0）

注：因四舍五入加总实际数字非 100.0。

（2）付费康复服务的评价情况

男性和女性对付费服务的评价存在一定的差异。男性对付费服务的评价低于女性，评价为"好""较好"的比例均低于女性，评价为"一般"的比例高于女性，但女性评价为"无效果"的比例较高。（见表 4－16）

表 4－16　　　　**分性别困难残疾人对付费康复服务的评价**

付费服务评价	男		女		合计	
	人数	约占百分比（%）	人数	约占百分比（%）	人数	约占百分比（%）
好	45	20.9	23	25.8	68	22.4
较好	36	16.7	17	19.1	53	17.4
一般	115	53.5	37	41.6	152	50.0
无效果	19	8.8	12	13.5	31	10.2
总计	215	99.9	89	100.0	304	100.0

注：因四舍五入加总实际数字非 100.0。

60—74 岁组残疾人对付费服务的评价高于其他年龄组人口，对服务评价为"好"和"较好"的比例之和达 55.0%；其次为 75 岁及以上人口，比例之和达 45.5%；18—44 岁组人口对服务的正面评价最低。（见表 4－17）

表 4 - 17　　　　分年龄困难残疾人对付费康复服务的评价　　　　(N,%)

年龄分组	付费服务评价				合计
	好	较好	一般	无效果	
0—17	0 (0.0)	1 (100.0)	0 (0.0)	0 (0.0)	1 (100.0)
18—44	9 (15.3)	11 (18.6)	34 (57.6)	5 (8.5)	59 (100.0)
45—59	29 (20.4)	16 (11.3)	83 (58.4)	14 (9.9)	142 (100.0)
60—74	28 (30.8)	22 (24.2)	31 (34.1)	10 (11.0)	91 (100.0)
75 岁及以上	2 (18.2)	3 (27.3)	4 (36.4)	2 (18.2)	11 (100.0)
总计	68 (22.4)	53 (17.4)	152 (50.0)	31 (10.2)	304 (100.0)

注：因四舍五入加总实际数字非 100.0。

农村残疾人对付费服务的正面评价好于城市。农村残疾人认为"好"与"较好"的比例之和超过 44%；城市残疾人认为服务"无效果"的比例远高于农村。（见表 4 - 18）

表 4 - 18　　　　分城乡困难残疾人对付费康复服务的评价

付费服务评价	城市		农村		合计	
	人数	约占百分比（%）	人数	约占百分比（%）	人数	约占百分比（%）
好	45	24.1	23	21.7	68	22.4
较好	29	15.5	24	22.6	53	17.4
一般	94	50.3	58	54.7	152	50.0
无效果	19	10.2	1	0.9	31	10.2
总计	187	100.0	106	100.0	304	100.0

注：因四舍五入加总实际数字非 100.0。

精神残疾人对付费服务的评价最高，评价为"好"的人数占比达 44.4%，其次为视力与智力（均为 33.3%）、多重（20.7%）和肢体残疾人（20.1%）；听力残疾人评价为"较好"的比例高于其他类型残疾人，占比为 66.7%；智力残疾人认为服务"无效果"的比例最高，占 33.3%；除言语残疾人外（100%），肢体残疾人认为服务"一般"的比例最高，达 52.1%。（见表 4 - 19）

表4-19　　　　分残疾类别困难残疾人对付费康复服务的评价　　　（N,%）

残疾类型	付费服务评价				合计
	好	较好	一般	无效果	
视力	13 (33.3)	5 (12.8)	14 (35.9)	7 (17.9)	39 (100.0)
听力	0 (0.0)	2 (66.7)	1 (33.3)	0 (0.0)	3 (100.0)
言语	0 (0.0)	0 (0.0)	2 (100.0)	0 (0.0)	2 (100.0)
肢体	44 (20.1)	41 (18.7)	114 (52.1)	20 (9.1)	219 (100.0)
智力	1 (33.3)	0 (0.0)	1 (33.3)	1 (33.3)	3 (100.0)
精神	4 (44.4)	3 (33.3)	2 (22.2)	0 (0.0)	9 (100.0)
多重	6 (20.7)	2 (6.9)	18 (62.1)	3 (10.3)	29 (100.0)
总计	68 (22.4)	53 (17.4)	152 (50.0)	31 (10.2)	304 (100.0)

注：因四舍五入加总实际数字非100.0。

一级残疾人对付费服务的评价较高，评价为"好"的比例高于其他等级残疾人，占比为29.3%；三级残疾人认为服务"较好"的比例最高，占23.3%，同时认为服务"一般"的比例最高，占47.8%。（见表4-20）

表4-20　　　　分残疾等级困难残疾人对付费康复服务的评价　　　（N,%）

残疾等级	付费服务评价				合计
	好	较好	一般	无效果	
一	12 (29.3)	9 (22.0)	15 (36.6)	5 (12.2)	41 (100.0)
二	23 (24.0)	15 (15.6)	53 (55.2)	5 (5.2)	96 (100.0)
三	15 (16.7)	21 (23.3)	43 (47.8)	11 (12.2)	90 (100.0)
四	18 (24.3)	8 (10.8)	38 (51.4)	10 (13.5)	74 (100.0)
总计	68 (22.6)	53 (17.6)	149 (49.5)	31 (10.3)	301 (100.0)

注：因四舍五入加总实际数字非100.0。

3. 接受康复服务的内容：仅35%的残疾人获得康复服务，利用频次占比最高的前三位服务为诊断和需求评估、辅助器具配置、康复治疗与训练。

过去一年内，大部分困难残疾人未获得康复服务。在2519名困难残疾人中,有890名残疾人得到了康复服务,占35.3%;有1629名残疾人未得到康复服务,占比达64.7%。诊断和需求评估、辅助器具配置、康复治疗与训练是利用频次最高的三项服务,分别占比39.0%、27.6%和27.4%;其他依次为:康复知识普及,随访和评估服务,心理疏导,居家服务、日间照料与托养,残疾人及亲友培训,其他康复服务。(见表4-21、图4-5)

表4-21　　　　　　　　过去一年内得到的康复服务内容

康复服务	人数	约占百分比(%)
诊断和需求评估	347	39.0
康复治疗与训练	244	27.4
辅助器具配置	246	27.6
心理疏导	156	17.5
居家服务、日间照料与托养	144	16.2
随访和评估服务	171	19.2
残疾人及亲友培训	143	16.1
康复知识普及	183	20.6
其他康复服务	92	10.3

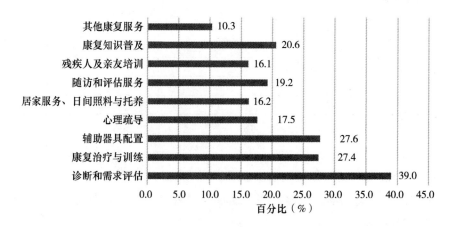

图4-5　过去一年内得到的康复服务情况

男性和女性对康复服务的使用频率差异不大。男性使用频次最高的三项服务分别为诊断和需求评估（38.3%）、辅助器具配置（28.4%）、康复治疗与训练（27.2%），对心理疏导，居家服务、日间照料与托养，其他康复服务的使用频率较低；女性使用频次前三的服务分别为诊断和需求评估（40.3%）、康复治疗与训练（27.7%）、辅助器具配置（26.1%），对随访和评估服务、残疾人及亲友培训和其他康复服务的使用频率较低。（见表 4 – 22）

表 4 – 22　　　　分性别过去一年得到的康复服务情况

康复服务	男		女		合计	
	人数	百分比（%）	人数	百分比（%）	人数	百分比（%）
诊断和需求评估	222	38.3	125	40.3	347	39.0
康复治疗与训练	158	27.2	86	27.7	244	27.4
辅助器具配置	165	28.4	81	26.1	246	27.6
心理疏导	96	16.6	60	19.4	156	17.5
居家服务、日间照料与托养	92	15.9	52	16.8	144	16.2
随访和评估服务	122	21.0	49	15.8	171	19.2
残疾人及亲友培训	97	16.7	46	14.8	143	16.1
康复知识普及	117	20.2	66	21.3	183	20.6
其他康复服务	59	10.2	33	10.6	92	10.3

不同年龄残疾人接受康复服务的情况存在一定差异。诊断和需求评估是各年龄组残疾人使用最多的服务，其中，75 岁及以上组人口利用率最高（57.1%）、0—17 岁组利用率最低（33.3%）。对康复治疗与训练的利用率最高的是 60—74 岁组，对辅助器具配置、随访和评估服务、残疾人及亲友培训、康复知识普及的利用率最高的是 45—59 岁组，对心理疏导，居家服务、日间照料与托养及其他康复服务的利用率最高的是 18—44 岁组。（见表 4 – 23）

表4-23　　　　　　分年龄过去一年得到的康复服务情况　　　　（频次,%）

康复服务	年龄分组					合计
	0—17	18—44	45—59	60—74	75岁及以上	
诊断和需求评估	1 (33.3)	94 (34.4)	136 (36.2)	92 (46.9)	24 (57.1)	347 (39.0)
康复治疗与训练	1 (33.3)	68 (24.9)	96 (25.5)	65 (33.2)	14 (33.3)	244 (27.4)
辅助器具配置	1 (33.3)	58 (21.2)	113 (30.1)	62 (31.6)	12 (28.6)	246 (27.6)
心理疏导	0 (0.0)	59 (21.6)	64 (17.0)	28 (14.3)	5 (11.9)	156 (17.5)
居家服务、日间照料与托养	1 (33.3)	56 (20.5)	57 (15.2)	24 (12.2)	6 (14.3)	144 (16.2)
随访和评估服务	0 (0.0)	49 (17.9)	81 (21.5)	34 (17.3)	7 (16.7)	171 (19.2)
残疾人及亲友培训	0 (0.0)	39 (14.3)	76 (20.2)	25 (12.8)	3 (7.1)	143 (16.1)
康复知识普及	0 (0.0)	55 (20.1)	90 (23.9)	34 (17.3)	4 (9.5)	183 (20.6)
其他康复服务	0 (0.0)	35 (12.8)	36 (9.6)	20 (10.2)	1 (2.4)	92 (10.3)

不同等级残疾人接受康复服务的情况不同。二级残疾人对诊断和需求评估，康复治疗与训练，心理疏导，居家服务、日间照料与托养，随访和评估服务的利用率均高于其他等级残疾人；一级残疾人对辅助器具配置的利用率较高；四级残疾人对残疾人及亲友培训、康复知识普及和其他康复服务的利用率均较高，这在一定程度上反映了残疾严重程度对康复服务利用的影响作用。（见表4-24）

表4-24　　　　分残疾等级过去一年得到的康复服务情况　　　　（频次,%）

康复服务	残疾等级				合计
	一	二	三	四	
诊断和需求评估	54 (34.0)	147 (40.6)	89 (39.9)	52 (38.0)	347 (39.0)
康复治疗与训练	39 (24.5)	110 (30.4)	60 (26.9)	34 (24.8)	244 (27.4)
辅助器具配置	54 (34.0)	96 (26.5)	61 (27.4)	33 (24.1)	246 (27.6)
心理疏导	21 (13.2)	73 (20.2)	40 (17.9)	21 (15.3)	156 (17.5)

康复服务	残疾等级				合计
	一	二	三	四	
居家服务、日间照料与托养	29（18.2）	75（20.7）	27（12.1）	12（8.8）	144（16.2）
随访和评估服务	35（22.0）	81（22.4）	32（14.3）	21（15.3）	171（19.2）
残疾人及亲友培训	25（15.7）	47（13.0）	43（19.3）	28（20.4）	143（16.1）
康复知识普及	22（13.8）	81（22.4）	42（18.8）	37（27.0）	183（20.6）
其他康复服务	11（6.9）	36（9.9）	23（10.3）	22（16.1）	92（10.3）

4. 分残疾类别康复服务使用情况

（1）视力残疾

①盲人定向行走训练

在 306 名视力残疾人中，17 人接受盲人定向行走训练，仅占 5.6%，289 人未接受训练，占 94.4%。但接受过训练的残疾人的满意程度高达 90%。在未接受训练的 288 名有效样本中，因"不知道"而未训练的占比最高，达 41.3%；其次为"不需要"训练的，占比为 31.6%；"需要，不知道在哪里训练"的残疾人占比较高，达 18.1%。（见表 4 - 25）

②手术治疗

在 305 个有效样本中，有 21 人接受了手术治疗，仅占 6.9%；未接受手术的残疾人占 93.1%（284 人）。视力残疾人对手术治疗的满意度不高，对治疗表示"非常满意"和"满意"的比例之和仅为 56%。

③辅助器具

大部分视力残疾人未使用辅助器具，占比达 70.9%（217 人），仅有 29.1% 的残疾人使用了辅助器具（89 人）。视力残疾人使用盲杖的频次较高，占 56.2%（50 人次），其次为其他辅助器具（28 人次，占 31.5%）和助视器（24 人次，占 27.0%）。视力残疾人对辅助器具的评价不高，认为"好"的仅占 29.4%（15 人），"较好"占 23.5%（12 人），"一般"占比近40%（20人）。在未使用辅助器具的视力残疾人中，因"不需要"而未使用的占比接近一半；"需要但买不起"的占比较高，达28.1%；"不知道"的残疾人还存在一定比例，占13.4%。（见表4－25）

表4－25　　　　　　视力残疾人未接受康复服务与训练的原因

未接受训练的原因	人数	百分比（%）	未使用辅助器具的原因	人数	百分比（%）
不知道	119	41.3	不知道	29	13.4
需要，不知道在哪里训练	52	18.1	需要，但买不起	61	28.1
—	—	—	现有辅助器具不合适	5	2.3
不需要	91	31.6	不需要	107	49.3
其他	26	9.0	其他	15	6.9
总计	288	100.0	合计	217	100.0

（2）听力残疾

①听力辅助器具

在未使用辅助器具的198名听力残疾人中，因"不需要"而未使用的占40.9%；"需要，但买不起"的占比较高，达32.8%；仍存在一定比例（8.6%）的听力残疾人"不知道"使用辅助器具（见表4－26）。在辅助器具的价位方面，能接受3000元以内辅助器具的听力残疾人占多数（10人，占83.3%），接受3000—6000元及6000—10000元的听力残疾人分别占8.3%。

②康复训练与指导

听力残疾人接受康复训练与指导的有10人，仅占约5.0%，未接受服务的占95.0%（191人）。康复机构的利用频次最高，占50.0%（5人次），其次为网络指导和其他，占比均为30.0%（均为3人次），社区指导和电话指导占比均为20.0%（均为2人次）。在未接受康复训练与指导的191名听力残疾人中，因"需要，但付不起费用"的占比最高，达38.7%；"不知道"此项服务的占比较高，达31.9%；"其他"原因也有一定比例（21.5%），需要进一步研究。（见表4－26）

表4-26 听力残疾人未使用服务的原因

未使用辅助器具的原因	人数	百分比（%）	未接受训练的原因	人数	百分比（%）
不需要	81	40.9	不需要	15	7.9
现有辅助器具不合适	17	8.6	—		
需要，但买不起	65	32.8	需要，但付不起费用	74	38.7
不知道	17	8.6	不知道	61	31.9
其他	18	9.1	其他	41	21.5
合计	198	100.0	合计	191	100.0

（3）言语残疾

①会话交流方式

在276名言语残疾人中，未使用交流方式的言语残疾人占比不高，为19.2%；大部分言语残疾人使用口语以及口语加手势的频次较高，占比分别为35.9%和33.3%；其次为唇读加手势，占13.4%；使用交流辅助器具的最低，占2.2%。（见表4-27）

表4-27 言语残疾人使用交流方式的比例

交流方式	人数	约占百分比（%）
无	53	19.2
口语	99	35.9
口语加手势	92	33.3
唇读加手势	37	13.4
笔谈	20	7.2
口语加笔谈	11	4.0
交流辅助器具	6	2.2

言语残疾人对会话交流方式的效果评价不高，认为效果一般的占比高达83.3%（15人）；认为效果好和较好的残疾人占比分别为5.6%（1人）、11.1%（2人）。在未使用会话交流方式的言语残

人中，因其他原因的占比接近一半，需进一步研究；"不知道"的占比较高，达 30.2%；"不需要"使用的占 18.9%；"需要，但买不起"的比例较低，仅为 3.8%。（见表 4-28）

②言语康复训练与指导

仅有不到 3%（8 人）的言语残疾人接受过康复训练与指导，未接受服务的言语残疾人占比高达 97.1%（268 人）。在未接受康复训练与指导的言语残疾人中，"不知道"该项目服务的言语残疾人占比最高，占 31.1%；需要，但付不起费用，占 30.0%；不需要此项服务的占 23.2%；另有 15.7% 的言语残疾人由于其他原因而未接受康复训练与指导。（见表 4-28）

表 4-28　　　　**言语残疾人未接受康复训练与指导的原因**

未使用会话交流方式的原因	人数	百分比（%）	未接受训练的原因	人数	百分比（%）
不知道	16	30.2	不知道	83	31.1
不需要	10	18.9	不需要	62	23.2
需要，但买不起	2	3.8	需要，但付不起费用	80	30.0
其他	25	47.2	其他	42	15.7
合计	53	100.1	合计	267	100.0

注：因四舍五入加总实际数字非 100.0。

（4）肢体残疾

①肢体矫治手术

在 1428 个有效肢体残疾人样本中，仅有 66 名残疾人接受了肢体矫治手术，占 4.6%；未接受手术者占 95.4%（1362 人）。

②辅助器具

在 1429 个有效肢体残疾人样本中，有 34.2%（489 人）的肢体残疾人使用了辅助器具，未使用者占 65.8%（940 人）。其中，拐杖是肢体残疾人使用频次最高的工具，占比高达 67.3%；其次为轮椅，占比达 43.8%；自助器、假肢、矫形器和其他工具的使用频次均不超过 10%（见表 4 – 29）。

表 4 – 29 　　　　　　　肢体残疾人使用辅助器具的比例

辅助器具	频次	约占百分比（%）
拐杖	329	67.3
轮椅	214	43.8
自助器	34	7.0
假肢	31	6.3
矫形器	13	2.7
其他	40	8.2

肢体残疾人对辅助器具的正面效果评价不高，认为效果"好"和"较好"的比例相加不超过 50%；而认为效果"一般"的比例却高达 47.2%。（见表 4 – 30）

表 4 – 30 　　　　　　肢体残疾人对使用辅助器具的效果评价

效果	频次	约占百分比（%）
好	90	28.0
较好	62	19.2
一般	152	47.2
无效果	18	5.6
总计	322	100.0

在未使用辅助器具的肢体残疾人中，有 51.6% 的肢体残疾人不需要辅助器具；"需要，但买不起"的肢体残疾人占比较高，达 26.6%；不知道需要使用辅助器具的肢体残疾人也占一定比例，为 13.0%。（见表 4 –31）

表4－31　　　　　　　肢体残疾人未使用辅助器具的原因

未使用辅助器具的原因	人数	约占百分比（%）
不需要	485	51.6
现有辅助器具不合适	45	4.8
需要，但买不起	250	26.6
不知道	122	13.0
其他	38	4.0
总计	940	100.0

③康复训练与指导

多数肢体残疾人（1158人，占81.1%）未接受过康复训练与指导，10.8%（154人）的肢体残疾人在社区和家庭接受过服务，另有8.1%（116人）在专业机构接受了服务。肢体残疾人对康复训练与指导的满意度较高，非常满意的肢体残疾人占23.4%；满意的肢体残疾人占比高达44.8%；感觉一般和不满意的肢体残疾人约占32%。（见表4－32）

表4－32　　　　　　肢体残疾人对康复训练与指导的满意度

满意度	人数	约占百分比（%）
非常满意	45	23.4
满意	86	44.8
一般	51	26.6
不满意	10	5.2
总计	192	100.0

未接受服务的肢体残疾人中，原因为"需要，但付不起费用"的残疾人占比最高，为32.2%；其次为"不知道"，占31.4%；不需要此项服务的占24.6%；另有11.8%的肢体残疾人因其他原因未使用服务，需要进一步研究。（见表4－33）

表4-33　　　　　　肢体残疾人未接受康复训练与指导的原因

未接受训练的原因	人数	约占百分比（%）
不知道	363	31.4
需要，但付不起费用	372	32.2
不需要	284	24.6
其他	137	11.8
总计	1156	100.0

（5）智力残疾

在516名智力残疾人中，仅有6.0%（31人）的智力残疾人接受过康复训练与指导，未接受者占94.0%（485人）。其中，智力残疾人主要是接受生活自理能力训练，占比达67.7%（21人次）；其次为社会适应能力训练（35.5%，11人次）、简单劳动技能训练（32.3%，10人次）、日间照顾和亲友辅导（均占25.8%，8人次）；辅助社区服务和其他服务占比较低，分别为16.1%（5人次）和12.9%（4人次）。

在未接受康复训练与指导的智力残疾人中，不知道的智力残疾人占比较高，达33.7%；"需要，但付不起费用"的智力残疾人也较多，占比达26.2%；有23.6%的智力残疾人不需要此类服务；另有近17%的智力残疾人因其他原因未使用服务，需要进一步研究。（见表4-34）

表4-34　　　　　　智力残疾人未接受康复训练与指导的原因

未接受训练的原因	人数	约占百分比（%）
不知道	163	33.7
需要，但付不起费用	127	26.2
不需要	114	23.6
其他	80	16.5
总计	484	100.0

（6）精神残疾

①治疗形式

在588名精神残疾人中，约有20.2%的人未接受任何形式的治疗（119人）；在社区、家庭进行药物治疗的精神残疾人占多数（59.9%，352人）；门诊治疗（49人，8.3%）、住院治疗（58人，9.9%）的比例不高，均未超过10%；医嘱停药的比例最低，仅为1.7%（10人）。精神残疾人对治疗效果的评价不高，认为效果"一般"的精神残疾人占一半以上（53.2%，25人），认为效果"好"和"较好"的精神残疾人仅占38.3%（18人）。

未接受医疗治疗的精神残疾人中，"需要，但付不起费用"的精神残疾人占多数（32.8%）；其次为不知道需要治疗，占24.4%；23.5%的精神残疾人不需要此类服务；另有19.3%的残疾人因其他原因未使用服务，需要进一步研究。（见表4-36）

②康复训练指导

多数精神残疾人未接受康复训练与指导（80.6%）；精神残疾人对心理疏导及日间照料与托养的使用频次显著高于其他训练项目（见表4-35）。精神残疾人对康复训练与指导的效果评价较好，认为效果"好"的精神残疾人占50.0%（7人），但认为效果"一般"的精神残疾人占比也达到了35.7%（5人）。

在未接受康复训练指导的精神残疾人中，"需要，但付不起费用"的残疾人占比最高（29.4%）；其次为不需要治疗的精神残疾人，占28.8%；24.9%的精神残疾人不知道需要此类服务；另有16.9%的精神残疾人因其他原因未使用服务，需要进一步研究。（见表4-36）

表4-35　　　　精神残疾人接受康复训练与指导的情况

接受康复训练与指导	人数	约占百分比（%）
无	474	80.6
工疗或农疗	11	1.9
心理疏导	51	8.7

续表

接受康复训练与指导	人数	约占百分比（%）
职业劳动技能训练	11	1.9
日间照料与托养	45	7.7
其他	22	3.7

表4-36 **精神残疾人未接受医疗治疗和康复训练与指导的原因** （N,%）

未接受原因	医疗治疗	康复训练与指导
不知道	29（24.4）	118（24.9）
需要，但付不起费用	39（32.8）	139（29.4）
不需要	28（23.5）	136（28.8）
其他	23（19.3）	80（16.9）
总计	119（100.0）	473（100.0）

（二）医疗服务情况

1. 医疗服务可及性：大部分残疾人医疗服务可及性情况较好。

总的来看，在 2506 名困难残疾人中，医疗服务的可及性较好。到距离残疾人家庭最近的医疗机构所花费的时间范围在 0—720 分钟，时间均值约为 21 分钟，中位时间为 15 分钟。最快时间在 15 分钟之内的占多数，其次为 16—30 分钟内，需要花费 60 分钟以上的仅占不到 3%（见表 4-37）。分城乡来看，城市残疾人到最近医疗机构所花费的平均时间为 20.2 分钟，农村残疾人为 21.4 分钟，两者之间的差异并无统计学意义（p > 0.05）。

表4-37 **去最近的医疗机构的最快时间**

距离（分钟）	人数	约占百分比（%）
0	40	1.6
1—15	1448	57.8

距离（分钟）	人数	约占百分比（%）
16—30	751	30.0
31—60	206	8.2
61 分钟及以上	61	2.4
合计	2506	100.0

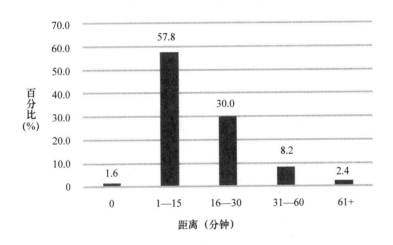

图 4 - 6　去最近医疗机构的最快时间

2. 医疗服务满意度：残疾人对提供照顾和支持的人的满意度不高，但是认为获得医疗照顾较为容易。

残疾人对医疗服务的满意程度分为两个方面：一是残疾人对提供照顾与支持的人的满意度评价；二是对获得医疗照顾的难易程度的满意度评价。

对于残疾人照顾与支持的提供者，多数残疾人认为其业务水平一般（35.3%），很好（完全）和比较好（多数）的分别占19.6%、17.1%，但"根本不"的有较大比例，近20%；认为提供者完全了解残疾情况的占多数，为40%，其次为多数了解，占18.3%，根本不了解的占比不高，为15.1%；对于是否能按需提供帮助的评价不高，认为其完全能够按需提供帮助的虽占多数，但占比不高，仅占不到30%；在参与医疗保健方案上，提供者根本不让残疾人参加的比例最高，占31.3%，完全让其参加的比重占20.7%。（见表4-38）

表4-38　　　残疾人对提供照顾与支持的人的满意度评价　　　（N,%）

内容	评价					合计
	根本不	很少	一般	多数	完全	
业务水平	236 (19.6)	101 (8.4)	426 (35.3)	207 (17.1)	237 (19.6)	1207 (100.0)
了解残疾情况	182 (15.1)	108 (9.0)	214 (17.7)	221 (18.3)	481 (40.0)	1206 (100.0)
按需提供帮助	228 (18.9)	149 (12.3)	279 (23.1)	209 (17.3)	342 (28.3)	1207 (100.0)
参与医疗保健方案	376 (31.3)	148 (12.3)	269 (22.4)	160 (13.3)	249 (20.7)	1202 (100.0)

注：因四舍五入加总实际数字非100.0。

对于获得医疗照顾的难易程度，残疾人认为根本不需要花费时间以及花费很少时间的比例较高，占60%以上；获得健康服务较为便捷，接近70%的残疾人认为根本不需要准备大量材料或只需要很少材料即可；认为不需要努力争取权利的残疾人接近一半，但仍有约30%的残疾人认为需要努力争取才能获得医疗服务与支持；认为社区并不缺少服务或很少缺少服务的残疾人也接近一半，但认为社区非常或比较缺少服务的占比也不低，接近30%。（见表4-39）

表4-39　　　残疾人对获得医疗照顾的难易程度的满意度评价　　　（N,%）

内容	评价					合计
	根本不	很少	一般	多数	完全	
花费时间	500 (41.5)	231 (19.2)	286 (23.7)	92 (7.6)	96 (8.0)	1205 (100.0)
获取健康服务	580 (48.0)	254 (21.0)	197 (16.3)	77 (6.4)	100 (8.3)	1208 (100.0)

续表

内容	评价					合计
	根本不	很少	一般	多数	完全	
争取权利	408 (33.8)	193 (16.0)	270 (22.4)	128 (10.6)	208 (17.2)	1207 (100.0)
社区缺少服务	394 (32.8)	187 (15.5)	309 (25.7)	110 (9.1)	203 (16.9)	1203 (100.0)

（三）医疗与康复社会保障情况

1. 重度残疾人护理补贴：多数重度残疾人未享受补贴，享受补贴的残疾人仅占不到1/3。

在1455名重度困难残疾人中，享受护理补贴的残疾人共有416人，仅占28.6%，仍有极大部分残疾人未享受护理补贴（1039人，占71.4%）。

分性别来看，男性残疾人享受护理补贴的比例略高于女性。男性享受补贴的比例为30.3%（283人）；女性为25.5%（133人），低于男性4.8个百分点。

不同年龄残疾人享受护理补贴的比例不同，且随年龄增加，残疾人享受补贴的比例先降低后上升。0—17岁组人口享受补贴的比例最高，占33.3%；其次为75岁及以上组人口，占30.0%；60—74岁组享受比例最低，占26.0%。（见表4-40）

表4-40　　　分年龄困难残疾人享受重度残疾人护理补贴比例　　　(N,%)

年龄分组	是		否		合计	
	频数	百分比	频数	百分比	频数	百分比
0—17	1	33.3	2	66.7	3	100.0
18—44	162	29.6	385	70.4	547	100.0
45—59	154	28.8	380	71.2	534	100.0
60—74	81	26.0	230	74.0	311	100.0
75岁及以上	18	30.0	42	70.0	60	100.0
合计	416	28.6	1039	71.4	1455	100.0

分城乡来看，城市残疾人享受护理补贴的比例高于农村。城市残疾人享受补贴的比例为 31.2%（271 人）；农村为 24.7%（145 人），低于城市 6.5 个百分点。

不同类别残疾人享受护理补贴的比例不同。享受补贴比例居前三位的分别是言语残疾人（35.7%）、肢体残疾人（32.6%）、智力残疾人（32.3%）；享受比例最低的为多重及听力残疾人，分别占 24.1%、24.4%。（见表 4 - 41）

表 4 - 41　　　　分残疾类别困难残疾人享受护理补贴情况

残疾类型	是		否		合计	
	人数	约占百分比（%）	人数	约占百分比（%）	人数	约占百分比（%）
视力	39	32.2	82	67.8	121	100.0
听力	11	24.4	34	75.6	45	100.0
言语	5	35.7	9	64.3	14	100.0
肢体	158	32.6	327	67.4	485	100.0
智力	42	32.3	88	67.7	130	100.0
精神	65	24.8	197	75.2	262	100.0
多重	96	24.1	302	75.9	398	100.0
总计	416	28.6	1039	71.4	1455	100.0

2. 医疗保险报销情况：对医疗保险报销需求最高的前三位项目分别是肢体残疾矫治手术、其他和辅助器具适配，对精神病治疗的报销需求最低。

调查中对"P21. 据您所知，您需要医疗保险报销以下的哪些项目"这一问题进行作答的有效人数为 1204 人。结果显示，在需要报销的项目中，人次占比最高的是肢体残疾矫治手术（493 人次，41.0%），最低的是精神病治疗，占比为 13.1%（158 人次），其余依次为：其他（443 人次，36.8%）、辅助器具适配（417 人次，34.6%）、康复训练（348 人次，28.9%）、白内障复明手术（211

人次，17.5%），这一结果可能与调查中残疾人的人数分布有关。
（见图4-7）

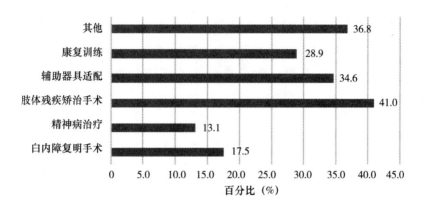

图4-7 需要医疗保险报销的项目情况

城乡困难残疾人对医疗保险报销的需求不同。706名城市残疾人中，对报销需求最高的项目是其他（39.8%），其次为肢体残疾矫治手术（37.1%）、辅助器具适配（33.4%）、康复训练（29.3%）、白内障复明手术（16.1%），需求最低的是精神病治疗（11.2%）；498名农村残疾人中，对报销需求最高的项目是肢体残疾矫治手术（46.4%），其次为辅助器具适配（36.3%）、其他（32.5%）、康复训练（28.3%）、白内障复明手术（19.5%），需求最低的仍是精神病治疗（15.9%）。除康复训练和其他外，城市残疾人对其余项目的报销需求均低于农村残疾人。（见表4-42）

表4-42　　　　分城乡困难残疾人需要医疗保险报销的项目

报销项目	城市		农村		合计	
	人数	约占百分比（%）	人数	约占百分比（%）	人数	约占百分比（%）
白内障复明手术	114	16.1	97	19.5	211	17.5
精神病治疗	79	11.2	79	15.9	158	13.1

续表

报销项目	城市		农村		合计	
	人数	约占百分比（%）	人数	约占百分比（%）	人数	约占百分比（%）
肢体残疾矫治手术	262	37.1	231	46.4	493	41.0
辅助器具适配	236	33.4	181	36.3	417	34.6
康复训练	207	29.3	141	28.3	348	28.9
其他	281	39.8	162	32.5	443	36.8

（四）服务需求情况

基于 2006 年第二次全国残疾人抽样调查数据，残疾人需求的前四项及比例分别为：有医疗服务与救助需求的（72.8%）；有救助或扶持需求的（67.8%）；有辅助器具需求的（38.6%）；有康复训练与服务需求的（27.7%）。[①]

城乡残疾人家庭的生活和医疗救助需求比例很高。2007—2013年，生活救助和医疗救助始终是城乡残疾人家庭最迫切的需求。2013年城镇 41.8%、农村 65.6% 的残疾人家庭有生活救助需求，城镇52.5%、农村 59.7% 的残疾人家庭有医疗救助需求。[②]（见表 4 - 43）

表 4 - 43　　**城镇和农村残疾人家庭救助需求情况（%）**

		2007	2008	2009	2010	2011	2012	2013
城镇	医疗救助	57.8	54.3	56.3	54.3	54.9	52.7	52.5
	生活救助	41.4	40.6	49.5	48.7	50.3	45.2	41.8
	康复救助	30.1	27.9	26.5	24.1	24.8	25.6	26.0
	教育救助	10.4	10.3	7.6	7.0	5.8	7.6	7.8

---

① 纪钢：《第二次全国残疾人抽样调查主要数据公报（第二号）》，《中国残疾人》2007 年第 6 期。

② 陈功等：《2013 年度中国残疾人状况及小康进程分析》，《残疾人研究》2014 年第 2期。

		2007	2008	2009	2010	2011	2012	2013
农村	医疗救助	69.1	66.8	66.2	63.5	63.6	62.3	59.7
	生活救助	60.2	61.8	65.0	66.2	66.6	68.6	65.6
	康复救助	37.9	35.6	32.0	30.5	29.4	29.8	27.5
	教育救助	14.7	12.7	13.9	13.2	11.3	10.2	9.3

数据来源：中国残联《2013 年度全国残疾人状况及小康进程监测报告》。

（五）调查主要发现

综前所述，困难残疾人的基本医疗及康复服务情况如下：

1. 在接受服务方面

（1）免费康复服务。过去一年，享受到政府免费服务的困难残疾人较少，仅占22.4%，服务的覆盖面仍需扩大；但大部分享受服务的残疾人对免费服务的评价较高。女性残疾人享受免费服务的比例高于男性，对服务的评价也较高；45—59 岁年龄段的残疾人享受服务的比例高，但60—74 岁组残疾人对服务的评价农村高于城市，但评价差异不大；精神残疾人享受服务的比例高，听力残疾人的比例低，而视力残疾人的评价较高；二级残疾人享受服务的比例高，四级残疾人的评价较好。

（2）付费康复服务。过去一年，为康复服务支付费用的残疾人仅占26.0%。总的来看，困难残疾人在康复服务上支付的费用较多，且对服务的评价不高。相对来看，女性支付的费用及评价均高于男性；低龄组支出高费用的比例远超高龄组，60—74 岁组残疾人对服务的评价最好；农村残疾人发生高费用支出的比例低于城市，但对服务的正面评价高于城市；精神残疾人高支出的比例较高，对服务评价也较好；一级、二级残疾人在高支出组占比较大，对服务的评价也相对较高。

（3）康复服务利用。困难残疾人对康复服务的利用情况较差，仅有1/3 的困难残疾人得到康复服务，诊断和需求评估、辅助器具配置、康复治疗与训练是利用频次最高的三项服务。不同年龄和残疾等级的残疾人对各项康复服务的利用重点不同；分残疾类别来看，对于困难残疾人来说，与其康复相关的各种服务的负担较重，服务效果需要提升。各类残疾人对各项服务的利用比例均较低，有部分残疾人不需要服务，但对服务不知情以及负担不起是主要原因，且多数残疾人对相关服务和器具的效果评价及满意度不高。

（4）医疗服务情况。大部分残疾人的医疗服务可及性较好，到距离最近的医疗机构所花费的时间在 30 分钟以内的残疾人比例较高。在医疗服务的满意度方面，残疾人对照顾与支持的提供者满意度不高，认为其服务一般以及不满意的比例占多数；但残疾人对获得医疗服务的难易程度上评价较好。

（5）社会保障。大部分困难残疾人社会福利补贴情况较差，仅有不到 1/3 的残疾人享受到重度残疾人护理补贴。男性略高于女性；随年龄增加，残疾人享受补贴的比例降低；城市残疾人享受补贴的比例高于农村；言语残疾人享受补贴的比例最高，听力残疾人最低。在残疾人需要报销的项目中，需求比例最高的是肢体残疾矫治手术，最低的是精神病治疗，但这主要与调查对象中听力和精神残疾人的人数分布有关。

2. 在服务需求方面

根据以往调查及公告数据，残疾人需求的前四项服务分别为：医疗服务与救助、救助或扶持、辅助器具、康复训练与服务；生活救助和医疗救助始终是城乡残疾人家庭最迫切的需求。

第二节　医疗与康复政策及服务支持性分析

一　国际残疾人社区康复理念借鉴

社区康复（Community-based Rehabilitation，简称 CBR）是国际社会提倡的残疾人发展战略，最先由世界卫生组织提出并发起，至今已发展成一项多部门合作的残疾人战略，目前已在全球 90 多个国家实施。[①] 2010 年世界卫生组织等国际组织联合编印的《社区康复指南》强调："社区康复是为残疾人康复、机会均等、减少贫困及增加社会融合的社区发展的策略，其使命是按照综合的、发展的、包容的模式促进残疾人康复、教育、民生、社会和增能等方面的发展。"[②]

因此，从广义的角度来看，康复内容涉及广泛，需要建立由不同行业和专业领域，包括残疾人组织在内的人员共同参与的网络系统，形成以社区为基础、提供具有广泛康复内容的康复服务。[③] 就目前来看，国外残疾人社区康复发展历史悠久，康复模式及体系均比较健全，社区康复工作模式发展较为完备且兼具可持续性，西方社会的典型康复服务模式主要以英、美、德为代表。在英国，根据其残疾人定义可将残疾人分为生理和精神残疾两类。英国的国民健康体系发展较为完备，大多数医疗康复服务均可免费获得，一些付费项目也可优惠获得，其残疾人的康复和日常照料大部分依赖于社区服务实现，主要是包括日常照顾和家庭护理服务的社区照顾模式，除此之外，残疾人在社区还能得到教育和职业等其他方面的康复服务。[④] 在美国，残疾人社区康复服务模式主要是家庭服务模式，一般由民间的社会组织负责提供服务。他们通常是把几个残疾人和社工放在一起组成居住小组，成为团体之家，每个居住小组的社工根据每个残疾人身体及能力情况的不同，制定不同的康复服务计划并注重个性化服务，培养残疾人自食其力的生活能力与团体合作意识。[⑤] 在德国，残疾人社区康复服务的主要模式是邻里之家。邻里之家作为德国睦邻运动的直接产

---

① 郭悠悠等：《残疾人社区康复的历史与现状》，《中国农业大学学报》（社会科学版）2011 年第 1 期。

② 张金明：《对康复与社区康复的认识进入新阶段》，《中国残疾人》2014 年第 10 期。

③ 邱卓英：《国际社会有关残疾与康复的理念和发展战略的启示》，《中国康复理论与实践》2007 年第 2 期。

④ 岳晨：《英国残疾人社会福利制度研究》，硕士学位论文，中国人民大学，2008 年，第 42 页。

⑤ 王鹏杰：《国内外残疾人社区康复模式研究述评》，转自朱红权等《英美国家及中国相关地区成功社区康复经验启示》，《经济研究导刊》2011 年第 27 期。

物，很好地体现了德国社区工作的基本特色；它是一个自我经营、自我管理、自负盈亏的独立单位，但其活动得到了政府的部分资助，并受其监督。邻里之家为残疾人提供的社区康复主要有日常生活护理、家庭服务、谈心以及朗读等。①

我国在 1990 年颁布的《中华人民共和国残疾人保障法》中，第一次提出了社区康复的概念。随后在残疾人事业"九五""十五"计划纲要，以及"十一五""十二五"发展纲要中均对社区康复有所提及，概括来说，在这一期间对于社区康复的认识从"将社区康复狭义地看作是社区康复站，并与残疾人家庭分离开"，到"将社区康复看作是以社区为基础、家庭为依托的一系列措施，以家庭康复训练为重点"，最后提出"将社区康复服务纳入社区建设和基层卫生工作"，"全面开展社区康复服务"。②③ 在 2016 年的"纲要"中，对社区康复服务项目明确了内容："为有需求的残疾人普遍建立康复服务档案，提供康复评估、训练、心理疏导、护理、生活照料、辅具适配、咨询、指导和转介等服务"，首次提出了健康管理的概念，并将其与社区康复放到了同等重要的位置。在随后的"行动计划"中，提出"将残疾人健康管理和社区康复纳入国家基本公共服务清单"，所包含的服务内容有"残疾人的登记管理、健康指导、康复指导、定期随访等服务"。相比世界卫生组织对于社区康复的定义——社区康复是康复在社区环境中的发展，包含残疾人的机会均等、脱贫和社会融入，我国目前在社区康复方面采取的措施虽有发展但仍关注的是偏向于医学的康复概念。④ 促进残疾人的活动参与将会是今后社区康复发展的

---

① 王鹏杰：《国内外残疾人社区康复模式研究述评》，转自李金红《残疾人社区康复：问题与对策》，《江汉大学学报》（社会科学版）2011 年第 100 期。

② 国务院转批中国残疾人事业"十一五"发展纲要的通知，http：//www.pkulaw.cn/fulltext_ form.aspx? Db = chl&Gid = f56209fe7227aa29bdfb&keyword = &EncodingName = & Search_ Mode = accurate&Search_ IsTitle = 0。

③ 同上。

④ CBR, *A Strategy for Rehabilitation*, *Equalization of Opportunities*, *Poverty Reduction and Social Inclusion of People with Disability*: *Joint Position Paper*, *Geneva*, World Health Organization, 2004.

主要目标，在健康概念不断扩展的背景下，残疾人健康管理工作的开展与推行将有助于"以社区康复为基础、康复机构为主干、残疾人家庭为依托的残疾人的康复服务体系"的发展。①

我国的社区康复工作虽然已开展 20 余年，经历了由单一医疗模式向社会综合模式的发展，形成了各具特色的发展模式，如以"政府购买服务"为代表的惠州模式、以"多元联动"为代表的宁波江北模式、以"康复中心＋康复站"为代表的南京白下模式，但从长远来看，社区康复的发展仍任重道远。② 目前我国大部分地区的社区康复仍主要集中于医疗康复领域，还有待扩展到教育、就业、文化等社会领域。③ 除了要扩大康复服务的覆盖内容、推动实现残疾人的全面康复外，我国的社区医疗康复今后还应继续以残疾人"人人享有康复服务"为工作目标，更加注重服务的质量；缩小城乡残疾人康复服务差距，推动社区康复工作均衡、规范化发展；同时还要提高社区康复服务水平。④ 除依靠医疗机构等政府组织外，还要重视社区团体、慈善组织等非政府组织的力量，将社区、社会工作和社会组织三者进行整合，发展残疾人互助康复网络；工作形式上，应将政府的主导推动、企业的参与建设、社区的协同管理、家庭的助力补全作为基本的工作形式，并由此形成完整的联合运作模式，以实现康复资源的多元整合，全民参与、共同发展中国的残疾人社区康复事业。⑤

---

① 《残疾预防和残疾人康复条例（2018 年修正）》，http：//www. pkulaw. cn/fulltext_form. aspx？Db＝chl&Gid＝8802cec89be63029bdfb&keyword＝&EncodingName＝&Search_Mode＝accurate&Search_ IsTitle＝0。

② 王鹏杰：《国内外残疾人社区康复模式研究述评》，《社会福利》（理论版）2015 年第 9 期。

③ 郭悠悠等：《残疾人社区康复的历史与现状》，《中国农业大学学报》（社会科学版）2011 年第 1 期。

④ 张金明等：《国际社区康复发展趋势及对我国社区康复工作的思考》，《中国康复理论与实践》2011 年第 2 期。

⑤ 邬宗庆等：《以社区为本的残疾人精准康复服务社会化模式建构》，《临床医学》2019 年第 2 期。

二　困难残疾人医疗与康复政策实施现状

目前，我国残疾人医疗保障政策主要包括残疾人医疗保险、医疗救助和医疗福利几个部分，涉及残疾人疾病预防、治疗以及康复的全过程。改革开放以来，我国在残疾人事业方面取得长足进步，针对困难残疾人的基本医疗与康复政策逐渐完善。

进入"十三五"以来，国务院先后出台《"十三五"加快残疾人小康进程规划纲要》（国发〔2016〕47 号）、《国家残疾预防行动计划（2016—2020 年）》（国办发〔2016〕66 号）、《关于加快发展康复辅助器具产业的若干意见》（国发〔2016〕60 号）、《残疾预防和残疾人康复条例》（国令第 675 号）、《关于建立残疾儿童康复救助制度的意见》（国发〔2018〕20 号）等国家性政策，对残疾人尤其是困难残疾人的基本医疗与康复服务、医疗救助与福利政策等方面提出了明确要求。从近年来的政策发展来看，不论是政策覆盖的范围，还是保障的内容及水平，都发生了实质性的飞跃。《关于进一步加强残疾人康复工作的意见》中强调要"实施重点工程与提供普遍服务相结合"，到 2015 年实现"人人享有康复服务"的目标,[①] 随着我国残疾人事业的发展，残疾人基本医疗与康复服务政策逐渐明确覆盖到贫困残疾人、城乡贫困残疾人、0—6 岁残疾儿童、重度残疾人、不同类别残疾人等并面向所有残疾人，实施重点康复服务项目并发展精准康复服务，包含基本康复医疗、康复训练与辅助器具适配等服务制度的建立。

近年来，我国政府的医疗卫生支出逐年增加，为残疾人提供的康复服务也逐年增多；此外，残疾人相关补助得以提高，医疗救助和保障制度不断完善，都强有力地推动了残疾人事业的可持续发展。在 2017 年全国一般公共预算支出中，医疗卫生与计划生育支出达 14450.63 亿元，

---

① 国务院办公厅：《关于进一步加强残疾人康复工作意见的通知（国办发〔2002〕41 号）》，http：//www. gov. cn/gongbao/content/2002/content_ 61743. htm。

占总支出（203085.49 亿元）的 7.12%，比 2016 年（支出 13158.77 亿元，占全年总支出的 7%）增长近 10%。①② 通过实施精准康复服务，到 2017 年，854.7 万残疾儿童及持证残疾人得到基本康复服务（其中包括 0—6 岁残疾儿童 141239 人；视力残疾 88.3 万人、听力言语残疾 40.7 万人、肢体残疾 484.6 万人、智力残疾 71.3 万人、精神病防治 125.9 万人），全年共为 244.4 万残疾人提供各类辅助器具适配服务，相比 2016 年有了大幅提升，分别增加 574.8 万人、112.2 万人。截至 2017 年年底，全国已有残疾人康复机构 8334 个，辅助器具服务机构 1886 个，比 2016 年分别增加 476 个、175 个。③④

三　困难残疾人医疗与康复服务存在的问题及建议

尽管我国为残疾人提供的康复服务种类愈加多样化，但其在落实中仍存在较大问题，主要体现在困难残疾人康复服务的覆盖范围仍需进一步扩大。本次调查结果显示，在 2018 年，仅有 22.4% 的困难残疾人享受到政府提供的免费服务，26.0% 的困难残疾人使用了付费康复服务，而且对于各类别残疾人相应的康复服务项目来说，实际利用服务的仅占少数，这距离政策要求的"人人享有康复服务"的目标还有较大差距；究其未使用服务的原因，除部分残疾人并不需要这些服务外，有相当大比例的残疾人不知道此类康复服务，以及负担不起服务费用，反映出我国对于康复服务的宣传不足以及困难残疾人康复服务知识的匮乏，这同时也说明目前针对困难残疾人的社会保障力度还需加大，调查结果中享受到重度残疾人护理补贴的残疾人比例

---

① 国家统计局：《中国统计年鉴 2018》，http：//www. stats. gov. cn/tjsj/ndsj/2018/in-dexch. htm。

② 国家统计局：《中国统计年鉴 2017》，http：//www. stats. gov. cn/tjsj/ndsj/2017/in-dexch. htm。

③ 中国残疾人联合会：《2017 年中国残疾人事业发展统计公报 ［残联发（2018）24 号］》，http：//www. cdpf. org. cn/zcwj/zxwj/201804/t20180426_ 625574. shtml。

④ 中国残疾人联合会：《2016 年中国残疾人事业发展统计公报 ［残联发（2017）15 号］》，http：//www. cdpf. org. cn/zcwj/zxwj/201703/t20170331_ 587445. shtml。

（28.6％）也体现了这一问题。另外，残疾人对医疗与康复服务的满意程度不高，主要体现在对付费康复服务以及照顾与支持的提供者的评价方面。

从城乡来看，由于我国长期存在的城乡二元结构，城乡经济社会发展不平衡由来已久，因此在基本医疗与康复服务的获取与使用方面，城乡之间存在一定差距。近年来，随着残疾人基本医疗与康复服务政策的逐步完善，城乡困难残疾人之间的差距逐步缩小；得益于国家对农村贫困残疾人的补贴和支持力度，在康复服务的获取上，农村贫困残疾人过去一年享受政府免费服务以及接受康复服务的情况均好于城市贫困残疾人。但在经济与福利保障水平方面，城市贫困残疾人的情况仍好于农村贫困残疾人。主要体现在付费康复服务方面，城市残疾人高支出的比例远高于农村，且城市残疾人享受重度残疾人护理补贴的比例也高于农村残疾人；在医疗服务方面，城市残疾人距离最近的医疗机构所花费的时间比农村短，服务可及性较好；在残疾人医疗服务报销方面，除康复训练和其他项目外，城市残疾人对其余项目的报销需求均低于农村。另外，城市残疾人家庭历年的生活、医疗、康复救助需求均低于农村。

由此可见，目前我国困难残疾人基本医疗与康复服务体系中仍存在覆盖率和利用率较低、宣传不到位、残疾人满意度不高、医疗及康复服务保障不够、城乡医疗服务可及性发展不平衡等问题，对此，我们应有针对性地解决。

1. 残疾人康复服务覆盖率仍不高，与"人人享有康复服务的目标"存在一定差距。

虽然以往调查数据显示，残疾人在医疗服务与救助、救助或扶持、辅助器具、康复训练与服务方面仍有需求，但如今不论政府免费服务还是付费康复服务，其覆盖率均不高，且困难残疾人利用服务的比例也不高。《世界残疾报告》将扩大康复服务覆盖范围，提升服务质量作为残疾人康复服务工作的重点，并且进一步指出在资源相对匮乏的环境中，可以通过社区康复的方式弥补资源不足的缺陷，从而使有限的资源更广泛地惠及残疾人，满足其康复服务需求。① 虽然我国近年来重视社区卫生服务的发展，但在社区康复及康复服务转介方面仍与发达国家存在较大差异。

由于我国经济发展水平、医疗保险以及社会保障制度的特殊性，同时残疾人口数量较多，医疗及康复资源相对匮乏，除了增加残疾康复治疗过程中的人力、物力投入外，我们还可以借鉴发展较好的英国社区康复模式：一方面，在各级康复机构间建立完善的转介系统，形成综合医院或专科医院、社区机构与家庭康复连续的康复服务体系，并做好相关的评估工作等；另一方面，充分利用家庭资源、社会资源进行困难残疾人自助与他助，对照顾者、家属进行培训，引导进行自助康复，或由社区内有经验的残疾人小组进行互助，同时也能提高残疾人参与感，从而提升其对服务以及照顾和支持提供者的满意度。② 另外，目前河北省已推出残疾人家庭医生"个性化服务包"，为有康复需求的残疾人提供包含多种康复项目的签约服务。借助现已推行的家庭医生签约服务制度，我们还可以通过家庭医生团队，实现困难残疾人家庭医生签约服务，在此基础上，在全国范围内为贫困残疾人建立健康档案，便于及时掌握贫困残疾人的康复服务利用与需求现状，从而有针对性地为残疾人提供康复服务，以提高康复服务的覆盖水平与服务效率，逐步实现"人人享有康复服务的目标"。同时，家庭医生团队作为基层医疗卫生机构中与困难残疾人密切联系的纽带，能够为困难残疾人提供更多有针对性的服务以及人性化关怀，从而得到更好的服务效果，以提高困难残疾人对各项服务的满意度。

2. 残疾人对康复服务的认识仍不强，使得康复服务的供给和利用发展不平衡。

Drainoni 等学者认为，残疾人的个人和文化障碍，包括个人和医

---

① 何侃等：《〈世界残疾报告〉及对我国残疾人康复服务的启示》，《中国康复理论与实践》2012 年第 12 期。
② 崔宝琛：《残疾人康复服务现状分析与发展思考》，《未来与发展》2017 年第 3 期。

疗服务提供者的知识不足，是残疾人获得医疗卫生服务的主要障碍之一。① 虽然我国已颁布政策，为残疾人提供各种免费服务及适应的辅助器具和康复训练等服务，但残疾人对此类服务的利用率仍不高，因为有相当比例的残疾人因并不知晓或不了解与其息息相关的各项服务。还有研究显示，居民对贫困残疾人康复服务的认识较为薄弱，甚至还存在相当多的误区，由此可见，我国对残疾康复知识的宣传并不到位，残疾预防和残疾康复的理念没有得到普及。② 尤其是对于残疾儿童来说，其是否使用康复服务，完全取决于残疾儿童的父母或其他监护人，在这种情况下，家长康复知识的缺乏极有可能影响到残疾儿童的功能恢复。还有研究认为，残疾人对康复认识的缺乏与社会工作发展不完备有关：在社会工作者参与贫困残疾人社区康复之前，由于认识的局限性，残疾人并未完全了解自身的康复需求和周围的环境，也可能在当时该需求并非其最需要解决的，因此该类需求被残疾人自身或其亲属忽视了。③

对此，我们可以借鉴国外经验，建立一个向社会开放的残疾人用具用品及服务信息查询系统，系统中尽可能多地提供翔实的残疾人用具用品和相应的服务信息，并在互联网上公开，供康复医生、服务人员、残疾人及其家属查询，增加残疾人自身对康复服务的了解和需求，从而解决供需矛盾问题。④ 同时，还可以通过发展社区康复与社会工作，使社会工作者参与到贫困残疾人的康复服务工作中去。通过促使社会工作者与贫困残疾人建立良好的专业关系，一方面，为其提供心理疏导，对于残疾人中存在的不合理认知，社会工作者可提供专

---

① Mari-Lynn Drainoni et al. , "Cross-Disability Experiences of Barriers to Health-Care Access: Consumer Perspectives", *Journal of Disability Policy Studies*, Vol. 17, No. 2, September 2006.

② 李宁等：《我国残疾人康复需求及康复服务利用情况分析》，《残疾人研究》2011 年第 4 期。

③ 李婧等：《社会工作参与贫困残疾人社区康复的路径探究——以长春市 H 社区为例》，转引自王孝刚等《论我国残疾人社区康复社会化发展的路径与策略》，《学海》2016 年第 6 期。

④ 林宝等：《残疾人康复服务的主要问题及政策建议》，《中国医疗保险》2014 年第 1 期。

业化的辅导，使其树立正确、合理的社区康复观念；另一方面，通过宣传社区康复的内容、意义和作用，增强贫困残疾人自身对社区康复的认识和了解，使其接受社区康复理念，利用社区资源及时满足自身的康复服务需求，以解决贫困残疾人中存在的康复意识不强、供给和利用不平衡的问题。①

3. 在保障体系方面，针对贫困残疾人的保障政策仍需倾斜，尤其是针对农村贫困残疾人的政策支持。

尽管我国颁布了一系列有关残疾人福利保障的政策，对贫困残疾人实施救助，对其康复和医疗费用予以减免，对康复训练、辅助器具适配等基本康复需求给予补贴，并优先对农村建档立卡贫困残疾人提供服务等，这些措施极大地改善了残疾人的生活质量及其生活水平。但是，就全国范围来看，我国仍有相当大比例的城乡残疾人无法享受最低生活保障。而且，就目前的政策来看，仅将部分康复项目纳入了医疗保障范围，残疾人大部分的康复费用只能依靠其家庭，因此，对于困难残疾人来说，目前的长期康复、医疗救助以及医疗保障费用仍是一笔不小的开支，这些费用也更加难以承担。②

另外，根据本次调查结果显示，各类困难残疾人未利用与其相关的各项康复服务的主要原因之一便是残疾人虽需要服务但承担不起服务所需的费用。不论城乡，残疾人家庭对医疗救助及康复救助的需求比例均较高，但城市的需求比例低于农村，这可能与城乡康复服务分布不均衡有关。研究显示，绝大多数残疾专科医院和康复服务机构，如盲校、智力及精神障碍康复机构等主要分布在城市之中，我国广大农村地区，尤其是西南地区的农村，缺乏基本的康复资源。③

因此，强化困难残疾人的康复保障措施十分必要。加快推进贫困

① 李婧等：《社会工作参与贫困残疾人社区康复的路径探究——以长春市H社区为例》，《长春理工大学学报》（社会科学版）2019年第1期。
② 姚志贤：《残疾人"人人享有康复服务"现状分析与发展思考》，《残疾人研究》2014年第2期。
③ 崔宝琛：《残疾人康复服务现状分析与发展思考》，《未来与发展》2017年第3期。

残疾人医疗康复服务项目纳入社会保险和社会保障体系的进程，将残疾人急需的康复项目纳入报销，给予贫困残疾人更加完善和更具有针对性的康复服务及医疗救助，以解决贫困残疾人的参保、报销及报销水平低的问题；在国家财政允许的情况下，加大政府购买康复服务的力度，给予困难残疾人尽可能充足的康复补助或津贴，提高贫困残疾人的保障水平，最大程度上减少残疾人因病致贫、因病返贫现象。[①] 有研究认为，将康复纳入基本医疗保险，由医疗保险基金按规定比例对康复医疗的费用进行支付，是解决残疾人康复服务资金保障的最稳妥渠道。[②] 另外，我们还要探索多种筹资与服务模式，积极鼓励企业、非政府组织等社会力量的参与。同时，还应关注城乡之间的差距，大力开展农村残疾人社区康复，以实现城乡均衡发展。[③]

[①] 崔宝琛：《残疾人康复服务现状分析与发展思考》，《未来与发展》2017 年第 3 期。

[②] 刘雪等：《残疾人康复纳入基本医疗保险的必要性与实现路径——基于发展型社会政策的视角》，《济南大学学报》（社会科学版）2016 年第 6 期。

[③] 张金明等：《社区康复重点在农村》，《中国康复》2015 年第 4 期。

第五章 困难残疾人及家庭"托养服务"政策支持

残疾人托养服务是满足残疾人照料和护理需求，缓解残疾人家庭养护负担的重要服务。托养服务不仅为残疾人提供生活照料和护理，也为服务对象提供多种训练以提升社会适应能力，如生活自理能力训练、社会适应能力训练、职业康复训练、劳动技能训练和运动能力训练等，帮助提高其生活质量，减轻残疾人家庭的照料压力和负担。

本章根据 2018 年"托底性民生保障政策支持系统建设"项目困难家庭残疾人的调查结果，梳理了有关困难残疾人托养服务的政策发展及困难残疾人托养服务的现状，有针对性地提出关于托养服务水平提高、托养服务内容发展的政策建议。

第一节 托养服务及政策基本情况

一 政策背景

残疾人托养服务是一种综合性、专业性的基本公共服务，对于智力、精神和重度残疾人等，托养服务可以满足其照料和护理需求，缓解残疾人家庭养护的沉重负担。自 2007 年残疾人托养服务被正式提出之后，经过十几年的发展，我国陆续出台了一系列推动残疾人托养服务发展的政策法规，残疾人托养服务体系初步建立。

（一）提出：依托社区照料，兜底补短

2006 年，国务院发布的《中国残疾人事业"十一五"发展纲要

（2006—2010 年）》首次将托养服务纳入，其配套实施方案之九《残疾人就业和社会保障工作"十一五"实施方案》中规定，"有条件的地区通过建立托管机构等方式，帮助特困残疾人家庭，集中解决精神、智力及其他重度残疾人的特殊保障问题"。2007 年，中国残联召开的全国智力和精神残疾人托养服务工作会议首次使用了"托养"一词，残疾人托养服务被纳入残联工作范畴。2008 年，《中华人民共和国残疾人保障法》修订后规定"地方各级人民政府对无劳动能力、无扶养人或者扶养人不具有扶养能力、无生活来源的残疾人，按照规定予以供养。国家鼓励和扶持社会力量举办残疾人供养、托养机构"。可以看出，托养服务在此时是政府为了帮助具有抚养困难的残疾人解决基本生活问题而建立的，是一种兜底补短的公益性服务。同年，社区日间照料写入国务院颁布的《中共中央国务院关于促进残疾人事业发展的意见》，并明确了残疾人托养服务的内容和形式，提出"依托社区开展为重度残疾人、智力残疾人、精神残疾人、老年残疾人等提供生活照料、康复养护、技能培养、文化娱乐、体育健身等公益性、综合性服务项目，推广阳光之家经验。鼓励发展残疾人居家服务，有条件的地方建立残疾人居家服务补贴制度"。此时的托养服务内容得到了丰富，依托社区开展服务，帮助残疾人解决日常照护的基本需求，并结合技能培养、体育健身、职业技能训练等社区功能，提供综合性的社会服务。

　　（二）初步发展：从社区到社区机构兼具

　　2009 年，中国残联和财政部发布《关于印发〈阳光家园计划〉的通知》，并给予服务补贴，资助地方各级政府有关部门、残联以及其他社会组织和个人等兴办的、不以营利为目的的托养服务机构，以及享受低保且无业的家庭，发展就业年龄段智力、精神和重度残疾人托养服务，以进一步提升残疾人的生活质量。托养服务从依托社区，发展为兼具机构服务。2010 年，《关于加快推进残疾人社会保障体系和服务体系建设指导意见的通知》中，首次明确将托养服务列为残疾人服务体系中的重要组成部分，提出"建立健全以省级或省会城市托养服务机构为示范、设区的市和有条件的县托养服务机构为骨干、乡镇（街道）和社区日间照料服务为主体、居家安养服务为基础的残疾人托养服务体系，为精神、智力残疾人和其他各类重度残疾人提供生活照料、职业康复、辅助性就业和工疗、农疗、文化体育、心理疏导、娱乐等服务"，对残疾人托养服务的性质、内容和体系设置等作出了规定。

（三）不断完善：建立健全残疾人托养服务体系

2011 年，残疾人托养服务被纳入《中国残疾人事业"十二五"发展纲要》，提出"建立残疾人托养服务体系，为智力、精神和重度残疾人托养服务提供 200 万人次补助"。2012 年，《国务院关于印发国家基本公共服务体系"十二五"规划的通知》首次提出"建立健全以专业康复和托养服务机构为骨干、社区为基础、家庭为依托的社会化残疾人康复、托养服务体系。加强残疾人服务设施建设，继续实施'阳光家园'计划"，这标志着残疾人托养服务被正式纳入国家基本公共服务体系，逐步向专业化服务发展，对于残疾人托养服务的关注点由补助标准拓展到服务布局、内容及供给方式等各个方面。[①]

2012 年，由发改委和中国残联共同下发的《关于印发"十二五"残疾人康复和托养设施建设规划的通知》中，提出"十二五"期间在托养需求最集中的县（市、区）建设约 200 个县级残疾人托养设施项目（包括寄宿制机构和日间照料机构），新增托养床位 1.5 万张，托养服务机构建设由中央政府和地方政府共同出资，同时，《关于加快发展残疾人托养服务的意见》中，规定公办及民办残疾人托养服务机构用地纳入城乡建设规划、土地利用总体规划和年度用地计划，按照现行营业税政策规定，享受相关营业税优惠，机构用水、电、气、暖，按照居民价格标准收费。此外，中央财政加大对托养服务的补贴力度，接受中央资助建设的机构可以得到 20 万元设施设备补贴用于购买托养服务相关业务所需的设施设备。一系列的机构建设补贴和运营补贴，为残疾人托养服务机构的建设和设施的完善提供了有力支

---

① 张瑶：《我国残疾人托养服务政策的变迁》，《残疾人研究》2017 年第 4 期。

持，促进了托养服务的快速发展。

2016 年，国务院出台的《"十三五"加快残疾人小康进程规划纲要》中，强调要加快发展残疾人托养照料服务，"建立健全以家庭为基础、社区为依托、机构为支撑的残疾人托养服务体系，实现与儿童、老年人护理照料服务体系的衔接和资源共享。为视力、听力、智力残疾等残疾老人提供养老服务，提升专业化服务水平。充分考虑少数民族残疾人的风俗习惯，健全惠及各族残疾人的托养照料服务体系"，对残疾人托养服务体系提出了更高的要求。2018 年，中国残联、民政部、国务院扶贫办等 6 部门共同制定的《着力解决因残致贫家庭突出困难的实施方案》提出："要为 16 岁以上有照料护理需求的重度残疾人提供照护和托养服务：对于建档立卡贫困残疾人中 16 岁以上有长期照料护理需求的重度残疾人，符合特困人员认定条件的，要纳入特困人员救助供养，给予其基本生活保障和日常照料。"这表明，作为国家基本公共服务，残疾人托养服务体系应是由政府主导、社会力量广泛参与、基于残疾人需求而提供多样化的托养服务的服务体系，[①] 该体系的建设日益受到重视并被不断完善。

二 被调查困难残疾人托养服务情况

托养服务是一项重要的残疾人服务需求，尤其是对于智力、精神、重度肢体残疾人来说，托养服务可以满足其照料和护理需求，缓解残疾人家庭养护的沉重负担，体现了政府和社会对残疾人的人文关怀。在调查中，关于托养服务情况主要调查了困难残疾人的托养意愿、需求和享受的托养服务，本节对托养服务的供求情况进行分析，并分城乡和人群进行对比。

（一）服务需求情况：困难残疾人居家托养需求最高。

托养服务根据服务的地点、时间等不同可以分为居家托养、日

---

① 徐宏、任涛：《残疾人托养服务体系：意涵、建构挑战及政策选择》，《井冈山大学学报》（社会科学版）2015 年第 2 期。

间照料、机构寄宿托养等。在接受调查的2519名困难残疾人中，选择"无需求"的残疾人共1601名，在其余的918名残疾人中，有551名（21.9%）残疾人倾向于选择居家托养，占有托养需求的残疾人比例的60.0%，需要机构寄宿托养的困难残疾人占9.6%，需要日间照料的困难残疾人占4.8%（见表5-1）。这说明对于大部分有托养需求的残疾人来说，更倾向于在家中接受托养服务，熟悉的环境更容易让他们有尊严地接受服务，而不愿意到特定的机构中接受寄宿托养或是到日间照料中心。

表5-1　　　　　　　　　困难残疾人托养服务需求类别

服务项目	需要人数（人）	百分比（%）
居家托养	551	21.9
日间照料	121	4.8
机构寄宿托养	241	9.6
无需求	1601	63.6
不知道	5	0.0
总计	2519	100.0

注：因四舍五入实际加总数字非100.0。

（二）服务供给情况：托养服务不能满足困难残疾人现有需求。

根据问卷中针对困难残疾人是否需要托养服务的调查，有22.8%的困难残疾人有该需求，然而享受托养服务的困难残疾人百分比仅为4.8%，可见现在提供的托养服务不能满足困难残疾人的托养服务需求，供需之间存在较大缺口，有待进一步完善（见表5-2）。

表5-2　　　　　　　　　困难残疾人托养服务供求情况

	人数（人）	约占百分比（%）
需要托养服务	574	22.8
享受托养服务	122	4.8

（三）分城乡服务情况：托养需求均不能得到满足，农村需求更高。

从托养服务的需求情况来看，城乡困难残疾人的需求相差不多，分别为21.1%和25.4%，农村困难残疾人托养需求略高于城市。从享受托养服务的情况来看，城乡享受过托养服务的比例均较低，均未超过5.0%，分别为4.8%和5.0%（见表5－3），说明还有大部分有需求的困难残疾人难以享受到托养服务，现有服务远不能满足托养服务需求。可见目前城乡所提供的残疾人托养服务远远不够，应该加大投入力度，扩大服务覆盖面，缩小供需缺口。

表5－3　　　　　　城乡困难残疾人托养服务需求与供给情况

	城市		农村	
	N = 1515		N = 1004	
	人数（人）	约占百分比（%）	人数（人）	约占百分比（%）
需要托养服务	319	21.1	255	25.4
享受托养服务	72	4.8	50	5.0

根据《2013 年度残疾人状况及小康进程监测报告》，2011 年，城镇残疾人接受过居家服务、日间照料与托养的比例为 11.9%，2012 年，上升了 2.3 个百分点，为 14.2%，2013 年，城镇残疾人接受过居家服务、日间照料与托养的比例为 13.5%。2011 年，农村残疾人接受过居家服务、日间照料与托养的比例为 11.8%，2012 年，上升了 2 个百分点，为 13.8%，2013 年，继续上升了 0.8 个百分点，为 14.6%。整体看来，城乡残疾人接受托养服务的比例呈上升趋势，农村上升速度更快，这在一定程度上说明我国对城镇和农村的托养服务一样重视，但是同时可以看到，城乡残疾人托养服务的缺口均比较大，接受过托养服务的残疾人不到总数的六分之一，因此残疾人托养服务应继续推进，解决尚未被满足需求的残疾人的托养服务需要，尤其是需求较大的农村地区。

（四）分人群服务情况：困难残疾人需求更高，服务利用率却更低。

1. 困难残疾人托养需求高于平均水平，尤其是居家托养和寄宿托养。

根据 2018 年全国残疾人基本情况与服务需求动态数据显示，在有效样本中，需要居家托养的人数占比 11.9%，远低于困难残疾人的 21.9%，需要机构寄宿托养的人数占比 1.3%，远低于困难残疾人的 9.6%，说明困难残疾人的托养服务需要远远高于全国残疾人的平均水平，应该更加受到重视。此外，农业户口需要居家托养服务的比例是 12.8%，高于非农业户口的 9.2%，农业户口需要日间照料服务的比例是 5.6%，高于非农业户口的 3.5%，说明城乡不均衡的情况不只存在于困难残疾人群体，在全国残疾人群体中仍存在，农村残疾人对托养服务的需求普遍更高。

2. 困难残疾人托养服务利用率低于全国残疾人平均水平。

根据 2018 年全国残疾人基本情况与服务需求动态数据显示，9.5% 的 16—59 周岁智力、精神、肢体和多重残疾的残疾人享受了托养服务，而困难残疾人享受过托养服务的比例仅为 4.8%，说明与非困难普通残疾人相比，困难残疾人享受过托养服务的比例更低，更难利用到托养服务。同时，较低的比例从侧面反映出，对于整个残疾人群体来说，托养服务的供给均比较缺乏，尤其是困难残疾人群体，供给缺口更大。

第二节　托养政策及服务支持性分析

一　托养服务政策的现状

（一）残疾人托养服务机构相继成立

2006 年，《中国残疾人事业"十一五"发展纲要（2006—2010年）》发布后，多地开始重视残疾人托养服务机构的建设，将其纳入地方政府民生工程或规划，相继建设了一批残疾人托养服务机构，涌现出一批具有一定代表性和示范性的机构，如福建省残疾人托养服务中心、甘肃省兰州市残疾人托养就业康复中心、辽宁省大连市瓦房店阳光家园残疾人托养中心等。2009 年，"阳光家园计划"开始实施，大批残疾人托养服务日间照料机构陆续成立，如北京的"温馨家园"、江苏的"苏馨家园"和福建的"福乐家园"等。

根据民政部 2018 年统计季报，截至 2018 年第四季度，全国老年人与残疾人服务机构达 29792 个，智障与精神病人服务机构达 236 个，提供住宿的老年人与残疾人服务床位达 392.8 万张，智障与精神疾病提供服务床位 8.8 万张。由此可见，残疾人托养服务及机构建设发展迅速，取得了良好的成效。

（二）地方性补贴政策相继出台

残疾人托养服务的发展离不开财政补贴的大力支持。地方相继出台的兼有生活补贴、护理补贴、托养补贴等功能的政策制度文件，促进了残疾人托养服务的不断发展。《北京市残疾人入住社会福利机构补贴办法》对残疾人入住托养机构、养老机构的补贴项目和标准以及对社会力量兴办社会福利机构的补贴办法进行了明确规定，根据残疾类型和程度的不同，残疾人可获得每月 200 元、400 元或 600 元的补贴。天津市出台的《关于智力、精神和重度残疾人实行居家托养服务的办法》规定居家托养服务的对象每人每月可享受 80 元的居家托养服务补贴，《关于对智力、精神和重度残疾人实行集中托养服务的实施办法》对残疾人集中托养服务机构资助补贴的范围和标准进行了明确规定。《上海市实施重残无业人员养护服务方案》规定，对符合条件的接受养护服务的重残无业人员给予每人每月 400 元的补贴。《海南省困难残疾人生活补贴和重度残疾人护理补贴实施办法》规定，困难残疾人生活补贴为每人每月 60 元，重度残疾人护理补贴根据残疾程度分别为每人每月 150 元或 100 元。

自 2016 年起，政府加大购买服务的力度，中央财政支持的"阳光家园计划"全面以购买服务的方式实施，用不低于 10% 的中央专项资金用于向社会力量购买托养服务，且每年递增不少于 5%。这显示出中央财政对残疾人托养服务的大力支持，也对托养服务的标准和绩效评估提出了更高的要求。同年，中残联印发的《"十三五"残疾人托养服务工作计划》推动残疾人托养服务补贴制度不断完善，鼓励有条件的地方建立残疾人托养服务机构运营补贴制度和服务补贴制度，说明目前以政府投入为主的残疾人托养服务补贴制度正在逐步建立和完善，残疾人托养服务政策支持体系正在逐步建立和完善。

（三）残疾人接受托养服务比率逐年上升

随着残疾人的发展日益受到重视，托养服务不断完善和发展，服务能力和水平不断提高，全国接受过托养服务残疾人总数不断增加，接受托养服务的比例逐年上升。根据《2013 年度残疾人状况及小康进程监测报告》可以看出，自 2007 年以来，残疾人接受过托养服务的比例呈逐年上升趋势。2011 年，全国残疾人接受过居家服务、日间照料与托养的比例为 11.8%，2012 年，全国残疾人接受过居家服务、日间照料与托养的比例为 13.9%，2013 年，全国残疾人接受过居家服务、日间照料与托养的比例为 14.3%，两年上升了 2.5 个百分点，说明政府与社会提供托养服务的能力有所提高，残疾人受益面扩大。

（四）残疾人托养服务标准体系建设起步

随着残疾人托养服务的快速发展，托养服务机构的准入原则、服务对象、服务内容、质量评估等方面亟待规范，以提高托养服务的标准和质量。在全国性的服务标准体系建立之前，各地相继出台了残疾人托养服务标准，如上海市在 2009 年出台的残疾人养护机构规范，2011 年出台的日间照料机构规范，2012 年发布的托养服务规范等。2013 年，中国残联印发了《残疾人托养服务基本规范（试行）》，首次清晰地阐述了残疾人托养服务的概念、服务理念、服务目标及服务内容，呈现出与养老服务、医疗康复服务、福利机构供养服务等的明显差异。托养服务标准体系的建设，有利于加强残疾人托养机构服务规范化管理，提升残疾人托养服务水平，促进残疾人托养服务可持续发展。

经过上述梳理可知，自 2007 年"残疾人托养服务"概念被正式提出以来，残疾人托养服务从依托社区照料，到社区与机构共同发展，再到建立健全以家庭为基础、社区为依托、机构为支撑的残疾人托养服务体系，国家给予了大力的财政补贴和政策支持。残疾人从被救助的对象转变为权利主体，托养服务不再仅是基本的生活照料和护理，而是兼具生活自理能力训练、职业训练、社会适应能力训练等，最终希望使残疾人实现生活独立甚至就业，促进残疾人社会适应能力和生活质量的提高。

二　托养服务面临的现实挑战

虽然近年来托养服务发展势头良好，但是，从目前的发展状况看来，尚存在一些亟待解决的问题。

第一，托养服务的提供不能满足残疾人托养服务需求，尤其是有相当一部分的困难残疾人托养服务需求尚未得到满足。无论是城镇还是农村，有托养需求的残疾人数量众多，但是现有托养机构和服务不能满足困难残疾人的实际需求，当前托养服务覆盖面较小，供求的缺口仍比较大。根据 2015—2018 年全国残疾人基本情况与服务需求动态更新数据，2015 年，享受过托养服务的残疾人比例为 8.9%，2016 年为 10.2%，2017 年为 9.4%，2018 年为 9.3%，可以看出近年来，残疾人享受托养服务的比例先上升后下降，但整体变化幅度不大，一直维持在 10% 左右，这是一个较低的水平，说明残疾人的托养服务覆盖范围和水平亟待提升。

第二，残疾人自身更倾向于居家托养，但目前机构托养的支持力度较大，而居家托养服务建设和支持不够。根据 2015—2018 年全国残疾人基本情况与服务需求动态更新数据，2015 年需要居家服务的残疾人比例占 39.3%，2016 年为 34.7%，2017 年为 22.9%，2018 年为 11.9%，虽然比例逐年下降，但居家服务一直是托养服务需求中的主要需求。这也从侧面反映出我国的托养服务体系并未均衡地建立起来，托养机构、托养项目发展不完善，未能充分满足残疾人的托养服务需求。

第三，托养服务的发展面临资金不足的瓶颈。困难残疾人群体托养需求高，但是由于经济原因，托养服务费用是不小的负担。目前我国对残疾人托养服务的投入不足，严重影响了托养机构的发展和困难残疾人没有顾虑地享受服务。

第四，托养服务发展存在地区不均衡。托养服务的需求和供给存在城乡差异，农村的托养需求高，而供给状况较差，实际需求不能得到满足。除城乡外，地区间也存在差异。经济发达地区的托养服务机构起步早，发展快，相对比较完善，但是经济相对落后的西部地区托养服务机构的发展非常缓慢，无法为困难残疾人提供需要的服务。此外，由于各地托养服务发展的不均衡，建立全国性的残疾人托养服务规范存在一定的困难。目前只有东部发达地区建立了地方性的残疾人托养服务补贴制度，中西部省份以何种方式建立残疾人托养服务补贴制度也值得关注。

第五，托养服务工作人员专业化程度不够高。托养服务的发展离不开专业人才，但是目前托养服务机构的工作人员大部分未经过系统和专业的培训与学习，专业水平和能力欠缺，凭借经验知识提供服务，对托养服务缺乏更系统和清晰的认识，无法满足残疾人的实际需求。

三 启示与建议

整体看来，由于我国的社会服务起步较晚，托养服务虽然近年来发展较快，但仍存在较大的供求缺口，尤其是农村地区，发展较为缓慢。在托养服务的提供上，发达国家建立社会福利制度的时间较早，且较为完善，有很多值得借鉴的经验，我国与其他国家还存在明显的差距。通过梳理其他国家的发展经验，可以看到我国的发展差距和努力方向，并从中借鉴有益经验。

英国为残疾人设置了专门的福利政策，以保护残疾人权利。为残疾人提供专项津贴，包括残疾生活津贴、残疾看护津贴、独立生活津贴、连续护理津贴等，通过政府经营或民间自办的机构接纳残疾人，并为之提供专业的帮助和服务。对于精神、智力等残疾人，政府和民间团体在社区为他们提供技术训练、职业介绍和娱乐服务。同时，英国的居家护理制度比较健全，建立了残疾人居家护理津贴制度，为残疾人提供居家照料服务。①

美国推行混合式的社会保障模式，政府、社会、家庭、个人共同发挥作用。在康复和服务方面，美国1973年通过了《残疾人康复法》，对残疾人的权利进行明确规定，促进残疾人康复服务的发展，并为患有精神残疾的残疾人提供社区护理，重视残疾人的社会融入。

日本在保护残疾人权利方面是亚洲的先行者之一，通过了多部法律，如1946年的《社会保障法案》，1949年的《残疾人福利法》，1970年的《残疾人福利协会法》和1995年的《精神保健福祉法》等，建立了多层次的法律体系保障残疾人福利的实施与完善。同时，日本政府对残疾人的补贴力度较大，如负担经济困难家庭90%的康复疗养费，补贴重度残疾人的住宅改造及日常护理费用等。

可见，托养服务的发展离不开政府和社会的大力支持，应从观念上重视残疾人的社会权利，健全残疾人法律保护体系，并加大财政投入，促进政府、社区、民间组织等力量的整合，不断完善残疾人社会服务体系。

结合目前的托养服务现状及存在的问题，通过借鉴国际经验，残疾人托养服务应进一步朝着制度化、规范化、专业化的方向发展，主要有以下五点建议：

第一，扩大托养服务的覆盖范围，加大对困难残疾人的补贴力度，尽可能为更多有托养需求的残疾人提供托养服务，为智力、精神和重度肢体残疾人等提供多样化的支持性服务，加快健全残疾人托养服务体系，不断扩大服务范围，丰富服务内容。

第二，加快发展居家托养服务，提供真正满足残疾人需要的服

---

① 万荣宝：《完善残疾人托养服务体系的路径研究——以盐城市为例》，硕士学位论文，苏州大学，2012年。

务。扩大居家托养服务范围，发展社区日间照料和托养服务机构，满足广大残疾人不同层次的托养服务需求。

第三，加大残疾人托养服务资金投入力度。为促进托养服务持续稳定发展，需要拓宽资金来源，加大资金投入力度，为托养服务的发展提供牢固的经济保障。政府应该进一步加大财政投入，为建设残疾人托养服务体系提供主要的资金，同时，积极吸引民间资本投入，为托养服务提供充足稳定的资金。

第四，关注地方发展差异，对于中西部地区、农村地区进行重点关注，提供更多财政补贴和政策支持，引导其建立健全托养服务体系。

第五，提升残疾人托养服务专业化水平，提高托养服务质量，进一步提升服务的目标，为就业年龄段智力、精神和重度肢体残疾人实现辅助性就业和支持性就业提供支撑。为残疾人托养服务工作人员提供业务培训并进行资质考核，加强残疾人托养服务工作人员人才队伍建设，增强残疾人托养服务的专业效果，不断提高托养服务质量和水平。

第六章　困难残疾人及家庭"社会支持"政策支持

　　受贫困和残疾双重因素影响，困难残疾人及其家庭在追求美好生活的过程中面临更大阻碍。残疾人可能要为个人支持、医疗保健或辅助器具支出额外的费用，由于这些高支出使得残疾人和他们的家庭与非残疾人相比，在收入相近的情况下可能更加贫困。① 通过利用和构建更具支持性的社会关系，在稳健的社会支持网络下，依托不断健全的社会保障、医疗康复服务体系和无障碍环境设施，使得困难残疾人及其家庭增能赋权，摆脱贫困，并获得舒适、有尊严的生活和参与社会的平等机会。

　　本章通过对城乡困难残疾人家庭社会支持政策和现状的分析，根据 2018 年"托底性民生保障政策支持系统建设"项目困难家庭残疾人调查结果，评价当前困难残疾人及其家庭的社会支持现状，为进一步完善和优化困难残疾人及其家庭社会支持系统，整合利用困难残疾人家庭内外支持资源，帮助困难残疾人及其家庭步入全面小康生活而提供政策建议。

第一节　社会支持服务及政策基本情况

一　概念和政策背景

　　截至目前，我国并未形成明确的、有体系的困难残疾人及其家庭

---

　　① 世界卫生组织：《世界残疾报告概要》，2011 年，世界卫生组织（https://www.who. int/disabilities/world_ report/2011/report/zh/）。

的社会支持政策。与兜底性民生保障相关的困难残疾人及其家庭的支持政策内容分散于各个专项政策中，如住房政策、补贴政策等。社会支持网络更常见于学术领域对于一般性的弱势群体的研究探讨，而具有针对性的、聚焦于困难残疾人及其家庭的社会支持研究较为缺乏。

社会支持理论为观察社会生活和开展社会服务提供了新的视角和分析框架。并且以该理论为基础，构建了更加综合的社会工作研究范式，在帮助弱势群体增强自身能力、平等参与社会过程中，社会支持系统发挥了重要作用。

（一）社会支持概念和内涵

1. 社会支持概念

社会支持是一种与弱势群体的存在相伴随的社会行为，是指一定社会网络运用一定的物质和精神手段，对社会弱势群体进行无偿帮助的行为的总和。[①] 社会支持的研究工作始于20世纪60年代，是西方学界在探求生活压力对身心健康影响的背景下产生的。社会支持包括主观、客观支持和社会支持利用度三个维度，主观支持与个人自身的主观感受密切联系，指的是个体感觉被理解、尊重的情感体验和主观满意程度；客观支持是独立于个体感觉的客观存在，即社会关系网络、社会团体关系的存在和参与，以及个体获得的实际物质上的援助等；社会支持利用度是指个体对社会所提供支持的接纳、利用和对身心健康的结果。

社会支持从性质上可以分为两类，一类是客观的、可见的或实际的支持，是指物质上的直接援助和社会网络、团体关系的存在和参与，后者是指如家庭、婚姻、朋友、同事等，或不稳定的社会联系如非正式团体、暂时性的社会交际等大小和可获得程度，这类支持独立于个体的感受是客观存在的现实，另一类是主观的、体验到的或情感

[①] 高鹏龙：《社会支持视角下大龄自闭症患者生活保障研究》，转引自关信平《社会政策概论》，高等教育出版社2009年版，第10页。

上的支持，所指的是个体在社会中受尊重、被支持、理解的情感体验和满意程度，与个体的主观感受密切相关。[①]

2. 社会支持网络

社会网络是一定范围的个人之间相对稳定的社会关系。[②] 个人的社会支持网就是指个人能藉以获得各种资源支持（如金钱、情感、友谊等）的社会网络。良好的社会支持网络被认为有益于减缓生活压力，有益于身心健康和个人幸福。社会支持网络的缺乏，则会导致个人的身心疾病，使个人日常生活的维持出现困难。同时在社会层面上，社会支持网络作为社会保障体系的有益补充有助于减轻人们对社会的不满，缓冲个人与社会的冲突，从而有利于社会的稳定[③]。社会支持网络根据所采用的支持主体可划分为两类：

（1）正式社会支持系统

正式支持是指政府、社会组织和团体借助正式途径来表现出对个体行为的各种制度性支持，包括政府政策扶持与财政援助，充分调动社会资源、社会团体关系的积极参与，积极引导社会舆论，完善法律法规等[④]。在发展残疾人事业中，如困难残疾人生活补贴和重度残疾人护理补贴，政府购买的助残"喘息服务"、托养服务、康复服务、无障碍改造服务等，以及开设社区残疾人服务中心，提升残疾人综合服务设施功能等，都可以视为正式支持的表达。

（2）非正式社会支持系统

非正式社会支持系统主要是指来自家庭、亲友、邻里等区别于正式渠道的支持网络。这种类型的支持始于个人的主观体验，与自身感受密切相关，通常是跟弱势个体在社会生活中受到尊重、受到帮助、

---

① 肖水源：《〈社会支持评定量表〉的理论基础与研究应用》，《临床精神医学杂志》1994 年第 4 期第 2 版。

② 贺寨平：《国外社会支持网络研究综述》，《国外社会科学》2001 年第 1 期。

③ 徐丹霞：《城市贫困家庭的社会支持网络研究文献综述》，《群文天地》2011 年第 14 期。

④ 高鹏龙：《社会支持视角下大龄自闭症患者生活保障研究》，硕士学位论文，广西医科大学，2017 年 6 月，第 14 页。

受到理解，因而产生的主观上情感体验与心理满意程度相关。比如家庭婚姻、同学朋友、邻居亲属等群体，或如暂时性社会交际、相关非正式组织、团体等不稳定的群体所提供的主观体验支持与客观物质上的支持。[①] 残疾人群体的生活和照料通常依赖于家人、亲友、社区邻里等提供的物质和情感支持，因此非正式社会支持网络是该群体参与社会生活的重要协助力量。

在我国差序格局的社会结构特点下，社会支持格局主要是以家庭为核心，向外依次是亲友、社区、社会组织等构成的同心圆。因此在困难残疾人的社会支持系统中，也基本遵循远近亲疏的社会关系排列，获得来自家庭成员、社区和社会的支持资源。

本章关于困难残疾人及其家庭社会支持政策的探讨，可视为通过正式支持方式，对困难残疾人及其家庭的正式支持系统和非正式支持系统的构建提供政策性指导和帮助。

（二）困难残疾人及家庭社会支持政策

通过研究相关资料发现，由于社会支持含义的广泛性，在现实的政策实践中，困难残疾人及其家庭的社会支持的内容并没有作为集中、整合的政策条例出现，一般是通过各项保障性政策内容分散体现的。从国际层面来看，联合国《残疾人权利公约》（2006），强调"促进、保护和确保所有残疾人充分和平等地享有一切人权和基本自由，并促进对残疾人固有尊严的尊重"。对于针对残疾人的人权、自由和尊重，这在我国残疾人事业发展中对该群体的社会保障支持、教育支持中有相应部分。2015 年联合国颁布的《千年发展目标》中，也要求各国给残疾人赋权增能、消除他们参与社区的障碍。这是从联合国层面对于残疾人群体社会支持的一般性号召，"增强权能"，特别是参与社区发展需要纳入各国政府制定残疾人政策时要着重考虑的目标。在我国党的十八大以来，"全面建成小康

---

① 高鹏龙：《社会支持视角下大龄自闭症患者生活保障研究》，硕士学位论文，广西医科大学，2017 年 6 月，第 15 页。

社会，残疾人一个也不能少"成为新时代残疾人工作的目标，强调全体残疾人群体也要奔小康，这是对该群体人权、参与社会发展的重要体现。同时对实现包括残疾人在内的全民奔小康目标，精准扶贫的一系列行动和规划已经取得显著效果，这是对国际上残疾人发展政策的响应，也是我国综合社会支持政策和行动来帮扶残疾人群体构建完善的支持网络。

1. 残疾人及其家庭的社会支持政策

残疾人及其家庭的社会支持政策在我国历史上和国外历史上都有相应的思想体现和实践表达。社会支持的研究兴起于西方，但是相互支持的社会福利思想一直存在于中国传统文化和社会实践中。我国古代早已产生福利和互助思想，"保息六政"中有"赈穷""恤贫""宽疾"等措施，这些措施在实施过程中对支持困难残疾人及其家庭方面已经起到一定作用。改革开放以来，随着我国的残疾人事业恢复和发展，各项工作的开展均对困难残疾人及其家庭起着社会支持作用。

残疾人及其家庭的社会支持政策内涵，一直贯穿于我国残疾人事业的工作发展规划中。在残疾人工作恢复以来的第一个五年工作纲要中，开始重视残疾人及其家庭社会支持网络的建构和维系。在此后直到"十二五"规划纲要中并未明确提出"社会支持"概念的政策，而是通过在社会保障、医疗康复、住房补贴、无障碍设施建设等多方面的政策条例中体现对残疾人及其家庭的客观社会支持。在《中国残疾人事业"十二五"发展纲要（2011—2015）》中，对符合条件的重度残疾人、一户多残、老残一体等困难残疾人家庭和低收入残疾人家庭给予临时救助或者纳入低保范围，继续实施"阳光安居工程""阳光家园计划"。在《"十三五"加快残疾人小康进程规划纲要》中，强调建立健全以家庭为基础、社区为依托、机构为支撑的残疾人托养服务体系，加大政府购买助残服务力度，开展"志愿助残阳光行动""邻里守望"等群众性助残活动，广泛构建社会支持网络。这些政策广泛围绕与残疾人及其家庭的社会支持系统构建相关的具体内容提出部署。

总的来说，目前还没有明确专门以"社会支持"为提纲建构起困难残疾人及其家庭的社会支持的政策体系，相关政策行动分散在一般的残疾人政策和服务政策中。社会保障政策是困难残疾人及其家庭社会支持政策的重要体现，如"两项补贴"、重度残疾人单独立低保户等政策，对于改善困难残疾人生活，提供兜底保障有重要作用。

2. 政府购买服务相关政策

为困难残疾人及其家庭提供兜底性社会保障，政府购买相关残疾人服务是一项重要社会支持措施。2012 年 11 月，民政部、财政部联合出台了《关于政府购买社会工作服务的指导意见》，明确了"受益广泛、群众急需、服务专业"的原则。随着经济发展和社会问题凸显，政府购买社会工作服务的范围和内容正逐步增多，购买残疾人社会照顾服务成为重要的内容。

政府购买社工服务成为对残疾人及其家庭的社会支持政策探索。例如，吉林省在政策上探索购买相关社工服务的指导意见，福建省晋江市残疾人联合会日前通过出资"买入"社工服务，助力残疾人婚恋。近几年在发展政府购买社会服务的过程中出现了多种模式，其中岗位购买和项目购买是两种典型的方式。项目购买是政府出资，委托社会服务机构开展某些社会服务；岗位购买则是政府出资请社会服务机构派出社会工作专业人员，进入政府系统的某些具体岗位开展工作。两种模式各有特色，其共性特点主要在于放松规制，借助社会组织的优势，增强政府为残疾人提供公共服务的能力。①

2014 年财政部、民政部、住房和城乡建设部、人力资源社会保障部、国家卫生和计划生育委员会以及中国残疾人联合会日前联合下发《关于做好政府购买残疾人服务试点工作的意见》，对推动政府购买残疾人服务工作做出部署。根据实际情况，创新残疾人服务供给机制和

---

① 《政府出资"买入"社工服务 助力残疾人婚恋》，2015 年 3 月 25 日，社工中国，http：//practice. swchina. org/socialwork/cjr/2015/0325/21187. shtml。

方式，提升残疾人服务的社会化、专业化、市场化水平，提高政府投入残疾人服务资金的使用效益，促进残疾人公共服务资源的优化配置，为广大残疾人提供优质高效的基本公共服务。[①]

3. 社区服务相关政策

困难残疾人及其家庭兜底保障政策中，对"提升社区综合服务能力"的政策要求是搭建残疾人社会支持网络的重要环节。在残疾人工作的第一个五年工作纲要中提出，街道、乡镇、企事业单位要把基层残疾人工作搞实、搞活，因地制宜地开展残疾预防与残疾人康复、教育、劳动就业、文化体育、福利投资、社会服务等工作，逐步形成与我国社会结构相适应，体现中华民族互助互济美德的良好社区环境和基层社会保障网络[②]。社区康复"十一五"实施方案较详细地提出了社区服务工作方法。在残疾人事业"十二五"发展纲要中，强调要整合社区机构资源，发挥街道社区卫生服务中心、社区卫生服务站、乡镇卫生院、计划生育技术服务机构、社区康复站、学校、幼儿园、辅助器具服务社、社会福利机构的作用，开展残疾预防、保健和健康教育等宣传活动，为社区内各类残疾人提供有效康复服务。这些政策从社区综合服务内容、资源整合渠道，从预防到康复医疗都有比较一致的发展和扩充。

在最近的《"十三五"加快残疾人小康进程规划纲要》中，对社会救助层面进行详细规定，要保证困难残疾人士的基本生活。一方面在残疾人基本生活开支上给予补贴，另一方面在残疾人托养服务方面也重视社区和家庭的联动。通过建立健全以家庭为基础、社区为依托、机构为支撑的残疾人托养服务体系，实现与儿童、老年人护理照

---

① 《财政部民政部住房和城乡建设部人力资源社会保障部国家卫生和计划生育委员会中国残疾人联合会关于做好政府购买残疾人服务试点工作的意见》， （http://www. mof. gov. cn/zhengwuxinxi/caizhengwengao/wg2014/201408wg/201503/t20150327 _ 1208386. html）。

② 中国残疾人联合会：《中国残疾人事业五年工作纲要》，2007 年 11 月 14 日，残疾人事业发展规划（http://www. cdpf. org. cn/ghjh/syfzgh/wnjh/200711/t20071114 _ 78035. shtml）。

料服务体系的衔接和资源共享。逐步提高残疾人托养服务能力，扩大受益面，通过开展综合性社区康复服务，采取机构指导与社区、家庭康复相结合的方式，以加强残疾人功能恢复、促进残疾人适应社会生活、提高生活质量为目标，针对残疾人不同康复需求提供综合性康复服务。"十三五"期间，随着我国经济社会不断发展，对残疾人的社区服务政策在内容、资源整合力度、体系构建方面都有了更清晰的规划。

总的来说，关于困难残疾人及其家庭的社会支持政策体现于各项一般性的残疾人保障政策中，明确的社会支持政策体系框架并不明朗但具体操作性内容已不断充实。在社会保障和社会救助方面，通过两项补贴重点强调对于困难残疾人及其家庭的兜底经济支持。政府购买服务成为支持残疾人及其家庭的重要社会服务内容，关于家庭支持的政策偏薄弱，虽然已经有政策强调家庭支持对残疾人生活的重要性，但是在政策制定方面对家庭的支持策略不够明显。在社区服务的相关政策支持方面，随着社会的发展，近几年的社区服务规划除了纲领性要求之外，具体内容更加详细，更具可操作性。

二 被调查困难残疾人及家庭社会支持状况

本节主要是对困难残疾人及其家庭的社会交往、照料服务、社区服务和环境支持四个方面选取城乡对比分析。总的来看，家庭为残疾人提供了最基本的支持，单一照护者为主要照料方式，农村基础社区服务相对匮乏和分散，环境支持有待加强。

（一）社会支持状况分析

1. 困难残疾人社会支持量表分析

家庭为残疾人提供了最基本的支持，包括经济保障、服务保障、情感慰藉等。本次调查一共获取 2519 个调查样本，其中城市被访者有 1515 户，农村被访者有 1004 户。在本次城乡困难残疾人家庭调查中，关于来自亲人和朋友的接触和支持，被访者的回答频率趋于一致，即他们更倾向接触和求助亲人，其次是朋友，符合差序格局语境下的中国残疾人被照料的现状。

残疾人群体对直系亲人的接触和依赖性更大，但其他密切联系的朋友、邻里、同事等也是重要的支持力量。调查发现，整体来看，有86.7%的残疾人在一个月内至少与一位亲人见面交谈。具体来看，有38.3%的残疾人可以接触1—2位亲人，30.7%的残疾人在每月中能够与3—4位亲人接触，能够接触4位以上亲人的占被调查者的17.7%，有13.3%的残疾人最近一个月并无接触亲人。从中可以看出残疾人群体在日常生活中与亲友保持着较好的联系和沟通。在一个月内接触和交谈的朋友回答中，有55.7%的被访者在一个月内没有与朋友接触交流的机会，能够与1—2位朋友交流的人数比例有17.2%，有14.2%的人能够与3—4位朋友交谈，能够与4位以上朋友交谈的人数有13%。这可能是由于该群体更多的是接触自己的亲人，非血缘的朋友关系构建和维系难度更大一些。分城乡来看，被调查困难残疾人中，在亲人和朋友的接触方面城乡比例趋于一致（见表6-1）。每个月没有与朋友见面交谈的城市残疾人有56.9%，农村残疾人有53.8%，被调查者与亲人接触和交流的频率更多，尤其是倾吐心事、寻求帮助的情况都是由亲人来完成，而与朋友见面交流的比例显著较少。这一方面反映了在差序格局的语境下，残疾人人际层面的社会支持中，有内外的社会关系网络，家庭成员内部支持属于初级人际关系，外围的朋友、邻居的交往是次级关系。另一方面，受躯体残缺的影响、残疾人的非正式支持网络，几乎完全依赖于亲属的支持。

表6-1 城乡困难残疾人最少每月见面或交谈一次的亲人和朋友

		没有	1位	2位	3—4位	4位以上	合计
城市	户数	191	234	368	466	256	1515
	见亲人比例（%）	12.6	15.4	24.3	30.8	16.9	100
	户数	862	103	164	212	174	1515
	见朋友比例（%）	56.9	16.8	0.8	14.0	11.5	100

		没有	1 位	2 位	3—4 位	4 位以上	合计
农村	户数	143	160	199	308	191	1004
	见亲人比例（%）	14.2	16.1	19.9	30.7	19.0	100
	户数	540	62	102	145	153	1004
	见朋友比例（%）	53.8	6.4	10.2	14.4	15.2	100

　　城乡困难残疾人在家庭内的抉择方面有一致性，表现为既有一定的独立性，也有一部分人缺乏相应的支持。在残疾人独立性和参与家庭活动中，城乡困难残疾人被访者比例趋于一致。有 50.1% 被访者表示在重要决定时从不或很少与人商量，其中城市残疾人和农村残疾人在各自样本中比例趋同，均在 50% 左右。同时有 43.7% 的被访者表示多次或者每次都与人商量，其中城市残疾人被访者在城乡样本中占 43%，农村被访者在农村样本中占 42.9%。残疾人居中的样本比例为 6.9%，其中城市残疾人比例为 7.2%，农村残疾人被访问者比例为 6.5%。由此可见在自己做决定时，能够获得亲友支持的残疾人和未获得支持的残疾人数基本持平，也就是残疾人在家庭中的地位和抉择权利在城乡家庭中表现是一致的。

　　有很大一部分残疾人未获得充分的参与家庭成员的抉择。在别人需要做决定时与残疾人商量的频次选项中，调查中有 69% 的残疾人很少或从未得到别人的意见咨询，其中城市被访者有 70.2%，农村被访者有 67.4%。回答好多次及每次参与家庭成员抉择的困难残疾人被访者占 17.4%，分城乡来看，其中城市被访者参与别人的商量频率为 16.3%，农村被访者为 10%。商量频次居中的总体比例在 13.5%，分城乡来看的话，其中来自城市的残疾人比重在 13.5%，来自农村的残疾人也是 13.5%。城市样本比重近乎一致，相比起城市困难残疾人被访者而言，农村被访者参与他人商讨事务的比例略高一点。原因大概是很多农村残疾人也尽可能参与家庭生产劳动，因此在参与抉择方面相对来说有更多的参与机会。

总的来说,在家庭支持方面城乡困难残疾人的调查现状趋于一致,未有明显的地区差异,与亲友的接触和交流需求基本被满足,但是在更进一步充分参与家庭和亲友的生活层面,残疾人的需求要进一步测评和满足。参与到家庭决策是残疾人群体获得自我价值感的重要途径,在鼓励残疾人社会参与和完善社会支持与协助的过程中,应该注重保持残疾人的独立性和能动性。

2. 困难残疾人照料服务状况分析

城乡困难残疾人照料服务中,主要是由单个照料者提供服务。在城乡困难残疾人照料服务需求中,需要长期照料的被访者为1362人,人数为总样本的54.1%,超过一半。其中城市被访者中需要照料者占比为55.1%,农村需要照料者为52.5%,城乡困难残疾人需要长期照料的比例超过一半(见表6-2)。照料人数数据分析显示,接受一人照料的被访者占比为56.7%,受两人照料的占比为27.4%,三人以上照料者的占比为6.8%。因此在不同程度的需要照料的残疾人中,单个照护者是更普遍的现象,同时也容易承受更多的照护压力,因此存在对喘息服务的更高需求。

表6-2 城乡困难残疾人需要长期照料人数

		需要	不需要	合计
城市	户数	835	680	1515
	比例(%)	55.1	44.9	100
农村	户数	527	477	1004
	比例(%)	52.5	47.5	100
合计		1362	1157	2519

(1)城市困难残疾人照料状况分析

残疾人照料服务的压力主要集中于配偶和父母身上。在被调查的残疾人中,需要接受照料的城市残疾人户数为835户,在照料服务的多项选择中,调查发现:其中照料服务来自于配偶和父母频次最多

（见图 6-1），分别为 38.8% 和 44.0%。受到子女和孙辈照料的比重为 20.4%，其他亲戚的照顾比例占 10.4%。在城市困难残疾人家庭中，接受保姆或者小时工照料的比例极小，仅有 0.2%。由数据可以得出，残疾人的照料者主要来自于直系亲属。在照料残疾人过程中，照料者的年龄越大，困难也会增大。而且，照顾残疾家庭成员可能导致照料者失去参与经济活动的机会。在残疾人事业发展中，在社区提供日间托养或者提供喘息服务可以帮助残疾人的配偶和父母获得较为有效的支持。在支持非正式照顾的政策中，也需要将帮助减轻照护者的经济压力纳入政策框架。

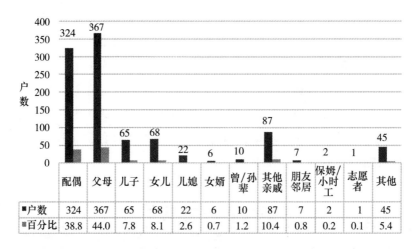

	配偶	父母	儿子	女儿	儿媳	女婿	曾/孙辈	其他亲戚	朋友邻居	保姆/小时工	志愿者	其他
■户数	324	367	65	68	22	6	10	87	7	2	1	45
▨百分比	38.8	44.0	7.8	8.1	2.6	0.7	1.2	10.4	0.8	0.2	0.1	5.4

图 6-1 城市困难残疾人家庭照料服务提供者分布（N=835）

（2）农村困难残疾人照料状况分析

农村残疾人照顾的主要承担者与城市一致，同样是直系亲属，尤其是配偶和父母。被访者中需要接受照料的农村困难残疾人家庭为 527 户。其中接受配偶照料的户数占比 50.7%，超过需要照料服务户数的一半。受父母照料的户数占比为 23.9%，受子孙辈照顾的比例为 27.0%，其他亲属照料比例 9.7%。邻居朋友和志愿者照料都属于个例。在农村中，配偶的照料比例超过了一半，是残疾人群体家庭照料的主力。（见图 6-2）。

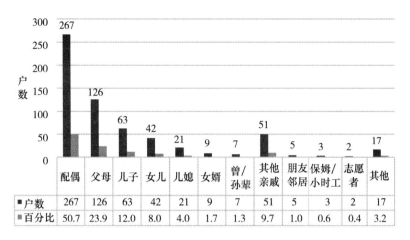

	配偶	父母	儿子	女儿	儿媳	女婿	曾/孙辈	其他亲戚	朋友邻居	保姆/小时工	志愿者	其他
户数	267	126	63	42	21	9	7	51	5	3	2	17
百分比	50.7	23.9	12.0	8.0	4.0	1.7	1.3	9.7	1.0	0.6	0.4	3.2

图6-2　农村困难残疾人家庭照料服务提供者分布（N=527）

农村残疾人家庭的社会支持中，社区服务支持和社会组织的支持有必要加强。随着社会结构的变迁，残疾人家庭户规模出现多样化趋势。农村城镇化迁徙和大量的外出务工人口对残疾人的家庭支持带来一定冲击，残疾人依赖的支持平台在一定程度上被削弱。

总的来说，城乡困难残疾人家庭中，承担照料残疾人的责任依次以配偶、父母和子孙辈和封闭睦系亲属为主。这一方面反映了残疾人社会支持系统中家庭结构的重要影响，另一方面也反映了残疾人的照料压力主要积压在家庭内部，特别是配偶身上。在政策设计中需要将这一现象纳入考虑。

3. 照顾者状况分析

城乡困难残疾人家庭中，多数照顾者的经济地位薄弱，分析其原因是来自于照顾残疾人家庭成员导致其他家庭成员无暇参与生产性劳作活动，因此陷入贫困的风险加大。通过调查发现，在城乡困难残疾人被访者的主要照料者中，有30.6%的照顾者职业属性是城乡失业者、半失业者或从未就业；有26.8%的照顾者是从事农业劳动的人员，还有18.1%的照顾者是从事临时工等其他职业。由此可以看出在照顾者中大部分人员没有工作或者从事不稳定的工作。由于残疾等级不同，所对照料的依赖程度也不同，主要照顾者投入的时间精力有差异。但总的来说，作为照顾者，往往会因为照料责任而影响自身生产性劳作和工作的机会。

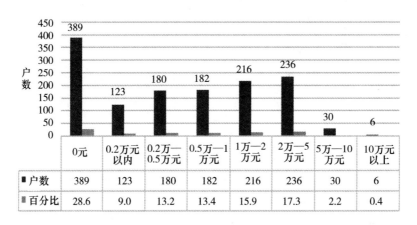

	0元	0.2万元以内	0.2万—0.5万元	0.5万—1万元	1万—2万元	2万—5万元	5万—10万元	10万元以上
■ 户数	389	123	180	182	216	236	30	6
■ 百分比	28.6	9.0	13.2	13.4	15.9	17.3	2.2	0.4

图 6-3　第一照顾者年收入分布（N=1362）

调查发现，城乡困难残疾人照料者的平均年收入为 11678 元，中位数是 5000 元，没有收入或者年收入低于 2000 元人民币的照顾者占比近 40%。城乡困难残疾人家庭照料者之间存在较大的收入差距，农村的照料者处于收入低水平。在城市家庭中，主要照料者的平均年收入为 14574 元，中位数是 10000 元，与此同时在农村困难残疾人被调查家庭中，照料者的平均年收入是 7090 元，中位数是 3000 元。因为我国城市和农村经济发展程度、生产生活方式存在较大差异，城市居民更容易获得正式稳定的职业，而农村多以务农或者其他农副业为主要经济生产来源，经济收入相对较低。这一点在残疾人家庭中分化程度更大，农村困难残疾人家庭更容易陷入经济的弱势地位。

4. 残疾人与照顾者冲突及解决情况

残疾人与照顾者之间发生矛盾冲突是生活中必然遇到的事情，涉及残疾人身体和社交的受限，因此，与照料者发生冲突的化解方式需要相关的社会支持来调节和优化。在被调查的有长期照料需求的城乡困难残疾人家庭中，超过 36.8% 的家庭有过残疾人与照顾者发生冲突的情况，其中城市家庭有38.1%，农村被调查家庭有34.7%（见表6-3）。在长期照顾中，因为来自躯体障碍、心理压力、经济压力等多方面的原因，照顾者与被照顾者难免会发生冲突，照顾者面对冲突的态度和化解冲突对残疾人群体心理健康和情感支持有重要影响，同时也反映了照顾者和被照顾者日常相处方式和技巧需要必要的社会支持。

表6-3　　　　**城乡困难残疾人与照顾者冲突情况（N=1362）**

		否	是	合计
城市	户数	517	318	835
	比例（%）	61.9	38.1	100
农村	户数	344	183	527
	比例（%）	65.3	34.7	100
合计	户数	861	501	1362
	比例（%）	63.2	36.8	100

在化解矛盾冲突方面，大部分被访者倾向于自我消解。在城市困难残疾人家庭中，有21.3%的被访者面对冲突时选择"自己委屈忍着"，有5.4%的人选择亲属调解，还有10.6%的被访者没有想过如何处理或者选择其他方式。同样的情况下，在农村困难残疾人家庭中，有19.2%的被访者选择"自己委屈忍着"，寻找亲属调解的有3.8%，通过其他方法或者未想过的人有11.6%。由此可见，在面对冲突时，被访者更倾向于选择自我消解的方式，这一方式容易带来矛盾和问题的积累，对于照顾者和被照顾者的情感建设并不起积极作用。

总的来说，在家庭支持方面，因为对家庭的照料依赖，使得困难残疾人群体的照料者需要来自更适当的家庭的情感慰藉和心理支持。与此同时还要做好活动与保持残疾人独立性的平衡。对于家庭成员，应该积极调动残疾人的能动性，不能将其视为"无能者"，在家庭决策和可以承担的家庭任务中，要有意识引导残疾人参与。社区邻里、社会以及国家政策需要考虑对残疾人家庭提供情感疏导服务，比如引进社工服务介入指导残疾人及其照料者的活动。

（二）社区支持状况分析

1. 困难残疾人社区服务利用状况分析

残疾群体在社区中可获得服务普遍缺乏。在困难残疾人家庭调查中，在一年内接受社区或者村级单位提供残疾人服务的仅有 338 户，占所有被调查者户数 13.4%。在城乡困难残疾人被访者中，享受过社区康复服务的家庭共有 105 户，在总体中占 54.2%。接受教育文化服务的家庭有 74 户，在总调查样本中占 2.9%；接受职业技能培训的有 59 户，占 2.3%；接受生产生活服务的有 86 户，占比 3.4%；接受知识普及的有 105 户，与康复服务比例一致，同为 4.2%；接受其他形式服务的有 99 户，占比 3.9%。

总的来说，调查所列举的社区服务都有残疾人家庭接触过，但是比例非常低。低比例的原因既有残疾人士因为躯体障碍难以有效利用社区服务，也有服务种类不适合，同时也有很大一部分源于目前城乡困难残疾人家庭生活的社区所能提供的公共服务有限，而针对残疾人的康复或者其他特殊服务则更匮乏。

（1）城市困难残疾人服务利用状况

城市困难残疾人家庭接受社区服务的比例偏低，接受服务种类分散。在 1515 户城市困难残疾人被访者中，有 231 户家庭接受过社区服务，占城市被访家庭数 15.2%。在接受服务的家庭中，有 105 户家庭接受了康复服务，占城市被访者 6.9%；有 72 户家庭接受教育文化服务，占比为 4.8%；有 57 户家庭接受职业技能培训服务，占比在 3.8% 左右；有 93 户家庭接受生产生活服务，占比 6.1%；分别有 7.6% 和 10.8% 的家庭接受知识普及和其他服务。

（2）农村困难残疾人服务利用状况

农村社区服务种类零散且覆盖率低，困难残疾人家庭接受社区服务的比例低。在 1004 户农村困难残疾人被访家庭中，有 107 户家庭接受过社区服务，占农村被访家庭数 11%。在接受服务的家庭中，有

76 户家庭接受教育文化服务、职业技能培训服务的比例分别为7.6%、2.5%；接受生产生活服务的农村困难残疾人家庭有5.8%，另有3.4%和5.3%的家庭接受知识普及和其他服务。受发展的影响更加薄弱，困难家庭享受到的服务非常零散和匮乏。

总的来说，在政策制定中发展残疾人事业有效帮助残疾人士获得更全面的康复和知识技能服务，需要基础公共服务设施网络和服务的完善和相配套，在助残政策的制定中，要倡导多部门一同推动。在社区服务上不仅要明确服务提供的责任主体，对资金支持渠道、相关保障措施也要进一步明确。

2. 社区服务供给状况分析

农村和城市的社区服务可及性差别明显。整体来看在被调查者所在的社区中，附近可获得的医疗卫生机构主要以药店、诊所和社区卫生服务中心为主。包括医院、乡镇卫生院、老年保健中心在内的医疗卫生机构都有分布。但是城乡社区相比较，机构数量分布差异较大（见表6-4）。社区中，城市的医疗卫生在所有调查的机构占了总调查的机构数量的绝大部分。尤其是医院、老年保健中心两类服务机构，超过80%都分布在城市社区中，在居民日常生活所需的服务机构中，如诊所、乡镇卫生院、社区服务中心/站、药店等在城市社区中的比例都远超农村社区。

表6-4　　　　　被调查城乡社区附近医疗卫生机构数量分布

		医院	诊所	社区卫生服务中心/站	乡镇卫生院	老年保健中心	药店	无服务机构
城市	户数	911	1127	984	445	355	1206	52
	比例（%）	81.7	65.9	77.1	60.3	80.3	72.1	20.9
农村	户数	204	584	400	293	87	466	197
	比例（%）	10.3	34.1	28.9	39.7	19.7	27.9	79.1
合计	户数	1115	1711	1384	738	442	1672	249
	比例（%）	100.0	100.0	100.0	100.0	100.0	100.0	100.0

农村社区基本的医疗卫生康复设施基础薄弱，医疗卫生康复机构的覆盖率亟待提高。一方面，诊所、药店、卫生院等基础医疗服务机构不足；另一方面社区服务中老年保健中心、医院等具有综合服务功能的机构十分匮乏。而且有197户农村被访者，占农村被访者19.6%的困难残疾人家庭所在社区没有任何服务机构。这反映出困难残疾人及其家庭不仅在个人和家庭层面有困难，所在社区本身也是资源匮乏的社区。在接下来的政策落实中，要加强对农村地区的医疗卫生机构的支持力度，协调各部门共同帮助困难残疾人及所在社区搭建支持网络。

（三）社会参与状况分析

1. 困难残疾人社会参与状况分析

困难残疾人自评社会参与度普遍较低。在社会参与自我评价量表中，2519户被访者有40.8%表示可以轻松与人相处；有30.1%的被访者表示能轻松做已计划的活动；对于自己发起活动有24.6%的残疾人表示可以轻松做到；建立目标和追求生活参与的人数，分别占有25.1%和23.9%；接受集体活动邀请的比例相对最低，占所有调查者的23.3%（见表6-5）。

表6-5　　　　　　　　　城乡困难残疾人社会参与情况

		轻松与人相处	已计划的活动	自己发起的活动	建立目标	追求生活参与	接受集体活动邀请
城市（N=1515）	户数	602	454	359	371	356	359
	百分比	39.7	30.0	23.7	24.5	23.5	23.7
农村（N=1004）	户数	426	203	261	262	246	229
	百分比	42.4	20.2	26.0	26.1	24.5	22.8
合计（N=2519）	户数	1028	757	620	633	602	588
	百分比	40.8	30.1	24.6	25.1	23.9	23.3

由此可以看出，在残疾人群体中整体的社会参与水平较低。这其中一方面受自身躯体损伤的影响，使得残疾人与外界的相处和互动受

限；另一方面，困难残疾人因为经济上的困境，居家时间太长，都会导致难以进行良好的社会参与；同时由于所在社区中，社会参与的途径和方式匮乏、单一，都会影响困难残疾人的社会参与状况。

2. 城市和农村困难残疾人社会参与状况

城市困难残疾人社会参与的各项水平与城乡平均水平基本保持一致。在被调查的 1515 户城市困难残疾人家庭中，有接近 40% 表示可以轻松与人相处；有 30.0% 的被访者表示能轻松做已计划的活动；对于自己发起活动有 23.7% 的残疾人表示可以轻松做到；对于建立目标和追求生活参与的人数，分别占有 24.5% 和 23.5%；接受集体活动邀请的比例占所有调查者的 23.7%。

在被调查的 1004 户农村困难残疾人家庭中，42.4% 表示可以轻松与人相处；能够轻松完成已计划的活动的人数相对较少，占 20.2%；对于自己发起活动有 26.0% 的残疾人表示可以轻松做到；对于建立目标和追求生活参与的人数，分别占有 26.1% 和 24.5%；接受集体活动邀请的比例占所有调查者的 22.8%。

总的来说，城乡困难残疾人的社会参与率处于较低水平，残疾人缺乏主动参与的积极性、可及的参与途径以及适当的活动平台。残疾的类型和程度对社会参与有较大影响，比如精神障碍、视力障碍的残疾人士，活动参与受限较大。这提示我们在家庭和社区的支持网络构建中，一是从法律法规方面规范残疾人参与社会的平台、服务组织和活动类型，给予困难残疾人群体更多合适的活动设计和人文关爱；也要积极为困难残疾人所在的社区提供舆论宣传支持，引导大众尊重、帮助困难残疾人参与和融入社会生活。

（四）环境支持状况分析

1. 设施建设状况分析

（1）住所生活设施状况

在城乡困难残疾人家庭中，总体而言基础生活设施并不完善。分类来看，自来水建设相对完善，覆盖了 89.4% 的被访家庭；大部分家庭有独立厨房，占被访者的 75.1%；独立卫生间覆盖率相对较低，总体来看有 65.8%；而独立的洗浴设施的覆盖率最低，仅有 47.2%。通过表 6-6 可以看出，城乡困难家庭卫浴设施普遍不完善。

表 6-6 城乡困难残疾人拥有家庭设施状况

		独立洗浴设施	是否有自来水	独立卫生间	独立厨房
城市	户数	810	1421	1149	1237
（N=1515）	百分比（%）	53.5	93.8	75.8	81.7
农村	户数	379	832	509	655
（N=1004）	百分比（%）	37.7	82.9	50.7	65.2
合计	户数	1189	2253	1658	1892
（N=2519）	百分比（%）	47.2	89.4	65.8	75.1

分城乡来看，在城市困难残疾人家庭中，自来水的供应基本得到覆盖，独立的厨房设置也达到 81.7%；独立卫生间覆盖率相对低一些，有 75.8%，不完善的是独立洗浴设施，仅为 53.5%。在城市助残服务中，帮助残疾人及其家庭改善卫浴条件是十分需要的设施建设，或者提供社区淋浴服务，缓解残疾人及其家庭的洗澡难状况。

农村的基础设施普遍较差，调查数据显示独立洗浴设施覆盖面仅为 37.7%，独立卫生间覆盖率为 50.7%；厨房和自来水供应分别为 65.2% 和 82.9%。在农村助残事业中，要一并推进家庭所需的生活设施建设。

（2）社区居住状况

①社区拥挤状况

城乡困难残疾人家庭所在的社区拥挤程度一般（见表 6-7）。有 12.6% 被访者所在社区令人觉得拥挤，有 62.6% 的被访者认为社区处于一般拥挤水平，有 24.8% 的家庭所在社区被认为比较宽松。居住社区拥挤与否往往关系到住户的生活质量，因此在残疾人住房支持中，要关注所在社区的拥挤情况。与城市社区比较起来，农村家庭社区更为宽松一些。

表6-7　　　　　　　城乡困难残疾人家庭所在社区拥挤情况

		拥挤	一般	宽松	合计
城市	户数	231	954	330	1515
（N＝1515）	比例（%）	15.2	63.0	21.8	100.0
农村	户数	87	623	294	1004
（N＝1004）	比例（%）	8.7	62.1	29.3	100.0
合计	户数	318	1577	624	2519
（N＝2519）	比例（%）	12.6	62.6	24.8	100.0

②社区整洁状况

城乡困难残疾人家庭所在社区的整洁情况总体较好。被认为是一般及以上的比例较高，有94.0%的被访者认为自己居住的社区整洁情况是一般及以上，其中城市和农村社区的评价比例趋于一致。感受脏乱差的社区仅为6.0%（见表6-8）。

表6-8　　　　　　　城乡困难残疾人家庭所在社区整洁情况

		脏乱差	一般	整洁	合计
城市	户数	85	976	454	1515
（N＝1515）	百分比（%）	6.0	64.0	30.0	100.0
农村	户数	56	666	282	1004
（N＝1004）	百分比（%）	6.0	66.0	28.0	100.0
合计	户数	141	1642	736	2519
（N＝2519）	百分比（%）	6.0	65.0	29.0	100.0

由此表明，整体来说，困难残疾人及家庭的住所卫生整洁情况较为良好，基本的住所条件和环境设施能够满足困难残疾人及家庭最基本的生活需要，在接下来的困难残疾人政策制定和行动中应注重残疾人针对性的需求，同时也继续推动社区文明和谐建设。

（3）社区安全状况

总体来说，困难残疾人及家庭所在的社区安全状况良好，选择

一般及以上的被调查者占总人数的96.0%（见表6-9）。其中城市
困难残疾人及家庭所在社区有96.0%的被访者认为是一般及以上
的安全；农村社区的困难残疾人被访者认为所在社区一般及以上安
全的人数占比为95.0%，同时也可以看到有4.0%的被访者认为所
在的社区不安全。这反映了整体上我国社区治安良好，但仍然有极
小部分的困难残疾人及家庭所生活的社区存在安全隐患。

表6-9　　　　　城乡困难残疾人家庭所在社区安全情况

		不安全	一般	安全	合计
城市	户数	56	717	742	1515
（N=1515）	百分比（%）	4.0	47.0	49.0	100.0
农村	户数	52	489	463	1004
（N=1004）	百分比（%）	5.0	49.0	46.0	100.0
合计	户数	108	1206	1205	2519
（N=2519）	百分比（%）	4.0	48.0	48.0	100.0

2. 社会环境状况分析

在残疾人环境支持中，社会环境对该群体的健康和发展有重要影
响。城乡困难残疾人面临的社会环境相对友好。68.2%的城乡被调查
者没有感到羞辱等社会排斥，在城市和农村的调查数据中，有69.2%
的城市困难残疾人和66.6%的农村困难残疾人选择从来没有感到羞
辱。但也有一定比例的困难残疾人在社会互动中感到受排斥。

随着社会更加多元和包容，人们对残疾的认识越来越深入，对待
困难残疾群体也更加富有关爱和尊重精神。但也不应忽略仍有一定的
歧视风气存在。残疾是人类生命存在的一种形式，社会氛围的尊重和
接纳有利于残疾人士的正常生活和独立、发展。在政策制定和落实
中，应该继续加强宣传，发扬中华民族的优秀传统文化，在社会上为
困难残疾人创造关爱、平等和支持的舆论风气，促进社会支持网络的
构建。

（五）调查启示

一是困难残疾人及其家庭对于直系亲属交往密切，生活照料主要依赖家庭内部的支持。因此来自于家庭内部非正式支持是困难残疾人这一群体社会支持的核心力量。同时近直亲属承担更重的照料负担。

二是困难残疾人在家庭的决策参与和社会参与均有不足，注重发挥残疾人的主动性独立性，有利于增强残疾人群体的自我效能和家庭参与感，以及促进该群体的社会参与。

三是社区服务在农村相对匮乏，要通过完善相应的服务机构来搭建对困难残疾人的支持网络，扩大对困难残疾人的服务覆盖面，充分发挥社区支持力量作用。

四是在社会层面给予困难残疾人及家庭重组的关爱，社会公众对于残疾的意识和认知影响该群体的自我价值感和自我认同，要继续扩大宣传，提高对残疾人群体的关注和重视程度。促进公众对该群体的关注、尊重和支持，为促进困难残疾人融入社会提供引导。

第二节　社会支持政策及服务系统分析

一　家庭支持政策分析

（一）政策成效

困难残疾人的家庭成员及其近直系亲属是该群体主要的社会支持来源。重视家庭层面的支持网络建设，一直在残疾人事业发展的政策中得到关注和体现。早在《中国残疾人事业"九五"计划纲要（1996—2000）》中，强调残疾人康复尽可能在自然社区和家庭环境中进行。居家康复是困难残疾人普遍的选择途径，同时也需要考虑到，正是经济上的受阻，一些需要在机构接受托养和康复的残疾人没能够得到相应服务，并且为家庭带来更重的照料负担。在《中国残疾人事业"十五"计划纲要（2001—2005）》中，强调残疾人事业，帮助残疾人康复、就学和就业，创造残疾人平等参与社会生活的条件，这些在客观层面为残疾人及其家庭提供了有力的社会支持。

社会保障体系的不断完善推动困难残疾人及其家庭重要社会支持政策发展。特别是对于困难残疾人及家庭来说，国家的社会保障政策为其生活兜底起到了重要作用。在《中国残疾人事业"十一五"发展纲要（2006—2010）》中，切实将残疾人纳入社会保障体系。加强监督检查，确保城镇残疾职工参加基本养老、基本医疗和失业、工伤、生育保险。落实和完善城镇贫困残疾人个体工商户参加基本养老保险补贴制度，鼓励并组织个体就业残疾人参加社会保险。帮助农村贫困残疾人参加新型农村合作医疗，并按规定给予医疗救助。按规定执行城乡居民最低生活保障政策，及时向符合条件的残疾人家庭提供最低生活保障；帮助农村贫困残疾人参加农村社会养老保险。对不适合参加劳动、无法定扶养义务人或法定扶养义务人无扶养能力、无生活来源的重度残疾人，按照规定予以供养、救济。有条件的地区，可按分类救助原则，适当提高重度残疾、一户多残等贫困残疾人家庭的生活保障水平。加强对残疾人各项救助的制度衔接，将符合条件的低收入残疾人纳入教育、住房等专项救助范围。这些政策给困难残疾人的基本生活保障提供了重要支持，是正式社会支持网络的基础组成部分。

临时救助政策的不断完善成为困难残疾人及其家庭兜底保障政策的扶危救济性的政策支持。在《中国残疾人事业"十二五"发展纲要（2011—2015）》中，确保残疾人因病、因灾等突发性特殊原因造成生产生活困难，及时得到相应的医疗救助、临时救助以及其他各种形式的救助。有条件的地区建立贫困残疾人就医、就学、住房和基本生活等专项救助。落实国家保障性住房政策，将符合条件的城乡低收入残疾人家庭优先纳入保障性安居工程实施范围。但临时救助政策主要适用于突发的情境，对于阶段性的帮助和过渡期的救济有重要作用，但是对有长期困难的残疾人及家庭的支持网络构建作用有限。

（二）政策分析

从残疾人事业发展政策来看，对于困难残疾人及家庭的社会支持政策有以下特征：

一是托底性民生保障政策不断提高，水平、力度持续加大。第一个残疾人规划纲要实施的五年来，促使政府和社会对残疾人及其家庭的重视；随后的每五年的规划纲要中，进一步推动残疾人家庭的脱贫工作，一些地区开始设立专项补助款，切实保障特困残疾人和家庭的基本生活需求。各项业务全面拓展，多项预防措施逐步得到落实，减少了残疾的发生。地方各级党委、政府和公共服务机构更加重视改善残疾人生活，积极为残疾人服务，不断为残疾人创造"平等·参与·共享"的条件。多种形式的助残活动改善了社会环境；不断实施残疾人危房改造工程，改善贫困残疾人家庭居住条件。

二是通过政府购买服务政策开拓支持困难残疾人及其家庭的新渠道。各省市设立的政府购买服务试点项目中，包含多种残疾人服务项目，建立健全以家庭为基础、社区为依托、机构为支撑的残疾人托养服务体系，广泛构建社会支持网络。未来的政策走向是继续深化对残疾人尤其是困难残疾人及其家庭的帮扶，聚合多元力量参与其中，尤其是用专业化的队伍为残疾人及其家庭开展物质、情感慰藉等的指导和支持，从物质和精神方面为困难残疾人及其家庭搭建社会支持网络。

（三）政策建议

一是要优化配置残疾人家庭资源，为近亲属"就近照料"提供政策支持。

二是指导构建可及的社区综合服务尤其是提供日间托养喘息服务等。改善目前困难残疾人的照料主要由配偶、父母承担所面临的压力情况。构建对困难残疾人照顾者的支持体系，可以缓解残疾人家庭的困难，能够更好促进困难残疾人及家庭的改善和发展。

三是指导整个家庭、社区的多元支持力量，加强专业化的家庭干预支持。借助政府购买服务的政策，强化引导社会工作介入困难残疾人及家庭服务中。搭建健全的正式和非正式支持相结合的社会支持网络。

二　社区支持政策分析

（一）政策成效

一是社区基础服务能力改善提高。从第一个五年计划以来，社区康复逐步展开。残疾人社区康复纳入城乡基层卫生服务范围，依托社区卫生服务中心（站）和乡镇卫生院、村卫生室开展残疾人康复工作，形成基本的社区服务网。以社区和家庭为重点，为残疾人提供康复服务。促进残疾人参与社会生活，社区助残志愿者队伍不断扩大，很多地方城市道路、建筑物和信息无障碍建设全面推进，为残疾人走出家门、共享社会物质文化成果和公共服务提供了便利，拓展了空间。但调查显示困难残疾人家庭对于康复服务的使用程度比较低。

二是社区综合服务功能不断扩展。社区是残疾人在地康复和发展的重要场所。残疾人社区支持要加强社区服务组织与基层管理部门的联系。要使得残疾人能够在社区中生活，得到一系列的支持服务，包括日间照料、看护。在残疾人事业发展规划中，逐年强调增强社区的综合服务功能，不断为残疾人创造"平等·参与·共享"的条件。全国县级以上普遍建立健全了残疾人组织，乡镇（街道）以下基层残疾人组织建设取得明显成绩，残疾人工作者队伍素质明显提高。街道、乡镇残联协调有关单位，统筹考虑残疾人的康复需求和康复资源，因地制宜开展残疾人社区康复工作。这些工作促进了残疾人服务的深入，但是缺乏针对性的对困难残疾人及家庭的政策指导，社区服务的可及性有待加强。

三是城乡社区服务设施和服务能力有较大差异。城乡经济发展和基础设施的历史性差异，也导致不同区域的困难残疾人及其家庭可获得服务种类和服务质量有较大的差异。

（二）政策分析

一是整合社区资源，提高社区综合性服务能力。要构建为残疾人提供就近就便的社区服务，不断发挥街道社区卫生服务中心、社区卫生服务站、乡镇卫生院、计划生育技术服务机构、社区康复站、学校、幼儿园、辅助器具服务社、社会福利机构等的作用，健全全面的预防服务网络，开展残疾预防、保健和健康教育等宣传活动，为社区内各类残疾人提供有效康复服务。

二是开发社区人力资源，为社区照料和托养服务拓展支持力量。

将社区专业人员同残疾人亲友、社区志愿者等人员一起共同开展社区残疾人筛查，建立康复服务档案，实施康复训练计划，完善残疾人服务管理的个性化、均等化。不断建立健全社会化的社区康复服务体系，因地制宜开展与当地经济社会发展相适应的社区康复工作，不断整合链接资源。

三是借助社会组织，将助残服务与公众服务相融合。形成康复、托养、综合服务等多位一体的社区服务网络。强调社区专业人才培养，深化与社会组织的合作。有条件的区县开展残疾人多年龄层次的康复及成年残疾人日间照料、生活能力训练、职业康复等社区服务。

（三）政策建议

一是应以促进困难残疾人适应社会生活、提高生活质量为目标，要提供充足的资金和人力资源来保证社区服务模式完善。

二是政策制定可以考虑一系列的财政措施，包括将服务外包给私立的服务提供者，提供税收激励以及为困难残疾人及家庭直接购买服务制定预算，促进社区服务的发展。

三是推动促进乡镇（街道）、村（社区）服务能力，要积极创造条件开展困难残疾人日间照料和居家服务；为困难残疾人家庭及个人提供家居环境无障碍改造以及各种类型的残疾人文化、体育服务和活动。

三 社会参与支持政策分析

（一）政策成效

困难残疾人及其家庭的社会参与度受到多方面影响。从第一个五年计划开始，为残疾人服务、反映残疾人生活的读物和影视作品增多；残疾人活动场所增加，文化、体育、娱乐活动活跃，参与面扩大。公众对残疾人的观念发生了深刻变化，理解、尊重、关心、帮助残疾人的良好社会风尚进一步形成，人道主义在全社会得到进一步弘扬。扶残助残成为社会主义精神文明建设的重要内容。

困难残疾人及其家庭的社会参与，受到残疾类型、残疾程度的限制，同时也应该关注整个残疾人家庭状况。在倡导社会参与的同时，适合多样的残疾类别和残疾家庭需要的参与方法应该被推广，为困难残疾人家庭提供针对性的社会参与策略，提供相应匹配的参与活动类型、可及的参与渠道、有效的参与介入手段等。

（二）政策建议

促进残疾人参与社会，要不断普及预防和康复知识，营造良好的助残文化环境；从法律层面为促进困难残疾人及其家庭参与社会活动提供法治保障，形成良好的对待困难残疾人及家庭的氛围。

一是社会保障体系的建立和完善是实现社会参与支持的基础力量，社会政策的制定要进一步提升公众关于残疾的意识和认知，尤其是农村地区对于困难残疾人及家庭的尊重、理解和支持。

二是相关政策要致力于推动宣传，营造扶残助残、社会共融的良好氛围，同时促进公众对残疾的了解，对抗负面的观念并公平地对待残疾，有利于残疾人及其家庭的社会参与。

三是在制定和实施政策时，注重残疾人群体的参与。相关政策制定和实施要咨询残疾人并使得该群体积极参与进来。

四　环境支持政策分析

（一）政策成效

城市社区环境基础较好，农村基础生活设施有待完善。受经济发展影响，残疾人事业发展中，城市道路、建筑物和信息无障碍建设全面推进，为残疾人走出家门、共享社会物质文化成果和公共服务提供了便利。但是城乡发展差异大，尤其是农村困难残疾人及其家庭处于更加弱势的水平，所居住的社区基础设施薄弱，影响残疾人群体的康复，增加照料负担。

残疾人家庭无障碍改造工作与环境支持密切相关。推进居住建筑完善无障碍出入口，有条件地增加无障碍电梯等设施；强调各地可充分利用乡村养老机构、福利设施、医疗机构、农村集体闲置资源和闲置农房，通过政府补贴、购买服务、设置公益性岗位等综合措施，为他们提供集中养护或日间照料、邻里照护等服务，改善其基本公共服务状况和生活质量，释放家庭劳动力，照料看护等公益岗位向建档立卡的困难残疾人家庭人口倾斜。这些政策强调改善残疾人生活环境状况，整合资源，提升包括困难残疾人在内的资源利用率和生活便利度。

（二）政策建议

一是加强城乡公共基础设施建设，特别是农村基础设施。与生活密切相关的用水、厨房改造、厕所改造不仅是困难残疾人迫切需求的，广大不发达农村地区普遍存在这种设施匮乏现象。提高困难残疾人民生保障，不但是助残工作的推进，更要与乡村振兴、农村社区治理相结合配套，应对多种需求，谋求多方力量一齐推进。

二是借助社会组织的力量，制定针对性的方案，开展困难残疾人及其家庭相关的环境支持服务工作。借助专业的社会工作团队，联结资源，开展与社区环境、家庭环境需要相关的培训，优化困难残疾人及其家庭的社会交往环境，改善残疾人生活的社区环境。

第七章 困难残疾人及家庭
"就业"政策支持

2019 年 3 月 5 日，李克强总理代表国务院在十三届全国人大二次会议上作《政府工作报告》指出："就业优先政策要全面发力。就业是民生之本、财富之源。将就业优先政策置于宏观政策层面，旨在强化各方面重视就业、支持就业的导向。当前和今后一个时期，我国就业总量压力不减、结构性矛盾凸显，新的影响因素还在增加，必须把就业摆在更加突出位置。稳增长首要是为保就业。"就业优先的政策首次和财政政策、货币政策并列为宏观政策，突出了就业的重要战略地位。

就业是改善残疾人生活状况、推进残疾人小康进程的关键。对残疾人群体中的困难残疾人和困难残疾人家庭来说，针对其特点和需求，完善更加积极的就业政策、健全长效的帮扶机制、努力创造平等的就业机会则显得更为重要。2018 年"托底性民生保障政策支持系统建设"项目对残疾人就业状况进行了深入调查，重点聚焦于困难家庭残疾人的就业现状和就业需求，主要调查了残疾人个体和家庭的就业状况、接受就业服务状况。残疾人个体和家庭就业状况的主要调查变量包括残疾人是否仍然劳动或工作、是否正在找工作、找工作的途径、是否进行城镇失业登记、残疾前后从事的主要职业、配偶是否仍然劳动或工作、配偶的主要职业，残疾人接受就业服务状况主要调查变量包括就业服务需求、1 年内是否接受过职业技能培训。

本章系统地梳理了党的十八大以来困难家庭残疾人就业政策的发

展，从性别、城乡、残疾等级、年龄四个不同社会特征维度对困难家庭残疾人的就业状况进行分析，以期对残疾人就业状况进行全面、深入的解读。结合政策和调查数据，对困难家庭残疾人就业政策取得的成绩、存在的问题进行了分析，旨在为困难残疾人及其家庭就业政策的发展提供有针对性的建议。

第一节 就业政策及服务基本情况

一 政策背景

党的十八大报告提出，要"健全残疾人社会保障和服务体系，切实保障残疾人权益"。党的十八大以来，残疾人事业成为"四个全面"战略布局的重要内容，加快推进残疾人小康进程成为社会各界的责任，《国民经济和社会发展第十三个五年规划纲要》以专节的形式强调了发展残疾人事业的重点任务[①]。

2015 年是残疾人就业促进发展的重要节点。2015 年 1 月 20 日，国务院印发《国务院关于加快推进残疾人小康进程的意见》[②]，为全面实施这一意见，进一步保障和改善残疾人民生，帮助残疾人和全国人民共建共享全面小康社会，2016 年 8 月 3 日，国务院印发并实施了《"十三五"加快残疾人小康进程规划纲要》[③]，进一步细化了残疾人事业发展的工作任务、责任清单。据此，残疾人就业促进的重点工作任务包括：1. 各级党政机关、事业单位、国有企业带头招录（聘）和安置残疾人就业。研究建立用人单位按比例安排残疾人就业公示制度。2. 落实税收优惠政策，稳定发展残疾人集中就业。3. 建立一批残疾人创业孵化示范基地。鼓励残疾人利用网络就业创业。扶持残疾人社区就业、居家就业。4. 大力发展残疾人辅助性就业和多种形式就

---

① 中国残疾人联合会党组：《全面建成小康社会，残疾人一个也不能少——党的十八大以来残疾人事业的新发展》，《求是》2017 年第 42 期。

② 国务院，《国务院关于加快推进残疾人小康进程的意见》，国发〔2016〕47 号

③ 国务院，《"十三五"加快残疾人小康进程规划纲要》，国发〔2015〕7 号

业。发展残疾人支持性就业。扶持残疾人亲属就业创业，实现零就业残疾人家庭至少有一人就业。5. 实施残疾人职业技能提升计划。为就业困难残疾人提供就业援助和就业补助。推进高校残疾人毕业生就业见习、实习。

2016年10月，为做好"十三五"期间残疾人就业促进工作，根据国务院印发的《"十三五"加快残疾人小康进程规划纲要》，中国残联、国家发展改革委、民政部、人力资源社会保障部、国家卫生计生委、国家税务总局、国家中医药管理局联合制定了《残疾人就业促进"十三五"实施方案》，提出了"十三五"期间残疾人就业促进的三大任务目标：（一）为城镇100万残疾人免费提供职业技能培训，着力提高就业能力，实现城镇新增残疾人就业50万人。（二）面向中西部地区50万名农村贫困残疾人开展免费的实用技术培训，使具备劳动能力的残疾人掌握一技之长，参加生产劳动，实现就业增收。（三）加强残疾人就业服务。有就业创业需求和能力的城乡残疾人普遍获得职业介绍、职业指导等服务。实施方案对中西部地区的贫困残疾人在扶持项目和扶持资金上给予重点倾斜，提出"建立健全就业困难残疾人就业援助长效机制，做到政策宣传到位，帮扶服务到位，确保零就业家庭、最低生活保障家庭至少有一人实现就业"，"统筹培训资源，为中西部地区50万名农村贫困残疾人免费提供实用技术培训"。为确保任务目标顺利完成，《就业实施方案》提出了三个方面的主要措施：一是完善政策，拓宽渠道，促进残疾人多种形式就业。二是加大职业培训力度。三是转变服务方式，提高残疾人就业服务水平。

伴随着一系列政策文件的出台，我国发展出用人单位按比例安排残疾人就业公示制度、用人单位超比例安排残疾人就业奖励制度、党政机关按比例安排残疾人就业推进制度、残疾人集中就业税收优惠政策、残疾人集中就业单位产品和服务展销平台、优先采购残疾人集中就业单位产品和服务政策、残疾人自主就业创业和扶持优惠政策、残疾人创业孵化示范基地和文化创意产业基地建设项目、残疾人辅助性就业示范基地建设项目、支持性就业推广项目、残疾妇女就业促进服务、残疾亲属就业促进服务、低收入残疾人就业补助项目、残疾人职业技能提升计划等一系列就业促进政策、措施。值得注意的是，相关就业促进政策、措施在"十三五"之前均已出台，"十三五"以来的政策、措施则是提出了更具体、更高的要求。

第一，完善政策，拓宽渠道，促进残疾人多种形式就业。2017年5月，中国残联、国务院扶贫办、全国妇联共同研究制定了《发展手工制作促进贫困残疾妇女就业脱贫行动实施方案》，积极发挥手工制作业在吸纳贫困残疾妇女就业方面的积极作用。方案提出，在2017—2020年，通过实施开发就业创业岗位、开展手工制作技能培训、举办职业技能竞赛等措施，以农村建档立卡贫困残疾女性为重点，为8万人次贫困残疾妇女提供手工制作免费技能培训，帮助5万名有就业能力和愿望的贫困残疾妇女从事手工制作业，实现脱贫致富；2018年1月，中国残联联合国家发改委等15部门印发了《关于扶持残疾人自主就业创业的意见》，从提供合理便利和优先照顾、落实税收优惠和收费减免、提供金融扶持和资金补贴、支持重点对象和"互联网＋创业"、提供支持保障和就业服务5个方面明确了20多项促进残疾人自主就业创业、脱贫解困的扶持政策，建档立卡贫困残疾人、享受城乡低保的残疾人以及贫困残疾人家庭高校毕业生还享受额外的优惠政策。

第二，加大职业培训力度。2016年5月，为进一步提高残疾人职业技能水平和就业创业能力，保障和改善残疾人民生，人力资源和社会保障部办公厅、中国残疾人联合会办公厅联合发布了《残疾人职业技能提升计划（2016—2020年）》，计划提出，适应残疾人实现就业和稳定就业的需要，大力开展残疾人职业培训，鼓励引导有就业愿望和培训需求的残疾人接受相应的职业培训，掌握就业技能，提升技能等级，帮助残疾人就业创业。到2020年，力争使新进入人力资源市场的残疾人都有机会接受至少一次相应的就业技能培训；使企业技能岗位的残疾人都有机会得到一次以上岗位技能提升培训或高技能人才培训；使具备一定创业条件或已创业的残疾人都有机会接受创业培训。

第三，转变服务方式，提高残疾人就业服务水平。2018 年 4 月，在前期试点的基础上，中国残联决定全面启动中国残疾人就业创业网络服务平台的推广应用工作。中国残疾人就业创业网络服务平台包括网站端（www. cdpee. org. cn）和移动客户端（APP 和微信公众号），服务对象涵盖残疾人、用人单位、就业服务机构和社会助残机构，平台以"功能全面、业务开放、服务精准、管理严格"为原则，汇集各类就业信息并开展动态化管理，将线下服务与线上功能有机结合，实现横向互联、纵向贯通，可为残疾人和用人单位提供职介服务、职业培训、职业能力测评、创业指导、产品展示和政策宣传等服务，平台将成为全国残疾人就业服务的数据中心、资源中心、展示中心和服务中心。

在国家政策相继出台的同时，地方政府也积极行动，出台地方性政策法规，开展相关项目。例如，2016 年广东省残联印发《广东省残联关于开展用人单位按比例安排残疾人就业公示工作的通知》（粤残联〔2016〕19 号）；辽宁省出台《辽宁省超比例安排残疾人就业奖励办法》；浙江省人民政府发布《浙江省妇女发展规划（2016—2020年)》，提高残疾妇女就业和生活水平，提高残疾妇女的就业比例；北京市修订《北京市残疾人职业康复劳动项目资金补助办法》；广西壮族自治区制定出台残疾人职业技能提升计划，下发《广西壮族自治区人力资源和社会保障厅残疾人联合会关于实施残疾人职业技能提升计划（2018—2020 年）的通知》（桂人社发〔2018〕3 号），指导全区开展了各类职业技能培训等。

二　被调查困难残疾人及家庭就业状况

（一）残疾人个体和家庭就业状况

1. 残疾人参与劳动情况：劳动或工作参与比例低

（1）是否参加劳动：未就业的比例极高，为 80.0%

在接受调查的 2519 名残疾人中，有 504 人表示仍然在劳动或工作，占全部调查人数的 20.0%，有 2015 人没有劳动或工作，未就业的比例为 80.0%。

分性别的残疾人就业状况结果显示（见表 7-1），在受调查的男性残疾人中，有 381 人仍然劳动或工作，占全部受调查男性残疾人数的 23.4%；在受调查的女性残疾人中，有 123 人仍然劳动或工作，占全部受调查女性残疾人数的 13.8%，这一比例明显低于男性残疾人就业比例，且这一差异在统计学上显著（P < 0.05）。

表 7-1　　　　　　　　分性别的残疾人就业状况分布

是否仍然劳动或工作	男性		女性	
	人数	占比（%）	人数	占比（%）
是	381	23.4	123	13.8
否	1244	76.6	771	86.2
总计	1625	100.0	894	100.0

分城乡的残疾人就业状况结果显示（见表 7-2），在 1515 名受调查的城市残疾人中，有 16.0% 的残疾人仍然劳动或工作；在受调查的 1004 名农村残疾人中，有 26.0% 的残疾人仍然劳动或工作，说明农村残疾人的就业率比城市更高。农村拥有自有耕地可以进行劳作，可以在一定程度上解释农村就业率更高的现象。

表 7-2　　　　　　　　分城乡的残疾人就业状况分布

是否仍然劳动或工作	城市		农村	
	人数	占比（%）	人数	占比（%）
是	243	16.0	261	26.0
否	1272	84.0	743	74.0
总计	1515	100.0	1004	100.0

分残疾等级的残疾人就业状况结果显示（见表 7-3），残疾等级为 1 级的残疾人仍然劳动或工作的比例为 15.1%，残疾等级为 2 级的

残疾人仍然劳动或工作的比例为12.1%，残疾等级为3级的残疾人仍然劳动或工作的比例为28.3%，残疾等级为4级的残疾人仍然劳动或工作的比例为31.9%，基本符合"残疾等级更重（1级或2级）的残疾人仍然劳动或工作的比例就相对低"这一特征。残疾等级更轻（3级或4级）的残疾人需要更有针对性的就业促进政策。

表7-3　　　　　分残疾等级的残疾人就业状况分布（%）

是否仍然 劳动或工作	1级	2级	3级	4级
是	15.1	12.1	28.3	31.9
否	84.9	87.9	71.7	68.1
总计	100.0	100.0	100.0	100.0

分年龄的残疾人就业状况结果表明（见表7-4），45—60岁的残疾人劳动或工作的比例在所有年龄层中是最高的，为23.1%，居第二位的是18—45岁年龄组的残疾人，为20.1%。18岁以下的残疾人不考虑劳动参与，75岁以上的残疾人由于已经退出了劳动力市场，仍然劳动或工作的比例较低，属于正常现象。

表7-4　　　　　分年龄的残疾人就业状况分布（%）

是否仍然 劳动或工作	18—45岁	45—60岁	60—75岁	75岁以上
是	20.1	23.1	17.6	6.3
否	79.9	96.9	82.4	93.7
总计	100.0	100.0	100.0	100.0

（2）找工作情况：约7.0%的受调查残疾人正在找工作

受调查的残疾人中有176人正在找工作，占全部受调查人数的7.0%，还有2343名残疾人没有找工作，占比93.0%。除去目前正在劳动或工作的504人，正在找工作的残疾人（176人）占未就业残疾人（2015 人）的 8.7%，说明还有 1839 名残疾人既未参加劳动或工作，也并未找工作，占全部受调查残疾人的 73.0%。

分性别的残疾人找工作状况的调查结果表明（见表 7-5），男性残疾人正在找工作的有 144 人，占全部男性残疾人的 8.9%，女性残疾人正在找工作的有 32 人，占全部女性残疾人的 3.6%。同时，在男性残疾人中，正在找工作的残疾人占未就业残疾人（1244 人）的 11.6%；在女性残疾人中，正在找工作的残疾人占未就业残疾人（771 人）的 4.0%。男性找工作的比例要高于女性找工作的比例。

表 7-5　　　　　　　　分性别的残疾人找工作状况分布

是否在找工作	男性		女性	
	人数	占比（%）	人数	占比（%）
是	144	8.9	32	3.6
否	1481	91.1	862	96.4
总计	1625	100.0	894	100.0

分城乡的残疾人找工作状况的结果表明（见表 7-6），城市残疾人正在找工作的有 109 人，占全部城市残疾人的 7.2%，农村残疾人正在找工作的有 67 人，占全部农村残疾人的 6.7%。同时，在城市残疾人中，正在找工作的残疾人占未就业残疾人（1272 人）的 8.6%；在农村残疾人中，正在找工作的残疾人占未就业残疾人（743 人）的 9.0%，说明农村找工作的残疾人占未就业残疾人的比例反而要略高于城市残疾人。

表 7-6　　　　　　　　分城乡的残疾人找工作状况分布

是否在找工作	城市		农村	
	人数	占比（%）	人数	占比（%）
是	109	7.2	67	6.7
否	1406	92.8	937	93.3
总计	1515	100.0	1004	100.0

由分残疾等级的残疾人就业状况的结果分析可知，残疾等级更重（1级或2级）的残疾人仍然劳动或工作的比例就相对低。根据分残疾等级的残疾人未就业率调整权重可得，在残疾等级为1级的残疾人中，正在找工作的残疾人占未就业残疾人（84.9%）的5.4%；在残疾等级为2级的残疾人中，正在找工作的残疾人占未就业残疾人（87.9%）的4.5%；在残疾等级为3级的残疾人中，正在找工作的残疾人占未就业残疾人（71.7%）的13.5%；在残疾等级为4级的残疾人中，正在找工作的残疾人占未就业残疾人（68.1%）的19.9%，说明相对于残疾等级较低（3级、4级）的残疾人，残疾等级越高（1级、2级）的残疾人找工作的比例要明显更低。

表7-7　　　　分残疾等级的残疾人找工作状况分布（%）

是否在找工作	1级	2级	3级	4级
是	4.6	3.9	9.7	13.5
否	95.4	96.1	90.3	86.5
总计	100.0	100.0	100.0	100.0

根据分年龄的残疾人未就业率调整权重可知，在18—45岁的残疾人中，正在找工作的残疾人占未就业残疾人（79.9%）的12.7%；在45—60岁的残疾人中，正在找工作的残疾人占未就业残疾人（96.9%）的8.1%；在60—75岁的残疾人中，正在找工作的残疾人占未就业残疾人（82.4%）的2.6%。在所有年龄段里，18—45岁的残疾人正在找工作的比例最高。

表7-8　　　　分年龄的残疾人找工作状况分布（%）

是否在找工作	18岁以下	18—45岁	45—60岁	60—75岁	75岁以上
是	25.0	10.1	7.9	2.1	0.0
否	75.0	89.9	92.1	97.9	100.0
总计	100.0	100.0	100.0	100.0	100.0

（3）找工作的途径：通过熟人介绍和残疾人就业服务机构是残疾人找工作的两大主要途径（见表7-9）

在"找工作的途径"这一问题上，共有2512人回答了这一问题，总计2761人次。其中，1871人没找过工作，占总人数的74.5%。通过熟人介绍、残疾人就业服务机构及其他途径是残疾人找工作的三大主要途径，分别占总人数的11.4%、7.1%、6.1%，占找过工作的残疾人总人数的44.6%、27.8%、24.0%。残疾人就业服务机构对残疾人找工作的作用明显。

选择网络就业信息的残疾人占总人数的2.2%，占找过工作的残疾人总人数的8.7%；选择公共就业服务机构的残疾人占比2.1%，占找过工作的残疾人总人数的8.1%；选择自主创业或灵活就业的残疾人占比3.8%，占找过工作的残疾人总人数的15.0%。

表7-9　　　　　　　　残疾人找工作的途径分布

找工作的途径	人数	占比（%）
网络就业信息	56	8.7
公共就业服务机构	52	8.1
残疾人就业服务机构	178	27.8
招聘会	68	10.6
熟人介绍	286	44.6
自主创业或灵活就业	96	15.0
其他	154	24.0
总人次	890	138.8

（4）城镇失业登记情况：19.8%的残疾人进行了城镇失业登记

受调查的1281名残疾人中有253人进行了城镇失业登记，占全部调查残疾人的19.8%；未进行城镇失业登记的有1028人，占全部调查残疾人的80.2%。

2. 残疾前后从事的主要职业情况

（1）残疾以前所从事的主要职业：大部分人残疾以前是城乡的失业者、半失业或从未就业者、农业劳动者或产业工人

对"残疾以前所从事的主要职业"这一问题，共有1860人回答。其中，431名残疾人残疾以前就是城乡的失业者、半失业或从未就业者，占总回答人数的23.2%；488名残疾人在残疾以前的主要职业是农业劳动者，占比26.2%；347名残疾人在残疾以前的主要职业是产业工人，占比18.7%。职业为国家与社会管理者、经理人员、私营企业主、专业技术人员、办事人员、个体工商户和商业服务人员的残疾人比例较低，均不到4%，说明这些职业致残的机会更低。具体来说，1.1%（20名）的残疾人在残疾以前的主要职业为国家与社会管理者，0.3%（6名）的残疾人在残疾以前的主要职业为经理人员，0.2%（4名）的残疾人在残疾以前的主要职业为私营企业主，1.4%（26名）的残疾人在残疾以前的主要职业为专业技术人员，1.0%（19名）的残疾人在残疾以前的主要职业为办事人员，3.1%（58名）的残疾人在残疾以前的主要职业为个体工商户，2.4%（45名）的残疾人在残疾以前的主要职业为商业服务人员。还有416名残疾人在残疾前从事的主要职业不属于所列职业类别，占比22.4%。

分性别的残疾人以前从事的职业的调查结果表明（见表7-10），有20.0%的男性残疾人残疾以前是城乡的失业者、半失业或者从未就业者，这一比例在女性残疾人中更高，为29.3%。农业劳动者、产业工人这两种职业均为男性残疾人和女性残疾人残疾前的主要职业。残疾前，男性担任国家与社会管理人员、经理人员、私营企业主、个体工商户、产业工人等职业的比例要高于女性，担任办事人员和商业服务人员等职业的比例要低于女性。

表7-10　　　　分性别的残疾人以前所从事的主要职业分布

残疾前主要职业	男性		女性	
	人数	占比（%）	人数	占比（%）
国家与社会管理者	17	1.4	3	0.5
经理人员	6	0.5	0	0.0

续表

残疾前主要职业	男性		女性	
	人数	占比（％）	人数	占比（％）
私营企业主	4	0.3	0	0.0
专业技术人员	23	1.9	3	0.5
办事人员	10	0.8	9	1.4
个体工商户	43	3.5	15	2.4
商业服务人员	29	2.4	16	2.5
产业工人	270	22.0	77	12.2
农业劳动者	296	24.1	192	30.4
城乡的失业者、半失业或从未就业者	246	20.0	185	29.3
其他	285	23.2	131	20.8
总计	1229	100.0	631	100.0

注：四舍五入不为 100.0。

分城乡的残疾人以前从事的职业结果显示（见表 7 - 11），在受调查的残疾人中，有 27.8% 的城市残疾人在残疾以前是城乡的失业者、半失业或者从未就业者，这一比例在农村残疾人中为 16.0%。这可能和农村残疾人有耕地可种有关，48.7% 的农村残疾人残疾以前从事农业劳动，而这一比例在城市残疾人中只有 11.7%。相较于农村残疾人，城市残疾人残疾以前有更高比例的人担任经理人员、私营企业主、专业技术人员、办事人员、个体工商户、商业服务人员、产业工人等职业。

表 7 - 11　　　　分城乡的残疾人以前所从事的主要职业分布

残疾前主要职业	城市		农村	
	人数	占比（％）	人数	占比（％）
国家与社会管理者	10	0.9	10	1.4
经理人员	6	0.5	0	0.0
私营企业主	4	0.4	0	0.0
专业技术人员	16	1.4	10	1.4

续表

残疾前主要职业	城市		农村	
	人数	占比（%）	人数	占比（%）
办事人员	17	1.5	2	0.3
个体工商户	47	4.2	11	1.5
商业服务人员	36	3.2	9	1.2
产业工人	256	22.7	91	12.5
农业劳动者	132	11.7	356	48.7
城乡的失业者、半失业或从未就业者	314	27.8	117	16.0
其他	291	25.8	125	17.1
总计	1129	100.0	731	100.0

注：四舍五入不为100.0。

（2）残疾后所从事的主要职业：59.9%的残疾人是城乡的失业者、半失业或从未就业者（见表7-12）

有2515名残疾人回答了"残疾后从事的主要职业"这一问题，城乡的失业者、半失业或从未就业者的比例激增，比例从残疾前的23.2%增长到残疾后的59.9%，增长了一倍多。与此同时，从事各种职业的比例均有所下降（见表7-13）。

表7-12   残疾后所从事的主要职业分布

残疾后主要职业	人数	占比（%）
国家与社会管理者	8	0.3
经理人员	0	0.0
私营企业主	2	0.1
专业技术人员	15	0.6
办事人员	14	0.6
个体工商户	64	2.5
商业服务人员	38	1.5
产业工人	137	5.5

残疾后主要职业	人数	占比（%）
农业劳动者	336	13.4
城乡的失业者、半失业或从未就业者	1507	59.9
其他	394	15.7
总计	2515	100.0

从事农业劳动者这一职业的比例从残疾前的 26.2% 下降到 13.4%，从事产业工人这一职业的比例从残疾前的 18.7% 下降到 5.5%。尽管如此，农业劳动者和产业工人这两个职业仍然是残疾人从事的主要劳动。从事国家与社会管理者、经理人员、私营企业主等其他职业的比例也均有不同程度的下降（见表 7-13）。

表 7-13 　　　　残疾前、后所从事的主要职业分布（%）

主要职业	残疾前占比	残疾后占比
国家与社会管理者	1.1	0.3
经理人员	0.3	0.0
私营企业主	0.2	0.1
专业技术人员	1.4	0.6
办事人员	1.0	0.6
个体工商户	3.1	2.5
商业服务人员	2.4	1.5
产业工人	18.7	5.5
农业劳动者	26.2	13.4
城乡的失业者、半失业或从未就业者	23.2	59.9
其他	22.4	15.7
总计	100.0	100.0

分性别的残疾后从事主要职业的结果表明（见表 7-14），57.0% 的男性残疾人是城乡的失业者、半失业或从未就业者，65.2% 的女性

残疾人是城乡的失业者、半失业或者从未就业者，相较于残疾前，这一比例均增加了一倍多。男性担任国家与社会管理人员、经理人员、私营企业主、个体工商户、产业工人、办事人员等职业的比例要高于女性，女性担任商业服务人员等职业的比例要高于男性。与残疾前两者主要职业的分布比较发现，男性在就业市场的优势进一步凸显。

表 7 – 14　　　　　　**分性别的残疾后所从事的主要职业分布**

残疾后主要职业	男性		女性	
	人数	约占比（%）	人数	约占比（%）
国家与社会管理者	8	0.5	0	0.0
经理人员	0	0.0	0	0.0
私营企业主	2	0.1	0	0.0
专业技术人员	11	0.7	4	0.4
办事人员	10	0.6	4	0.4
个体工商户	56	3.5	8	0.9
商业服务人员	24	1.5	14	1.6
产业工人	98	6.0	39	4.4
农业劳动者	242	14.9	94	10.5
城乡的失业者、半失业或从未就业者	925	57.0	582	65.2
其他	247	15.2	147	16.5
总计	1623	100.0	892	100.0

　　分城乡的残疾后所从事的主要职业的结果表明（见表 7 – 15），63.6% 的城市残疾人是失业者、半失业或从未就业者，54.4% 的农村残疾人是失业者、半失业或从未就业者，相较于残疾前，这一比例增长明显。7.1% 的城市残疾人从事产业工人的工作，这一比例在农村残疾人中为 3.0%，明显低于城市残疾人。4.3% 的城市残疾人从事农业劳动者的工作，这一比例在农村残疾人中为 27.0%。不管是城市残疾人还是农村残疾人，从事国家与社会管理者、经理人员、私营企业主等其他职业的比例都有不同程度的下降。

表 7 - 15 分城乡的残疾后所从事的主要职业分布

残疾后主要职业	城市		农村	
	人数	约占比（%）	人数	约占比（%）
国家与社会管理者	7	0.5	1	0.1
经理人员	0	0.0	0	0.0
私营企业主	2	0.1	0	0.0
专业技术人员	8	0.5	7	0.7
办事人员	10	0.7	4	0.4
个体工商户	42	2.8	22	2.2
商业服务人员	33	2.2	5	0.5
产业工人	107	7.1	30	3.0
农业劳动者	65	4.3	271	27.0
城乡的失业者、半失业或从未就业者	962	63.6	545	54.4
其他	277	18.3	117	11.7
总计	1513	100.0	1002	100.0

3. 配偶就业情况

（1）配偶参加劳动情况：50.7%的残疾人配偶仍然劳动或工作

受调查的残疾人中有1358名残疾人回答了配偶是否仍然劳动或工作的问题，结果表明，有688名残疾人的配偶仍然劳动或工作，占比50.7%，还有670名残疾人的配偶不再劳动或工作，占比49.3%。

（2）配偶主要职业：大多数残疾人的配偶的职业为农业劳动者，城乡的失业者、半失业或从未就业者，产业工人（见表7-16）

和残疾人的主要职业分布相似，大多数残疾人的配偶的职业为农业劳动者，城乡的失业者、半失业或从未就业者，产业工人。其中，530名残疾人的配偶是农业劳动者，占比39.1%；278名残疾人的配偶是城乡的失业者、半失业或从未就业者，占比20.5%；配偶中担任国家与社会管理者、经理人员、私营企业主、专业技术人员、办事人员、个体工商户、商业服务人员的比例均不超过4%，有些占比甚至不足1%。

表 7 - 16　　　　　　　残疾人配偶的主要职业分布

配偶主要职业	人数	约占百分比（%）
国家与社会管理者	12	0.9
经理人员	4	0.3
私营企业主	1	0.1
专业技术人员	13	1.0
办事人员	12	0.9
个体工商户	38	2.8
商业服务人员	53	3.9
产业工人	218	16.1
农业劳动者	530	39.1
城乡的失业者、半失业或从未就业者	278	20.5
其他	197	14.5
总计	1356	100.0

（二）接受就业服务情况

1. 就业服务需求状况：更高比例的残疾人选择零就业家庭就业帮扶

对"残疾人就业服务需求"的调查，有 2478 名残疾人进行了回答。其中，237 人选择了零就业家庭就业帮扶，占比 9.6%；196 人选择了职业技能培训，占比 7.9%；177 人选择了资金信贷扶持，占比 7.1%；125 人选择了职业介绍，占比 5.0%；66 人选择了农村实用技术培训，占比 2.7%（见表 7 – 17）。

表 7 - 17　　　　　　　残疾人就业服务需求分布

就业服务需求	人数	约占比（%）
职业技能培训	196	7.9
职业介绍	125	5.0
农村实用技术培训	66	2.7
资金信贷扶持	177	7.1

就业服务需求	人数	约占比（%）
零就业家庭就业帮扶	237	9.6
其他帮扶	241	9.7
其他	1436	57.9
总计	2478	100.0

　　分性别对残疾人的就业服务需求分析发现，不管是男性还是女性残疾人，零就业家庭就业帮扶、职业技能培训、资金信贷扶持选择的比例都相对较高。值得注意的是，有6.3%的男性残疾人选择了职业介绍这一就业服务需求，而这一比例在女性残疾人中仅为2.7%（见表7－18）。

表7－18　　　　　**分性别的残疾人就业服务需求分布**

就业服务需求	男性		女性	
	人数	占比（%）	人数	占比（%）
职业技能培训	138	8.6	58	6.6
职业介绍	101	6.3	24	2.7
农村实用技术培训	50	3.1	16	1.8
资金信贷扶持	126	7.9	51	5.8
零就业家庭就业帮扶	161	10.1	76	8.7
其他帮扶	154	9.6	87	9.9
其他	870	54.4	566	64.5
总计	1600	100.0	878	100.0

　　分城乡的残疾人就业服务需求对比分析发现（见表7－19），不管是城市还是农村残疾人，选择零就业家庭就业帮扶、职业技能培训、资金信贷扶持这三种就业服务的比例相对较高，但农村残疾人选择这三种就业服务的比例均高于城市残疾人。同时，在城市残疾人中，选择职业技能培训的残疾人要多于选择资金信贷扶持的；在农村残疾人中，这一情况恰好相反，选择资金信贷扶持的残疾人

要多于职业技能培训的，说明城市和农村在就业服务方面有着不一样的需求侧重点。

表7-19　　　　　分城乡的残疾人就业服务需求分布

就业服务需求	城市		农村	
	人数	约占比（％）	人数	约占比（％）
职业技能培训	115	7.7	81	8.2
职业介绍	73	4.9	52	5.3
农村实用技术培训	18	1.2	48	4.9
资金信贷扶持	81	5.4	96	9.7
零就业家庭就业帮扶	135	9.0	102	10.4
其他帮扶	127	8.5	114	11.6
其他	944	63.2	492	49.9
总计	1493	100.0	985	100.0

分残疾等级的残疾人就业服务需求的结果表明（见表7-20），相较于残疾等级为1级、2级的残疾人，残疾等级为3级、4级的残疾人中有更高比例的人选择职业技能培训。这可能与残疾程度更低的残疾人劳动能力、劳动意愿更强有关，对残疾程度更低的残疾人需要提供更有针对性的就业服务和宣传。

表7-20　　　分残疾等级的残疾人就业服务需求分布（％）

就业服务需求	1级	2级	3级	4级
职业技能培训	5.2	7.2	9.0	10.7
职业介绍	3.8	4.6	6.4	5.5
农村实用技术培训	3.6	1.7	3.1	3.1
资金信贷扶持	6.7	5.8	7.3	10.9
零就业家庭就业帮扶	7.0	8.6	10.7	13.3
其他帮扶	11.9	9.9	9.8	7.0
其他	61.9	62.2	53.7	49.6
总计	100.0	100.0	100.0	100.0

分年龄的残疾人就业服务需求的结果表明（见表7－21），在所有年龄段中，18—45岁的残疾人选择职业技能培训的比例最高，为13.4%；45—60岁的残疾人选择零就业家庭就业帮扶的比例最高，为11.0%，同时，45—60岁的残疾人选择资金信贷扶持的比例也是最高，为8.3%。

表7－21　　　　分年龄的残疾人就业服务需求分布（%）

就业服务需求	18岁以下	18—45岁	45—60岁	60—75岁	75岁以上
职业技能培训	75.0	13.4	6.5	3.4	0.8
职业介绍	0.0	6.3	5.7	3.1	0.8
农村实用技术培训	0.0	3.0	2.6	2.3	2.5
资金信贷扶持	0.0	6.6	8.3	6.3	5.8
零就业家庭就业帮扶	0.0	9.7	11.0	7.8	5.8
其他帮扶	0.0	10.6	9.7	8.5	10.7
其他	25.0	50.5	56.4	68.7	73.6
总计	100.0	100.0	100.0	100.0	

2. 职业技能培训服务状况：4.6%的残疾人在1年内接受过职业技能培训

在受调查的2519名残疾人中，有115人在1年内接受过职业技能培训，占总调查人数的4.6%。有2403人在1年内未接受过职业技能培训，占总调查人数的95.4%。

分性别的残疾人职业技能培训状况的结果表明（见表7－22），男性残疾人中有92人在1年内接受过职业技能培训，占受调查男性残疾人的5.7%；女性残疾人中有23人在1年内接受过职业技能培训，占受调查女性残疾人的2.6%，说明男性残疾人接受职业技能培训的比例略高于女性。

表7-22 分性别的残疾人职业技能培训状况分布

1年内是否接受过职业技能培训	男性		女性	
	人数	占比（%）	人数	占比（%）
是	92	5.7	23	2.6
否	1533	94.3	870	97.4
总计	1625	100.0	893	100.0

　　分城乡的残疾人职业技能培训状况的结果表明（见表7-23），在城市残疾人中，有66人在1年内接受过职业技能培训，占比4.4%；在农村残疾人中，有49人在1年内接受过职业技能培训，占比4.9%。城市残疾人和农村残疾人接受过职业技能培训的比例相差不大，城市残疾人接受过职业技能培训的比例要略低于农村残疾人。

表7-23 分城乡的残疾人职业技能培训状况分布

1年内是否接受过职业技能培训	城市		农村	
	人数	占比（%）	人数	占比（%）
是	66	4.4	49	4.9
否	1448	95.6	955	95.1
总计	1514	100.0	1004	100.0

　　分残疾等级的残疾人职业技能培训状况的结果表明（见表7-24），残疾等级为3级、4级的残疾人1年内接受过职业技能培训的比例高于残疾等级为1级、2级的残疾人。具体而言，残疾等级为1级、2级、3级、4级的残疾人1年内接受残疾人技能培训的比例分别为3.1%、2.6%、6.3%、8.4%。

表7-24 分残疾等级的残疾人职业技能培训状况分布（%）

1年内是否接受过职业技能培训	1级	2级	3级	4级
是	3.1	2.6	6.3	8.4
否	96.9	97.4	93.7	91.6

分年龄的残疾人职业技能培训的结果表明（见表7－25），18—45岁残疾人1年内接受过职业技能培训的比例最高，占比6.1%；其次为45—60岁残疾人，占比5.4%；然后是60—75岁的残疾人，占比1.6%。

表7－25　　　　**分年龄的残疾人职业技能培训分布（％）**

1年内是否接受过职业技能培训	18岁以下	18—45	45—60	60—75	75岁以上
是	0.0	6.1	5.4	1.6	1.6
否	100.0	93.9	94.6	98.4	98.4

三　调查主要发现

（一）困难残疾人整体就业比例低，且存在性别、城乡差异

在受调查的残疾人中，20.0%的残疾人仍然劳动或工作，7.0%的残疾人正在找工作，既未参加劳动、也并未找工作的残疾人占73.0%，困难残疾人整体就业比例低。

男性就业比例明显高于女性。在男性残疾人中，23.4%的人仍然劳动或工作，8.9%的人正在找工作，67.7%的人退出了劳动力市场；在女性残疾人中，13.8%的人仍然劳动或工作，3.6%的人正在找工作，82.6%的人退出了劳动力市场。

受益于我国的土地分配制度，农村拥有自有耕地可以进行劳作，可以安置一部分残疾劳动力，农村残疾人参加劳动或工作的比例要高于城市残疾人。城市残疾人中仍然劳动或工作的比例为16.0%，这一比例在农村残疾人中为26.0%。

（二）残疾人找工作的主要途径是熟人介绍和残疾人就业服务机构

残疾人找工作的主要途径是熟人介绍和残疾人就业服务机构，其中，选择熟人介绍的残疾人占比44.6%，选择残疾人就业服务机构的残疾人占比27.8%。不同社会特征残疾人选择次数最多的两种找工作途径均为熟人介绍和残疾人就业服务机构，但在其余找工作途径上，

不同社会特征的残疾人需求重点不同。

分性别的分析发现，选择自主创业或灵活就业途径的男性比例（16.3%）高于女性（11.0%），选择招聘会途径的女性比例（14.1%）高于男性（9.4%）。分城乡的分析发现，城市残疾人通过招聘会找工作的比例（11.5%）高于农村（8.8%），农村残疾人通过自主创业或灵活就业解决工作的比例（17.2%）高于城市残疾人（13.9%）。

（三）农业劳动者和产业工人是残疾人主要就业身份

23.2%的残疾人残疾以前就是城乡的失业者、半失业或从未就业者，26.2%在残疾以前是农业劳动者，18.7%在残疾以前是产业工人，职业为国家与社会管理者、经理人员、私营企业主、专业技术人员、办事人员、个体工商户和商业服务人员的残疾人比例较低，均不到4%，说明这些职业致残的机会更低。残疾以后，城乡的失业者、半失业或从未就业者的比例激增，比例从残疾前的23.2%增长到残疾后的59.9%，增长了一倍多。与此同时，从事各种职业的比例均有所下降，但农业劳动者和产业工人这两个职业仍然是残疾人从事的主要劳动。

（四）"零就业"家庭比例较高

残疾人配偶工作的比例为50.7%，大多数职业为农业劳动者，城乡的失业者、半失业或从未就业者，产业工人，与残疾人的主要职业分布相似。在回答了"配偶主要职业"这一问题的1356名残疾人中，有555名残疾人夫妻双方均未就业，占全部回答人数的40.9%，说明困难家庭残疾人中"零就业"家庭残疾人占比较高，就业形势严峻。

1. 零就业家庭就业帮扶是困难家庭残疾人最主要的就业服务需求

残疾人就业服务需求的分布相对分散，但不同社会特征的困难家庭残疾人中选择零就业家庭就业帮扶的比例都是最高的，侧面印证了困难家庭残疾人中"零就业"家庭残疾人占比较高。

就业服务需求因人群的不同而有所差异。18—45岁的残疾人中有 13.4% 的人有职业技能培训需求，45—60 岁的残疾人中只有 6.5% 的人有这一需求，这可能是由于年轻残疾人相对于老年人更注重提升自身的能力，而年龄偏大的中老年人由于接受能力、学习能力相对较差，职业技能培训需求相对较少。残疾等级为 1 级的残疾人中有更高比例的人选择资金信贷扶持，而残疾程度相对较轻的、残疾等级为 2 级、3 级、4 级的残疾人中有更高比例的人选择职业技能培训。

2. 困难残疾人接受过职业技能培训的比例较低

4.6% 的残疾人在 1 年内接受过职业技能培训，而在受调查的困难残疾人中，有职业技能培训需求的残疾人比例为 7.9%，说明残疾人职业技能培训覆盖面还不够广，还有相当比例的残疾人有职业技能培训需求但并未得到满足。

男性残疾人接受职业技能培训的比例略高于女性，城市残疾人和农村残疾人在是否接受过职业技能培训上不存在显著差异，残疾等级为 3 级、4 级的残疾人 1 年内接受过职业技能培训的比例高于残疾等级为 1 级、2 级的残疾人。

第二节　就业政策及服务支持性分析

一　城乡困难家庭残疾人就业政策实施效果

在各项政策措施的支持下，残疾人就业增长迅速，取得了一系列成果。

一是残疾人就业规模稳步扩大。根据《2018 年中国残疾人事业发展统计公报》，2018 年城乡持证残疾人新增就业 36.7 万人，其中，城镇新增就业 11.8 万人，农村新增就业 24.9 万人；城乡新增培训残疾人 49.4 万人。从时间趋势上来看，2016 年全国城乡持证残疾人就业人数为 896.1 万人，2017 年全国城乡持证残疾人就业人数为 942.1 万人，2018 年全国持证残疾人就业人数为 948.4 万人，就业人数呈现逐年上升的趋势（见图 7 - 1）。2016 年，16—59 周岁城乡残疾人就业率达到43%，接近世界发达国家水平。国务院残工委第一次全体会议工作报告指出，截至2017年年底，全国9421万名残疾人实现了就业，就业年龄段残疾人在业比例达到49.6%。不管是残疾人就业总量还是就业率均有明显的提升。

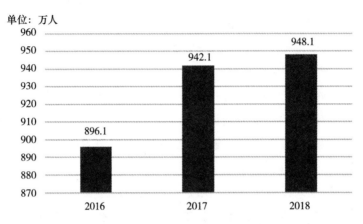

单位：万人

图7-1　2016—2018年全国城乡持证残疾人就业人数

二是残疾人就业形式越发多样化。根据《2018年中国残疾人事业发展统计公报》，全国城乡持证残疾人就业人数为948.4万人，其中按比例就业81.3万人，占持证残疾人就业人数的8.57%。集中就业33.1万人，占持证残疾人就业人数的3.49%。个体就业71.4万人，公益性岗位就业13.1万人，辅助性就业14.8万人，灵活就业（含社区、居家就业）254.6万人，从事农业种养480.1万人。盲人按摩事业稳步发展，按摩机构数持续增长。全国共培训盲人保健按摩人员19732名、盲人医疗按摩人员10160名；保健按摩机构16776个，医疗按摩机构1126个；953人获得盲人医疗按摩人员初级职务任职资格，122人获得中级职务任职资格。残疾人就业渠道进一步拓宽，形成了残疾人按比例就业、集中就业、自主就业创业、辅助性就业等多种就业形态。

三是残疾人就业服务不断改进。各级残疾人就业服务机构更加普遍，为残疾人提供诸多服务。运用互联网等现代信息技术，为残疾人自主创业、灵活就业拓展更大空间。扶持残疾人辅助性就业和支持性就业，为就业困难残疾人及时提供就业援助和就业补助。开展多层次、多形式的技能和职业培训，提高残疾人的就业创业能力。政府还通过提供资金信贷支持、实用技术培训、职业技能培训、职业介绍、零就业家庭就业帮扶等多方面的扶持，帮助残疾人实现就业。2018年，残疾人接受实用技术培训58.8万人次。

二 城乡困难家庭残疾人就业政策存在的问题

尽管残疾人就业事业发展迅速，但残疾人在社会中依旧处于弱势地位，在劳动就业方面存在着特殊的困难和障碍。以往对残疾人就业的研究表明，社会上对残疾人排斥的现象客观存在，用人单位缺乏履行扶助残疾人就业义务的自觉性；由于残疾的影响，残疾人适合的工作类型受到其残疾类型和残疾程度的制约；残疾人劳动技能较为单一，适应的行业及工作范围较窄；对无障碍环境和安全生产环境有特殊要求；加之我国劳动力市场供需矛盾突出，岗位竞争日趋激烈，残疾人在参与社会生活和社会竞争中处于劣势，在平等就业方面仍然非常困难。① 城乡困难家庭残疾人的状况更为复杂，在就业上面临的问题更多。

此次困难家庭残疾人的调查结果发现，困难家庭残疾人就业政策还存在一些问题：

（一）就业政策对困难家庭残疾人的针对性不足，困难家庭残疾人就业率低

根据2007年至2013年中国残疾人联合会发布的《中国残疾人状况小康进程监测报告》数据，2007年至2013年，劳动年龄段生活能够自理的残疾人就业比例平均为42.51%，其中城镇为34.31%，农

---

① 许琳：《残疾人就业难与残疾人就业促进政策的完善》，《西北大学学报（哲学社会科学版）》2010年第1期。

村为 50. 71%，远远低于健康群体的就业率。在此次受调查的困难家庭残疾人中，仅 20.01% 的残疾人仍然劳动，未就业的比例为 79. 99%。这一在业比例（20.01%）远低于 2006 年全国第二次残疾人抽样调查的结果——15 岁及以上残疾人口在业比例为 31.02%，[①] 说明困难残疾人弱势地位更为突出。

对残疾人就业政策的梳理发现，残疾人就业政策已经臻于成熟，但大部分政策面向的是全体残疾人群，对困难家庭残疾人的针对性就业政策相对较少，且大部分针对困难家庭残疾人的就业政策仅仅是在现有扶持政策之外给予额外的优惠政策，缺乏对困难家庭残疾人"就业难"深层次的就业导向政策。

部分针对性政策落实不到位。例如，国务院《"十三五"加快残疾人小康进程规划纲要》提出，要"扶持残疾人亲属就业创业，实现零就业残疾人家庭至少有一人就业"，但此次调查困难家庭残疾人发现，仍有 40.9% 的困难家庭残疾人来自零就业残疾人家庭。

（二）政策存在区域差异，城乡残疾人之间的就业发展不平衡

单从调查数据来看（见图 7 - 2），城市残疾人就业比例为 16.0%，农村残疾人的就业比例为 26.0%，农村残疾人从业比例高于城市残疾人，但这很大程度上是因为农村土地劳作能够解决一定数量的残疾劳动力，因而农村困难家庭残疾人的就业比例反而更高。事实上，由于我国长期以来的城乡二元分割体制，导致在安排残疾人按比例就业时，安排对象大多集中于城镇残疾人口，而很少考虑农村残疾人口。这种就业政策不利于农村劳动力向非农领域发展，存在不公平现象。[②] 以往的研究也表明，城镇残疾人就业有政府的优惠政策、职业教育与培训，而农村残疾人就业体制单一，城乡残疾人生活水平和整体状况差距较大。[③]

---

① 第二次全国残疾人抽样调查办公室北京大学人口研究所：《第二次全国残疾人抽样调查数据分析报告》，华夏出版社 2008 年版，第 150 页。

② 范妮：《我国残疾人就业困境成因及解决路径探析——基于我国残疾人就业政策的视角》，硕士学位论文，西北大学，2010 年。

③ 张建伟、胡隽：《中国残疾人就业的成就、问题与促进措施》，《人口学刊》2008 年第 2 期。

在现阶段，区域差异性暂时还没有引发广泛的讨论，但随着我国就业政策水平的不断提高，这一问题应该成为政策重点考虑的问题。

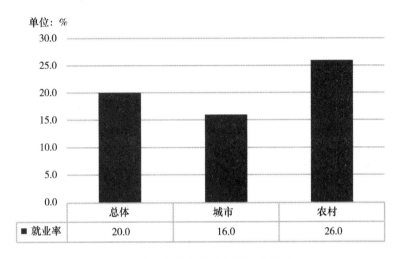

单位：%

	总体	城市	农村
■ 就业率	20.0	16.0	26.0

图7-2　分城乡残疾人的就业状况

（三）残疾人就业层次低、从未找过工作的比例高，困难家庭残疾人就业服务相关政策有待推进

文化水平低、劳动技能低在残疾人中十分普遍，因此，要加强残疾人的职业技能培训。从此次调查的结果来看，大部分残疾人是城乡的失业、半失业或从未就业者，就业的主要职业集中在农业劳动者和产业工人这些劳动技能相对较低的岗位，职业为国家与社会管理者、经理人员、私营企业主、专业技术人员、办事人员、个体工商户和商业服务人员的残疾人比例不超过3%，职业技能培训仍需加强（见图7-3）。

调查结果表明，74.5%的残疾人从未找过工作（见图7-4）。在很大程度上，残疾人劳动或工作受限于残疾人自身劳动能力缺乏或低下，但这一极高的比例在一定程度上反映了残疾人就业意识淡薄，对自身缺乏自信。政府相关就业服务宣传不到位，使得残疾人缺乏相关就业培训的意识，对工作始终有着抗拒心理。

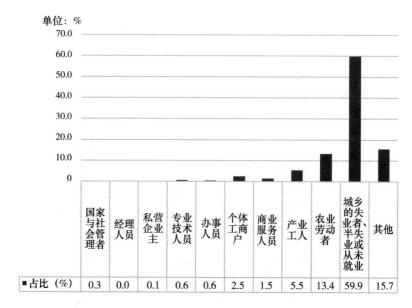

单位：%

占比（%）	国家与社会管理者	经理人员	私营企业主	专业技术人员	办事人员	个体工商户	商业服务人员	产业工人	农业劳动者	城乡的失业者、半失业或从未就业	其他
	0.3	0.0	0.1	0.6	0.6	2.5	1.5	5.5	13.4	59.9	15.7

图7-3　残疾人从事的主要职业分布

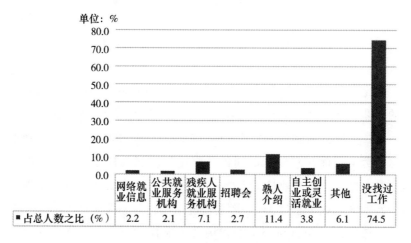

单位：%

占总人数之比（%）	网络就业信息	公共就业服务机构	残疾人就业服务机构	招聘会	熟人介绍	自主创业或灵活就业	其他	没找过工作
	2.2	2.1	7.1	2.7	11.4	3.8	6.1	74.5

图7-4　残疾人找工作的主要途径分布

（四）政策对就业市场弱势群体的关注不够

调查结果显示（见图7-5），男性残疾人从业比例为23.5％，女性残疾人的从业比例为13.8％，男性残疾人从业比例高于女性；残疾等级更重（1 级或 2 级）的残疾人仍然劳动或工作的比例就相对低，说明女性和残疾等级更重的残疾人在就业市场面临更多的不利因素，需要更有针对性地进行就业扶持。政策对这些就业市场处于弱势地位的群体关注还不够，部分困难家庭残疾人就业形势严峻。

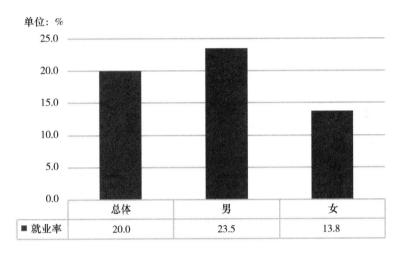

单位：%

图 7 - 5　分性别残疾人的就业状况

三　启示与建议

国际社会对残疾人的态度经历了"残疾人医疗模式""残疾人社会模式"和"残疾人权利模式"三个阶段的发展，[1] 发达国家和地区针对残疾人就业的政策已经逐渐成型。廖娟对一些发达国家和地区的残疾人就业政策进行梳理后发现，这些国家和地区的残疾人政策主要集中在收入支持、就业计划和康复计划三个方面。以美国为例，美国对残疾人采取的公共政策有多种形式，收入支持计划是最主要的政策，其中，收入支持计划包括社会保障伤残保险计划、补充保障收入计划、劳工补偿计划等，收入支持计划保障了致残后残疾人的基本生活收入来源。除此之外，美国还出台了相关政策对收入支持计划进行

---

[1]　许琳：《残疾人就业难与残疾人就业促进政策的完善》，《西北大学学报（哲学社会科学版）》2010 年第 1 期。

补充。一是事故和伤害预防计划，该计划设置了保护工人的最低标准以及对那些有高伤残发生率的公司给予财政处罚的规定；二是职业训练、康复、返回工作岗位计划，该计划每年为上百万伤残人士提供服务，包括诊断、评估、医学治疗、教育、培训、咨询及工作安排。①

对我国残疾人就业政策的梳理可以发现，尽管我国就业政策尚不完善、帮扶水平较低，但始终在依托我国国情的基础上，借鉴国外的先进经验，康复服务、辅助器具、教育培训、劳动就业等残疾人就业服务政策基本框架已经搭建。《"十三五"加快残疾人小康进程规划纲要》进一步提升了残疾人就业支持力度，从"国家保障残疾人的劳动权利"到"没有残疾人的小康，就不是真正意义上的全面小康"，残疾人这一特殊困难群体，得到了党和国家的格外关心和关注。"坚持普惠与特惠相结合。既要通过普惠性制度安排给予残疾人公平待遇，保障他们基本的生存发展需求；又要通过特惠性制度安排给予残疾人特别扶助和优先保障，解决他们的特殊需求和特殊困难。坚持兜底保障与就业增收相结合。既要突出政府责任，兜底保障残疾人基本民生，为残疾人发展创造基本条件；又要充分发挥社会力量和市场机制作用，为残疾人就业增收和融合发展创造更好环境。坚持政府扶持、社会帮扶与残疾人自强自立相结合。既要加大政府扶持力度、鼓励社会帮扶，进一步解决好残疾人生产生活中存在的突出困难；又要促进残疾人增强自身发展能力，激励残疾人自强自立。坚持统筹兼顾和分类指导相结合。既要着眼于加快推进残疾人小康进程，尽快缩小残疾人生活状况与社会平均水平的差距；又要充分考虑地区差异，使残疾人小康进程与当地全面小康进程相协调、相适应。"这是"十三五"规划对残疾人事业发展的基本原则，也是残疾人就业促进政策未来的方向。

对比国外残疾人就业政策的发展，我国可以基于现有残疾人就业

---

① 廖娟：《残疾人就业政策：国际经验及对我国的启示》，《人口与经济》2008 年第 6 期。

政策宏观框架，吸收国外先进的就业政策实施方式方法。例如，瑞典在残疾人就业服务方面力争使残疾人和正常人一样获得职业介绍的权利和其他一些就业服务，例如获得职业培训。1980 年瑞典政府要求就业能力发展学院和就业服务中心一起为有就业需求的残疾人和就业困难的残疾人提供基础能力训练、工作能力和工作环境适应的训练。通过几个月的培训，求职的残疾人不仅获得了就业能力的提升，而且还可以获得培训补助金，其金额相当于就业补助金。[①] 这种培训补助金的设立能让残疾人参与职业培训的积极性增强，有利于职业培训工作的开展。

今后，我国可以从以下四个方面作出积极努力，让残疾人就业保护政策、就业援助政策、就业服务配套政策齐头并进，让有劳动能力、想要劳动的残疾人都能靠自己的力量，生活得更加殷实、更加幸福、更有尊严。

（一）贯彻落实各项政策，各地要因地制宜，发展残疾人事业

政策对残疾人事业发展倾注了巨大的人力、物力、财力，目前，对残疾人事业发展的基本方针、路线和主要政策措施都已明朗，要坚定不移地贯彻落实各项政策措施，各地可以因地制宜摸索适合各地的就业模式。如四川省为残疾人搭建的"量体裁衣"式就业服务平台，其最大的亮点是建立了以需求为导向的"一人一策"多元服务机制，将工作做到每个残疾人家里。通过制度性入户调研，建立直接联系每名残疾人的长效机制，辖区内每个残疾人家庭开展至少一次入户调研，详细了解每名残疾人的基本情况和需求情况。全省各乡镇（街道）、村（社区）根据每个残疾人的具体情况特别是需求情况，研究残疾人培训需求，采取省、市、县三级联动，有针对性地开展适合不同类别、不同层次残疾人的初、中、高级大规模职业技能培训，以此提升残疾人就业能力。同时，利用"互联网＋残疾人"创新模式，率

---

① 路琪、惠霞、董志峰、姚佳妮、汤云宇：《国外残疾人就业：立法、方式、服务及启示》，《发展》2017 年第 4 期。

先开发和推广了国内首个专门针对残疾人创业、就业的网络平台与手机应用 APP。

（二）通过多种途径和方式提高困难家庭残疾人就业率

中国人口基数大，持证残疾人数多，与发达国家相比，我们没有办法为残疾人提供大量的收入支持，且过多的收入支持会阻碍残疾人在开放的劳动力市场就业，不利于"促进残疾人增强自身发展能力，激励残疾人自强自立"基本原则的实现，也不符合促进人的全面发展理念。"授人以鱼不如授人以渔"，政府应该"巧用力、用好力"。

一方面，把职业培训作为提高残疾人就业能力和就业积极性的重要手段，借鉴国外经验、采用经济手段鼓励具有一定劳动能力的困难家庭残疾人参加培训；另一方面，通过残疾人就业服务机构、残疾人招聘会、资金信贷扶持、开发公益性岗位等多种直接或间接的途径，积极推进零就业家庭就业帮扶等就业政策的落地，提供就业机会，切实提高残疾人就业参与率。同时，要转变观念，残疾人就业问题要和残疾人教育事业、残疾人康复事业等联系起来，积极促进残疾人各项事业的发展，建立残疾人就业发展的长效机制。

（三）关注困难家庭残疾人弱势群体的就业问题，解决不同特征残疾人的就业服务需求差异问题

此次调查和以往的研究均发现，女性残疾人的就业比率更低、职业构成更差，青年残疾人的就业率低，城乡残疾人的就业差别大，农村残疾人的就业形式单一、就业质量差。[1] 残疾人在就业市场本身就存在劣势，某些特征的残疾人在残疾人就业市场的相对劣势更会挫伤这些残疾人的就业积极性，政府应对残疾弱势群体的就业予以重视，并积极出台有针对性的政策，如对女性残疾人，开发出更适合女性的就业渠道，如开展手工制品培训等，从而带动有劳动能力的女性的就业积极性。

不同特征残疾人对就业服务的需求也存在较大差异，比如农村更

---

[1] 李忆特：《我国残疾人状况及就业问题研究》，博士学位论文，山东大学，2015 年。

偏好农业技能培训，男性更偏好职业介绍等。应当积极推进残疾人信息化建设，对当地不同特征残疾人的需求进行汇总，做到心中有数，有计划、有侧重地投入相关资源，更高效率地促进残疾人就业。

（四）完善政府绩效考核制度、问责制度和社会监督机制，提高残疾人就业促进政策的执行力

目前，残疾人就业保护政策、就业援助政策、就业服务配套政策日臻完善，但残疾人就业促进工作的落地实施中却存在一定问题。政府要加大残疾人工作投入力度，不断改进和加强残疾人事业的组织建设。残疾人就业工作是一个社会系统工程，要做好统筹安排，同步实施。建立残疾人就业的责任体系，发挥政府的主导作用，关注基层政府，特别是街道和乡镇，在残疾人就业工作中的重要地位。[1]《"十三五"加快残疾人小康进程规划纲要》将残疾人事业相关要求指标化，针对就业促进的相关工作也可以加以借鉴，把残疾人就业促进工作纳入各级政府政绩考核和社会发展考核指标体系。

---

[1]　"中国残疾人就业问题研究"课题组：《残疾人就业现状与对策》，《经济研究参考》2003 年第 51 期。

第八章　困难残疾人及家庭"教育"政策支持

　　困难残疾人教育资源分配不公平的问题，严重影响困难残疾人未来的可持续发展能力。从整体来看，困难残疾人接受教育的整体水平较低，接受教育的困难残疾人人数比例与普通适龄儿童的人数比例差距较大，偏远地区的残疾人教育资源供给不足等问题突出。在实际的帮扶过程中，需要根据不同地区的发展情况以及发展需要，来解决困难残疾人的教育问题。从物质基础、政策结构、帮扶内容等方面对困难残疾人的教育进行扶持。

　　因此，探索和关注困难残疾人的教育问题，总结已有的扶持政策，并根据困难残疾人的实际需要，提出有关的政策建议，为困难残疾人教育权利的保障提供支持具有重要意义。

第一节　教育政策及服务基本情况

一　概念及政策背景

（一）残疾人教育的内涵

　　残疾人教育是指对视力、听力、言语、智力、肢体有残疾的人实施的教育，其中包括学前教育、基础教育、高等教育、职业技术教育和成人教育。20 世纪 90 年代，国家制定的一系列教育法规都对残疾人教育做出了明确规定，并将残疾人教育纳入国家教育改革和发展的总体规划。残疾人教育已成为我国教育事业的一个重要组成部分。① 困难残疾人教育是残疾人教育事业的一部分，其针对的是因家庭生活条件差而影响家庭中受教育的适龄儿童。

（二）国际关于残疾人教育的条例

美国 1975 年颁布了《所有残疾儿童教育法》（*Education for All Handicapped Children Act*，EAHCA，PL94 - 142，1975 ），并不断修订，于 1990 年形成《残疾人教育法》（*The Individuals with Disabilities Educa-tion Act*），即 IDEA。2004 年《残疾人教育促进法》（*The Individuals for the Disabilities Education Improvement*）和 2002 年颁布的《不让一个儿童落后法案》，以及于 2015 年修订的《促进所有学生成功法》（*The Every Student Succeeds Act*）的出台，对残疾人教育平等的关注转向了"高质量"的教育效果，促使所有学生都有机会获得高学业水平。②

英国于 1944 年颁布了《教育法》，首次以立法的形式确定为残疾儿童建立特殊教育学校。并在 1976 年对之进行了修订，支持将残疾儿童放到普通学校的做法，第一次以立法的形式明确保障残疾儿童进入普通学校接受教育的平等权利。在 1978 年颁布的《特殊教育需要报告》，即《沃洛克报告》中，提出"特殊教育需要"的概念，对就学的儿童实行一体化的模式教育，并且对残疾儿童的教育安置模式提出了挑战。1997年颁布的《特殊教育绿皮书》（*Green Paper-Excellence For All Children*）以及 2001 年颁布的《特殊教育需要与残疾法》（*The Special Education Needs and Disability Act*），在其中重点强调了对残疾人的反歧视性教育，对提高所有儿童的学习能力以及学业成就标准做出了规定。③

在亚洲，我们选择残疾人教育较为发达的日本进行分析。日本于 1947 年颁布、1988 年修订的《学校教育法》。为残疾学生提供了与普通学生教育交流的平台，以促进残疾适龄儿童接受高质量的教育。④

---

① 盛永进：《特殊教育学基础》，教育科学出版社 2011 年版。
② 黄伟：《残疾人教育法的国际比较研究——兼论〈残疾人教育条例〉》，《中国特殊教育》2017 年第 6 期。
③ 同上。
④ 同上。

（三）我国明确提及困难残疾人教育的相关政策梳理

在教育政策的制定方面，我国法律从整体上对困难残疾人教育提供立法保障。经济困难儿童和残疾儿童这两个群体和领域对于困难残疾人教育存在交叉群体，可能因经济条件落后、医疗条件差而导致残疾儿童，也有可能因残疾导致家庭的贫困，国家为进一步解决其教育问题，在法律层面明确对困难残疾人教育的保障。在提供教育服务的对象界定中，以下法律明确提及困难儿童、残疾儿童：

《中华人民共和国义务教育法》规定，国家、社会对符合入学条件、家庭经济困难的儿童、少年、青年，提供各种形式的资助。针对残疾儿童，国家、社会、学校及其他教育机构应当根据残疾人身心特性和需要实施教育，并为其提供帮助和便利。

《中华人民共和国义务教育法》针对义务教育对象的特殊群体规定，国务院和县级以上地方人民政府应当合理配置教育资源，促进义务教育均衡发展，改善薄弱学校的办学条件，并采取措施，保障农村地区、民族地区实施义务教育，保障家庭经济困难的和残疾的适龄儿童、少年接受义务教育。

《中华人民共和国残疾人保障法》中规定，各级人民政府对接受义务教育的残疾学生、贫困残疾人家庭的学生提供免费教科书，并给予寄宿生活费等费用补助；对接受义务教育以外其他教育的残疾学生、贫困残疾人家庭的学生按照国家有关规定给予资助。

国家从教育的角度出台的相关政策，为各群体适龄儿童在教育领域提供保障。对于残疾儿童与青少年的就学问题出台相应资助与保障政策，并且在《中华人民共和国义务教育法》《中华人民共和国残疾人保障法》等一系列教育法律法规指导下，出台了更加明确的保障政策。

二 被调查困难残疾人教育状况

（一）文化程度

总结困难残疾人的文化程度数据可以看出（见表8-1），未上过学的人数为623人，占受调查残疾人的24.7%；通过私塾或小学接受教育的人数为757人，占受调查残疾人的30.0%；初中教育水平的人数为765人，占受调查残疾人的30.3%；高中或中专教育水平的困难残疾人数325人，占受调查残疾人的13.0%；大专或大本教育水平49人，占受调查残疾人的2.0%。

表 8 - 1　　　　　　　　困难残疾人文化程度分布

文化程度	人数	约占百分比（%）
未上过学	623	24.7
私塾或小学	757	30.0
初中	765	30.3
高中或中专	325	13.0
大专或大本	49	2.0
总计	2519	100.0

根据不同层次教育水平的数据分析可以发现，未上过学的困难残疾人数较高，但其中存在非适龄的困难残疾人，即其已经超过接受教育的合适年龄，是历史上遗留下的问题。但是随着我国残疾人教育政策的完善，学龄残疾儿童接受义务教育比例的目标值提高，到2020年，学龄残疾儿童接受义务教育比例将达到95%。此比例越高，则说明有越多的学龄儿童接受了义务教育。根据2017年残疾人动态更新统计数据，学龄残疾儿童接受义务教育比例（6—14岁）为63.3%，相较于95%的目标值仍存在较大差距。

私塾或小学教育与初中教育人数相当，并在受调查残疾人中占有较高比例。高中或中专较初中教育水平人数大幅度下降，在受调查残疾人中的占比也由30.3%下降到13.0%。困难残疾人接受大专或大本教育人数为49人，占有效数据总数的2%。由此可见，在初中之后，继续接受教育的人数较少，困难残疾人接受高等教育的可能性较低，不利于困难残疾人有效提高和改善生活。

（二）就读学校

被调查困难残疾人受教育的方式主要有两种，分为通过普通学校进行教育和特殊学校进行教育。

通过数据可以看出（见表 8 – 2），在普通学校就读的困难残疾人总
人数为 1838 人，占困难残疾人总人数的 73.0%；在特殊学校就读的残
疾人总人数为 58 人，占困难残疾人总数的 2.3%。经济困难儿童和残疾
儿童这两个群体存在交叉，可能因经济条件落后、医疗条件差而导致儿
童残疾，也有可能因残疾导致家庭的贫困，为进一步解决其教育问题，
应在法律层面明确对困难残疾人教育的保障。

表 8 – 2　　　　　　　　困难残疾人就读学校类型分布

就读学校类型	人数	约占百分比（%）
未上过学	623	24.7
普通学校	1838	73.0
特殊学校	58	2.3
总计	2519	100.0

（三）调查发现

首先，困难残疾人的文化程度数据可以看出，困难残疾人文化水
平总体与普通人整体文化水平存在差异，在控制经济水平这一变量情
况下，困难残疾人接受教育的能力下降，通过教育不断提高自我能力
的可能性受到了经济水平的影响。

其次，根据困难残疾人就读情况，困难残疾人群体较多会选择跟
班就读来接受教育，另一方面，普通教育和特殊教育的选择原因，需
要进一步调查。与此同时，值得肯定的是，政府等有关机构在让更多
残疾人接受普通教育方面提供了越来越多的政策扶持，例如将中央特
殊教育专项补助经费用于支持普通学校特殊教育资源教室（中心）建
设，为残疾学生随班就读提供经费支持等政策。

最后，在教育服务与需求方面，提供教育服务的形式、内容，以及
为教育服务提供物质支持和社会认可方面需要进一步改善和加强。在文
化与舆论认知上需要营造一个适合困难残疾人继续接受教育的环境。

第二节　教育政策及服务支持性分析

一　困难残疾人教育政策总述

残疾人特殊教育问题的解决是分阶段、分时期进行的，根据不同的发展阶段和困难残疾人的教育需求，进行了政策的修订和完善，残疾儿童接受教育的情况整体向好发展。

国家先后出台了两期《特殊教育提升计划》。《特殊教育提升计划》（2014—2016 年）的总目标为：全面推进全纳教育，使每一个残疾孩子都能接受合适的教育。经过三年努力，初步建立布局合理、学段衔接、普职融通、医教结合的特殊教育体系，办学条件和教育质量进一步提升。截至 2016 年，全国基本普及残疾儿童少年义务教育，视力、听力、智力残疾儿童少年义务教育入学率达到 90% 以上，其他残疾人受教育机会明显增加。

在第二期的《特殊教育提升计划》（2017—2020 年）中总结了第一期（2014—2016 年）的经验与不足，具有重要意义。近年来，各地按照党中央、国务院的决策部署，实施《特殊教育提升计划》（2014—2016 年），残疾人接受教育机会不断增加，普及水平大大提高，财政投入显著增加，师资队伍建设和课程教材建设取得显著成效，继续教育质量不断提高。但是，中西部地区，特别是边远贫困地区的残疾儿童和青年的义务教育水平仍然相对较低。特殊教育条件的保障体系还不完善，特殊教育水平需要提高。实施第二期《特殊教育提升计划》（2017—2020 年），是巩固第一期成果、进一步提升残疾人受教育水平的必然要求，是推进教育公平、实现教育现代化的重要任务，是增进残疾人家庭福祉、加快残疾人小康进程的重要举措。

《国家中长期教育改革和发展规划纲要（2010—2020 年）》中，将特殊教育作为促进公正的中心领域，制定特殊教育学校和地方政府的基本教育标准，为困难残疾学生的公共支出设定标准，并增加对特殊教育的资金支持力度。鼓励和支持接受残疾学生的正规学校，为残疾学生创造学习和生活条件。加强特殊教育师资队伍建设，实行特殊教育待遇。增加特殊教育教师的比例，并表彰优秀教师，鼓励教师积极参与残疾人教育领域。

2013年以来，除了关注残疾人适龄儿童接受教育的需求，同时开始对实现什么样子的残疾人教育目标制定计划，残疾人受教育情况受到多方面因素的影响，且进一步探索发现。

在2014年之后至今，残疾人教育关注的领域更加扩散，通过数据分析及调研等实证研究，发现了残疾人群体更高层次的教育需要，为了进一步满足这些教育需求，残疾人教育政策制定部门进行了创新且更加深入细分的政策制定。

国务院总理李克强2017年1月11日主持召开国务院常务会议，通过了《残疾人教育条例（修订草案）》。草案立足对残疾人保障义务教育、扩大职业教育和防止各类教育入学歧视，增设了相关规定，强化了合理配置特殊教育资源、规范残疾人教学、提高特殊教育质量和教师待遇等要求。

"条例"中强调，为了加强对残疾人教育的保障和支持，政府根据有关规定安排了残疾人教育经费，并将必要的经费纳入国家预算。残疾人的保障资金可根据需要用于特殊学校，以完成学业；根据国家现行规定，减少有经济困难的残疾学生免除学杂费，并优先考虑补贴。在此基础上，将进一步着重解决经济困难的残疾学生的教育问题。国家保障残疾人享有受教育的平等权利，并禁止一切基于残疾的歧视。在残疾人教育的发展目标和概念，录取方案，教学标准，教师队伍建设以及保障和支持方面，残疾人教育体系得到了进一步加强。并注明，招收残疾学生的学校应根据国家有关规定减免学费和其他费用，并根据国家资助政策优先考虑拨款。国家鼓励有条件的地方优先为经济困难的残疾学生提供免费学前和中学教育，并逐步对高中残疾学生实行免费教育。总目标方面，到2020年，各级各类特殊教育普及水平全面提高，残疾儿童少年义务教育入学率达到95%以上，非义务教育阶段特殊教育规模显著扩大。特殊教育学校、普通学校随班就读和送教上门的运行保障能力全面增强。提高残疾学生资助水平，实行家庭经济困难的残疾学生从义务教育到高中阶段教育的 12 年免费教育，为经济困难的残疾人群体接受教育提供保障。

政府在为保障家庭经济困难的学生能够尽可能有经济条件完成进一步的文化水平提高方面做出了诸多努力。在 2018 年 11 月 8 日出台的《教育部等六部门关于做好家庭经济困难学生认定工作的指导意见》（教财〔2018〕16 号）中，明确指出做好家庭经济困难学生认定工作，是贯彻落实党中央、国务院决策部署，全面推进精准资助，确保资助政策有效落实的迫切需要。

2013 年以来，有关部门对困难残疾人的群体教育情况更加关注，从制定规划方面，开始提到为家庭经济困难的残疾儿童和残疾青少年提供包括义务教育、高中阶段教育在内的 12 年免费教育。通过减免教育的费用，来为困难残疾人提供教育资金支持和补贴。

二　困难残疾人教育政策分析

（一）政策成效

除了中央财政投入外，我国特殊教育的投入经费更多来源于地方财政，地方财政投入又以地市、区县两级政府投入为主。[①] 根据《中国教育经费统计年鉴》统计，我国特殊教育生均经费持续增长，2012 年地方教育和其他部门特殊教育生均经费支出 45790.48 元，2013—2015 年分别上升至 49813.03 元、51777.83 元和 58922.56 元，2015 年较 2013 年增长了 28.68%。

地方政府对特殊教育经费的补助主要采取了以下措施：（1）设立地方性特殊教育补助金。如广东省在 2014—2018 年共下发省级专项补助资金 14.12 亿元，云南省每年补助 5000 万元，陕西省每年补助 3000

---

① 吕春苗：《近年来我国特殊教育经费研究综述》，《绥化学院学报》2017 年第 4 期，第 124—127 页。

万元。（2）从残疾人就业保障金中提取一定比例，用于支持特殊教育及残疾人职业培训，以及支持特殊教育学校开展劳动技能教育。（3）在执行义务教育"两免一补"政策时，普遍将特殊教育经费单列，不断增加补助项目，提高补助标准。例如，北京、福建等将"两免一补"拓展到"三免两补"或者"三免一补"。2016年，地方政府普遍将义务教育阶段特殊教育学校生均公用经费标准提高至6000元以上，上海为7800元，北京为12000元，广东对特殊教育学校学生按不低于普通学生8—10倍的标准拨付。（4）扩大补助对象的范围，根据义务教育阶段特殊教育学校的生均公用经费标准，对随班就读、在特殊教育班就读和接受送教上门服务的残疾儿童执行相同标准。

除义务教育阶段外，努力提高非义务教育阶段生均公用经费标准，如新疆维吾尔自治区规定，特殊职业教育学校的残疾学生，其人均公用经费在义务教育阶段标准的基础上再提高50%。如青岛市规定，对各区（市）接收残疾幼儿的幼儿园，以人均11000元的标准进行补助（相当于当地普通初中生均公用经费的10倍），并从2017年秋季学期开始，统一免除公办幼儿园残疾幼儿的保教费。经过几年的努力，我国残疾学生的教育补助项目增多，补助标准普遍高于同一教育阶段的普通学生。近年来多个参与主体共同助力困难残疾人的教育发展，社会组织对残疾人资助的基金项目不断增多，仅中国残疾人福利基金会在特教方面的筹款就达2亿多元，受益残疾人共28万人次。同时，政府鼓励和引导民间资金进入教育领域，实施捐资助学项目。如：2016年交通银行与其6万名员工捐款共计1亿元，实施了"通向明天——交通银行残疾青少年助学计划"，设立了"特教园丁奖"。①

（二）政策需求

1. 客观条件需求

从接受教育的困难残疾人客观条件上分析，需求主要有以下几

---

① 刘璞：《我国残疾儿童受教育状况的发展进程》，《残疾人研究》2018年第4期。

点：身体的客观状况、家庭经济因素、社会认知及支持、学校的数量及质量、残疾群体上学的可行性。国家在解决困难残疾人的教育问题之前，需要政策重点关注和扶持。

2. 无障碍环境需求

在残疾人的无障碍设施的建设中，从小学至大学，都存在无障碍设施不够完善的问题。然而，在接受教育的过程中，"到达"接受教育的目的地是开始接受教育的第一步。在《中华人民共和国残疾人保障法》中提到，无障碍环境，国家和社会应当采取措施，逐步完善无障碍设施，推进信息交流无障碍，为残疾人平等参与社会生活创造无障碍环境。各级人民政府应当根据残疾人对无障碍环境建设的需求进行统筹规划、综合协调，加强监督管理无障碍设施的建设和改造。新建、改建和扩建建筑物、道路、交通设施等，应当符合国家有关无障碍设施工程建设标准。

依照国家有关无障碍设施建设的规定，各级国家政府和有关部门应当逐步推进既有设施的改造，优先改造与日常工作和残疾人生活息息相关的公共服务设施。在施工的同时，应注意及时维护和保护无障碍设施。国家需采取支持性措施，为残疾人的信息交流创造无障碍条件。特别是为困难的残疾人创造条件，以提供无障碍的公共服务。

3. 信息服务接收途径有效性需求

国家和社会应研制、开发适合残疾人使用的信息交流技术和产品。国家举办的各类升学考试、职业资格考试和任职考试，有盲人参加的，应当为盲人提供的盲文试卷、电子试卷或者由专门的工作人员予以协助。公共服务机构和公共场所应当创造条件，为残疾人提供语音和文字提示、手语、盲文等信息交流服务，并提供优先服务和辅助性服务。组织选举的部门应当为残疾人参加选举提供便利；有条件的，应当为盲人提供教育性活动的盲文选票，例如：困难残疾人投票选出认可的特殊教育教师和学生组织成员，能够更好地为残疾人教育提供服务。在改造相关设施的同时，应进一步完善教育公共场所的无障碍设施，为需要的群体提供保障。

（三）政策比较

1. 区域比较

各个省市根据实际的经济状况进行了相应的政策制定，但实际拨款也存在中西部和沿海内陆的差距。

东部地区与西部地区对于困难残疾人的教育扶持表现出较大差距，从支持的金额来说，不同等级的残疾人受到的经济支持存在较大的差异。例如：东部地区的天津市进一步完善困难残疾人生活补贴和重度残疾人护理补贴政策，享受城市最低生活保障待遇或低收入救助家庭中的各残疾类别残疾等级为一级、二级的重度残疾人，生活补贴标准为每人每月255元，各残疾类别残疾等级为三级、四级的非重度残疾人，生活补贴标准为每人每月130元。广西壮族自治区在2019年，由现行的每人每月50元提高到每人每月80元。在此基础上，有条件的地方可根据本地经济社会发展水平和财力状况适当提高补贴，具体标准由当地民政局、残联和财政局研究提出报同级人民政府批准执行。在资金的具体数额上存在较大差异。除了资金的数量，在教育支持的力度上也存在差异。例如：浙江省人民政府在《关于加快推进残疾人全面小康进程的实施意见》中明确了扶持的对象，制订了一系列保障政策，加快推进残疾人全面小康进程，其中多项政策直接惠及残疾儿童，体现了儿童优先、儿童利益最大化原则。完善残疾儿童特殊教育布局，特殊教育学校普遍开展学前教育，对家庭经济困难残疾儿童的学前教育训练和生活费给予补贴。但在西部地区，明确提出对困难家庭的教育扶持内容明显存在不足。

2. 人群比较

《中国残疾人事业"十三五"发展纲要》中提到建立完善残疾人基本福利制度。全面实施困难残疾人生活补贴制度和重度残疾人护理补贴制度，是残疾人民生兜底保障的重点政策，适时调整补贴标准，有条件的地方可逐步扩大补贴范围。加快残疾人小康进程主要指标有困难残疾人生活补贴目标人群覆盖率，目标值"＞95％"。这一设置可以看出对于困难残疾人的整体生活有政策的倾向和扶持。

比较残疾人与普通人受教育水平发现，残疾人受教育水平远低于全国整体水平。根据 2017 年残疾人动态更新统计数据，学龄残疾儿童接受义务教育比例（6—14 岁）为 63.3%，相较于 95% 的目标值还有很大差距，要继续贯彻实施《中华人民共和国残疾人教育条例》，依法保障残疾人受教育权利。为家庭经济困难的残疾儿童、青少年提供包括义务教育、高中阶段教育在内的 12 年免费教育。继续采取"一人一案"方式解决好未入学适龄残疾儿童少年义务教育问题。规范为不能到校学习的重度残疾儿童送教上门服务。

三　启示与建议

通过以上的政策梳理和分析可以发现，困难残疾人因经济基础较弱且在除义务教育以外的教育水平的跟进上存在较大困境。除了财政上进行更强有力的精准扶贫以外，需要分类型、分阶段、分情况进行政策上的完善。

（一）解决困难残疾人的教育基础条件为先行

在提高残疾人整体的教育供给的基础上，优化困难残疾人教育服务供给水平以及供给结构。教育服务不仅仅是文化知识的提供载体，更是生活可持续性的保障。帮助困难残疾人脱离困难的经济状况，是解决困难残疾人教育不平等的第一步，在解决生活和生产问题之后，再进行文化、体育、娱乐教育，有重点和有针对性地通过教育来改善困难残疾人的生活。

（二）保持衡量困难残疾人教育需求的数据维护的可持续性

合理利用已有管理体系查询困难残疾人教育资料，中国残疾人联合会已经开发《残联业务管理系统》，可处理大多数与残疾人有关的事务，例如残疾人基础信息的维护、管理就业保障金，从对求职、就业、培训的信息维护和日常管理到对各类残联组织的表彰管理和信息查询等。系统可对残疾人的残疾类型、残疾等级，属于哪一个民族、个人受教育程度、目前是已婚还是单身，审核人是谁，家住哪个行政区域等都可进行设置；教育情况的完善也是根据不同的年龄段进行更新的。

将困难残疾人群体在这一系列教育类别信息收集中进行明显的区分，并通过教育扶持后，困难残疾人转变为普通残疾人的信息和数据可作为评估困难残疾人教育扶持政策效果的依据。

（三）教育相关领域的信息整合进行聚焦

教育作为重要的发展软实力，与多个因素密切相关。教育虽然在许多部门和政策有体现，却没有将这些政策和信息进行整合。例如，目前进行残疾人调查的部门有很多，包括中国残联、民政部、教育部、住建委、国务院扶贫办等，应实现部门之间的信息共享，避免部门间隔离和"三不管地带"的出现。利用建设政府大数据平台的机会，在不打破我国行政体制结构情况下，实现部门之间信息资源的共享，更好地在多个角度解决困难残疾人的教育缺失问题。

（四）根据地区困难残疾人不同的特点进行教育扶持

经济发达区域应创新残疾人教育服务的体制和机制，使残疾人教育向精准型、高效率和选择性供给模式发展。经济欠发达区域残疾人教育服务供给水平偏低，目前教育服务需求仍表现为特殊教育专项经费和特殊教育师资编制需求，省级政府要加大对经济欠发达区域特殊教育专项财政投入倾斜力度，地方政府要继续强化保底功能，给予家庭经济困难的残疾儿童、青少年义务教育，学前教育和高中阶段教育寄宿生活费用和特殊学习用品、教育训练补助；与"精准扶贫""教育扶贫"以及"扶贫攻坚"等工程系统设计统筹规划，提升教育专项资源配置效率。①

---

① 许巧仙、詹鹏：《公平正义与弱有所扶：残疾人教育结构性困境及服务提升研究》，《中国行政管理》2018 年第 11 期。

第九章　困难残疾人及家庭"无障碍"政策支持

无障碍设施是保障残疾人及其他弱势群体通行安全和使用便利的服务设施，包括无障碍通道（路）、电（楼）梯、平台、房间、洗手间（厕所）、席位、盲文标识和音响提示以及通讯等，与残疾人生活息息相关。随着经济发展和社会进步，无障碍建设日益受到各国的重视，而我国的无障碍设施建设日前尚不完善，仍存在很多发展空间。本章根据调查结果，梳理了有关困难残疾人无障碍服务的政策发展及困难残疾人无障碍服务的现状，对于建立无障碍建设规范，提高无障碍建设水平具有重要意义。

第一节　无障碍政策及服务基本情况

一　政策背景

在建设工程中配套建设无障碍设施，可以帮助克服残疾人、老年人等由于生理障碍带来的不便，保障残疾人及其他行动不便者在居住、出行、工作、休闲娱乐和参加其他社会活动时，能够自主、安全、方便地通行和使用所建设的物质环境。近年来，我国出台了一系列政策文件，促进无障碍服务的建设和发展，保障残疾人的合法权益。

2008 年出台的《中华人民共和国残疾人保障法》第七章为"无障碍环境"，提出"国家和社会应当采取措施，逐步完善无障碍设施，推进信息交流无障碍，为残疾人平等参与社会生活创造无障碍环境；无障碍设施的建设和改造，应当符合残疾人的实际需要"，并对于信息交流、道路交通、参与选举等方面进行了规定。

为"创造无障碍环境，保障残疾人等社会成员平等参与社会生活，国务院发布了《无障碍环境建设条例》，对涉及市政建设、公共交通、信息交流、社区服务等诸多领域的无障碍信息建设、无障碍信息交流、无障碍社区服务、法律责任等进行了详细的规定，以维护残疾人的合法权益。随着国家的发展，人口老龄化趋势日益加重，随之而来的现实需求以及人文设计理念的深入使无障碍环境建设变得尤为重要。为解决无障碍环境建设中存在的不规范、不系统和不实用等突出问题，住房和城乡建设部批准发布了新的国家标准《无障碍设计规范（GB50763—2012）》，收录了术语、无障碍设施的设计要求、城市道路、城市广场、城市绿地、居住区、居住建筑、公共建筑、历史文物保护建筑无障碍建设与改造、引用标准名录等，通过进一步规范标准，推动无障碍设施建设工作顺利开展，提升建设水平，凸显人文关怀。

2015 年，国务院印发《关于加快推进残疾人小康进程的意见》，明确提出"全面推进城乡无障碍环境建设。各地要按照无障碍设施工程建设相关标准和规范要求，对新建、改建设施的规划、设计、施工、验收严格监管，加快推进政府机关、学校、社区、社会福利、公共交通等公共场所和设施的无障碍改造，逐步推进农村地区无障碍环境建设。有条件的地方要对贫困残疾人家庭无障碍改造给予补贴。完善信息无障碍标准体系，逐步推进政务信息以无障碍方式发布、影像制品加配字幕，鼓励食品药品添加无障碍识别标识。鼓励电视台开办手语栏目，主要新闻栏目加配手语解说和字幕。研究制定聋人、盲人特定信息消费支持政策"，显示出对无障碍建设的重视。

2016 年，国务院出台《"十三五"加快残疾人小康进程规划纲要》，提出"全面推进无障碍环境建设。确保新（改、扩）建道路、建筑物和居住区配套建设无障碍设施，加快推进政府机关、公共服务、公共交通、社区等场所设施的无障碍改造。公共交通工具逐步配备无障碍设备，公共停车区按规定设立无障碍停车位。制定推广家居无障碍通用设计。加大贫困重度残疾人家庭无障碍改造工作力度。开展无障碍环境市县村镇创建工作。同时，大力推进互联网和移动互联网信息服务无障碍，鼓励支持服务残疾人的电子产品、移动应用软件（APP）等开发应用"。不仅将无障碍环境建设列为重要规划，还提出重点关注贫困重度残疾人家庭无障碍改造工作。同年，《国务院关于印发"十三五"加快残疾人小康进程规划纲要的通知》中进一步提出"贯彻落实《无障碍环境建设条例》，完善无障碍环境建设政策和标准，加强无障碍通用产品和技术的研发应用。加强无障碍设施日常维护管理和监督使用，改进方便残疾人交通出行的服务举措。加快推进食品药品信息识别无障碍。扶持导盲犬业发展。特殊教育、托养等残疾人集中的机构和相关行业系统制定自然灾害和紧急状态下残疾人无障碍应急管理办法，加强残疾人无障碍应急救助服务"等内容，对无障碍环境建设的细节作出了具体的要求。

2017 年，民政部、中国残联关于贯彻落实《国务院关于全面建立困难残疾人生活补贴和重度残疾人护理补贴制度的意见》的通知中，提出"探索推进责任共担、功能互补的长期照护体系建设。坚持该意见提出的资源统筹、责任共担原则，发挥残疾人两项补贴制度的带动作用，逐步建立面向多类群体、统筹多方资源的长期照护体系。强调家庭善尽义务，禁止家庭成员虐待、遗弃残疾人，维护残疾人合法权益，探索通过培训家庭照顾者、改造家庭无障碍环境、社区支援服务等措施，进一步巩固家庭照顾残疾人的基础性作用"，强调了进行家庭无障碍环境改造的重要性。《民政部关于开展全国农村社区治理实验区建设的通知》中提到"妥善处理农村社区建设与城镇化建设的关系，逐步实现'城边村''镇边村'农村社区与城镇基础设施、基本公共服务和社会事业发展相衔接，推进农村社区无障碍环境建设"，强调了关注建设农村无障碍环境建设的重要性。同年，中国残

联发布的《关于做好贫困重度残疾人家庭无障碍改造工作的通知》提
出，"为残疾人特别是贫困重度残疾人家庭进行无障碍改造。优先安
排落实贫困重度残疾人家庭无障碍改造（城市低保、农村建档立卡）。
争取到 2020 年初步解决贫困重度残疾人家庭无障碍改造基本需求，
扩大残疾人家庭无障碍改造覆盖面，提高残疾人居家生活质量，为残
疾人实现小康奠定基础"。政策的不断出台说明国家一直关注着无障
碍环境建设的方方面面，尤其是对处于较为弱势的困难残疾人群体和
农村地区。

二 被调查困难残疾人及家庭无障碍服务情况

关于无障碍服务情况，主要调查了困难残疾人的无障碍改造需求
和改造现状。本节对无障碍服务的供求情况进行分析，并分城乡和人
群进行对比。

（一）无障碍服务需求情况：近半数困难残疾人家庭有无障碍改
造需求，尤其是卫生间和厨房改造（见表 9 - 1）

被调查困难残疾人中，近半数（43.4%）有无障碍改造需求，说
明无障碍改造需求较高。其中卫生间改造需求最高，有 25.9% 的困难
残疾人有卫生间改造需求，其次是厨房改造，有 19.1% 的困难残疾人
有厨房改造需求。可以看出，困难残疾人的改造需求与生活息息相
关，他们希望改造自己生活中的常用场所，使生活更加便利。

表 9 - 1　　　　困难家庭残疾人设施改造需求情况（多选）

家庭无障碍改造需求	需要人数（人）	约占百分比（%）
家门口坡度、扶手	477	18.9
房门改造	419	16.6
卫生间改造	652	25.9
厨房改造	480	19.1
闪光门铃、可视门铃	156	6.2
煤气泄漏报警发声装置	167	6.6
上网读屏软件	51	2.0

家庭无障碍改造需求	需要人数（人）	约占百分比（%）
其他	158	6.3
无需求	1426	56.6

（二）无障碍服务供给情况：困难残疾人无障碍改造需求大，但大部分尚未接受改造（见表9－2）

根据问卷中针对困难残疾人是否需要家庭设施改造的调查，有38.2%的困难残疾人有该需求，说明对于困难残疾人来说，由于残疾带来的生活上的不便，仍有较大的无障碍改造需求。然而近年来进行过无障碍改造的困难残疾人仅占9.2%，可见当前的无障碍改造远远不能满足困难残疾人的需求，有待进一步提高。

表9－2   困难残疾人无障碍改造需求和供给情况

	人数（人）	约占百分比（%）
需要家庭设施改造	962	38.2
近年来进行过无障碍改造	232	9.2

（三）分城乡：城乡无障碍改造需求供给不足，但农村需求更大

1. 困难残疾人无障碍改造需求比较：农村需求大于城市，尤其是卫生间和扶手（见表9－3）

对于困难残疾人来说，城乡均有较大的无障碍改造需求，其中农村有53.2%的困难残疾人有无障碍改造需求，超过半数，比城市需求稍高。尤其是卫生间改造，家门口坡度、扶手，厨房改造和房门改造方面，农村困难残疾人改造需求较大，分别为32.2%、26.0%、24.8%和23.3%，说明农村困难残疾人的改造需求集中在基础设施方面。其中，"家门口坡度、扶手"改造需求城市为14.3%，农村为26.0%，城乡相差约12个百分点，这与城乡居住环

境的不同有关，城市多住楼房，有电梯等设施，而农村仍有大量自建平房，需要更多地进行无障碍工程建设。

表9-3　　　城乡困难家庭残疾人设施改造需求情况（多选）

	城市		农村	
	人数 = 1515		人数 = 1004	
	需要人数	约占百分比（%）	需要人数	约占百分比（%）
家门口坡度、扶手	216	14.3	261	26.0
房门改造	185	12.2	234	23.3
卫生间改造	329	21.7	323	32.2
厨房改造	231	15.3	249	24.8
闪光门铃、可视门铃	85	5.6	71	7.1
煤气泄漏报警发声装置	90	5.9	77	7.7
上网读屏软件	22	1.5	29	2.9
其他	91	6.0	67	6.7
无需求	956	63.1	470	46.8

2. 城乡困难残疾人无障碍改造供给比较：城乡改造力度均需加大

城乡困难残疾人近年来进行过无障碍改造的比例分别为7.9%和11.3%，改造需求为31.6%和48.1%，说明现在城乡均需要扩大无障碍设施改造的力度。其中，农村的供求缺口大于城市，这与农村的经济发展水平、生活环境、建筑设施与城市的不同有关，需要引起进一步的关注（见表9-4）。

表9-4　　　城乡困难残疾人无障碍改造需求和供给情况

	城市		农村	
	人数 = 1515		人数 = 1004	
	使用人数	约占百分比（%）	使用人数	约占百分比（%）
需要家庭设施改造	479	31.6	483	48.1
近年来进行过无障碍改造	119	7.9	113	11.3

（四）分人群：困难残疾人无障碍改造需求远高于平均水平，且供求缺口较大

1. 困难残疾人无障碍需求高于平均水平，尤其是卫生间改造和厨房改造

2018 年全国残疾人基本情况与服务需求动态数据显示，有无障碍改造需求的残疾人有 6727417 人，占比 20.6%，改造需求中，"其他"和"卫生间改造"比例最高，分别占比 11.4%、6.2%；"上网读屏软件"的需求最低，占比 0.1%；其他依次为"家门口坡度、扶手"（3.4%）、"厨房改造"（3.3%）、"房门改造"（2.9%）、"闪光门铃、可视门铃"（0.5%）、"煤气泄漏报警发生装置"（0.4%）。这与困难残疾人无障碍改造需求情况有一些不同。困难残疾人的无障碍改造需求总体上远高于全国平均水平，"无需求"的仅有 56.6%，远低于全国的 79.4%，且改造需求最高的为"卫生间改造"，比例为 25.9%，其次是"厨房改造"，比例为 19.1%，最低的为"上网读屏软件"，比例为 2.0%，其他依次为"家门口坡度、扶手"（18.9%）、"房门改造"（16.6%）、"煤气泄漏报警发声装置"（6.6%）、"其他"（6.3%）和"闪光门铃、可视门铃"（6.2%）（见表 9 – 5）。可以看出，困难残疾人家庭无障碍改造需求远高于全国残疾人的平均水平，有更大的无障碍改造需求。

表 9 – 5　　　　　　全国残疾人无障碍改造需求情况

无障碍改造需求	需要人数（人）	约占百分比（%）
家门口坡度、扶手	1116860	3.4
房门改造	950091	2.9
卫生间改造	2024248	6.2
厨房改造	1071395	3.3
闪光门铃、可视门铃	167584	0.5
煤气泄漏报警发声装置	125422	0.4
上网读屏软件	40452	0.1

无障碍改造需求	需要人数（人）	约占百分比（％）
其他	3719204	11.4
无需求	25927770	79.4

2. 困难残疾人无障碍改造服务利用率略高于残疾人平均水平，供需缺口仍较大

2018 年全国残疾人基本情况与服务需求动态数据显示，除在敬（养）老院、福利院、荣军院中居住的残疾人外，2018 年度内进行过无障碍改造的残疾人家庭数占 3.5％。困难残疾人近年来接受过无障碍改造的比例为 9.2％，虽然比例高于全国残疾人的无障碍服务利用率，但供需缺口仍较大。

第二节　无障碍政策及服务支持性分析

一　政策的现状和问题

根据《无障碍环境建设条例》规定的"无障碍环境建设应当与经济和社会水平相适应，遵循实用、易行、广泛受益"的原则，截至 2016 年年底，全国共出台了 451 个省、地市、县级无障碍建设与管理法规、规章和规范性文件；1623 个市、县、区系统开展无障碍建设，为 93 万户残疾人家庭实施了无障碍改造①。可见，在政策和行动上，我国一直在推动无障碍环境建设，致力于为残疾人提供更好的生存环境。

根据《2013 年度残疾人状况及小康进程监测报告》，城镇残疾人对无障碍设施和服务的满意程度逐年上升，非常满意或满意的比例从 2007 年的 48.0％ 上升到 2013 年的 84.6％，上升了 36.6 个百分点（见表 9 - 6），残疾人对无障碍设施和服务的满意度提高，从侧面说

---

① 《2015 年中国残疾人事业发展统计公报》，残联发〔2016〕14 号，2015。

明无障碍设施和服务的水平在逐年上升，得到了残疾人的肯定，体现出我国无障碍设施和服务的不断进步。

表9-6 城镇残疾人对无障碍设施和服务的满意度（单位：%）

年度	2007	2008	2009	2010	2011	2012	2013
非常满意或满意	48.0	62.9	66.9	69.4	77.9	81.5	84.6
一般	48.5	34.5	31.5	29.2	20.4	17.8	15.1
不满意	3.5	2.6	1.5	1.4	1.7	0.7	0.3

整体来看，我国残疾人尤其是困难残疾人存在着较高的无障碍改造需求，但是，目前的无障碍设施建设仍不完善，无法充分保障残疾人合理利用社会设施和无障碍空间，不能充分保障残疾人与其他人平等地享有、行使人权和基本自由，使残疾人无法有效融入社会生活。同时，无障碍设施存在发展不平衡的问题，在有些地方无障碍设施建设较为落后，不能满足残疾人尤其是农村地区残疾人的无障碍改造需求。此外，无障碍服务还存在覆盖面不全，功能不完善，已建成设施存在配套性、系统性不够，管理维护不到位等问题。

二 启示与建议

西方发达国家经济发展水平较高，技术设计在全球也属于发达水平，其无障碍设计起步早、发展快，在全球属于前列。美国、英国、德国和意大利等发达国家的各种无障碍设施既可以满足残障人士的无障碍需求，又有与周围的建筑、设施保持协调统一的美感，使残疾人、老年人等弱势群体在使用时方便、安全、快捷，具有较高的人文关怀。他们的无障碍设计拥有统一的设计规范，如1961年，美国国家标准协会制定出了世界上的第一个"无障碍标准"法律法规，提出了无论在公共建筑设施、交通设施、娱乐设施以及住宅设施中都要考虑无障碍设计的要求，使残疾人及弱势群体在社会上享有平等的生活。同时也规定所有联邦政府的投资项目，必须进行无障碍设计。此外，西方发达国家许多高等院校的建筑系、艺术系等院系中，开设了专门的无障碍设计课程，从教育层面上把无障碍设计作为一种基本理念融入人们的生活，促进本国无障碍发展水平的提高。

日本的无障碍设计和建设也具有许多值得借鉴的地方。在一些公共设施的建设规定中，要求必须按照建筑面积的大小设计一定比例的无障碍设计，要为残疾人、弱势群体提供专门的厕所、电梯以及停车场等方便设施。建筑物竣工时，都必须有专业部门来检测验收其设计是否符合残疾人等弱势群体的无障碍设计规定。

但在我国无障碍设施建设的具体实践中，仍存在着诸多不足。城市和农村的无障碍设施均比较缺乏，现有设施常被侵占且使用率较低，未能更多从残疾人角度出发，提供残疾人真正需要的无障碍服务。由此看来，我国的社会服务与发达国家相比，仍存在一定的差距。我们应该积极借鉴国外的发展经验，结合我国的实践，提高服务的供给水平，在此基础上，提高服务的质量，为残疾人提供更全面、更优质的服务。可以从以下三方面进行改进：

1. 扩大无障碍服务范围，有针对性提供改造服务

目前政府提供的无障碍建设服务因为其粗放式和经验主义的模式，难以直接与需求对接，提供残疾人急需的服务改造。因此，可以进行无障碍改造需求调查，为有改造需求的残疾人家庭直接提供无障碍服务，克服成本高而效益低下的弊端。

2. 建立统一的无障碍标准和法律法规

无障碍建设的快速推进需要政策的支持，建立统一的无障碍标准，为全国的无障碍改造提供统一的标准这是必要且有意义的。同时，应推动相关法律法规的制定和出台，在公共建筑设施、交通设施、娱乐设施以及住宅设施中都要考虑无障碍设计的要求，自上而下地推动无障碍服务的发展。

3. 继续推进城乡服务均等化发展

针对目前农村无障碍服务落后于城市的现状，城乡服务均等化发

展应该是一个分层次、分阶段的动态过程。首先，应制定无障碍设施建设的总体和阶段目标，在不同发展阶段，应对政府的具体责任作合理的动态掌握，循序渐进，才能取得较好的效果。其次，农村公共服务均等化要坚持尊重农村残疾人的意愿，切实保护残疾人的利益，不搞"面子工程""样板工程"，从实际出发，真正建设提高残疾人生活质量的无障碍设施工程。

第十章　结论与建议

第一节　托底性民生保障政策支持
系统建设的整体评估

"给予残疾人群体更多的社会保障和发展机会，提供更加完备的公共服务"[①]，是"十三五"时期的目标要求，也是"十四五"开局良好的基础，是使残疾人群体能够与健全人共同步入全面小康、共享经济社会改革发展成果的必由之路。因此，关注残疾人生活和福利保障情况，评估现有政策的实施成效，以此为基础探索建设困难残疾人"托底性"民生保障制度和支持体系，保障残疾人生存与发展的权利、提高残疾人生活质量，增进残疾人福祉，对促进残疾人事业发展有重要意义。

整体而言，托底性民生保障政策支持系统建设取得了一定阶段性成效，残疾人各方面生活需求得到基本满足，福利状况相比以前明显有了改善，基本达到预定政策目标，真正发挥了建设性的兜底作用。本研究在调查过程中也发现了一些实际问题亟需解决。

一　托底性民生保障政策支持系统建设的主要成就

（一）托底性民生保障政策支持系统"兜网底"效果初显

贫困残疾人脱贫问题是实现全面建成小康社会目标的一个突出短板。党的十八大以来，贫困残疾人脱贫攻坚取得阶段性成效，残疾人

[①] 《广州市残疾人事业发展第十三个五年规划》，2017 年 12 月，广州市残疾人联合会，http：//www.gzdpf.org.cn。

生产生活状况得到进一步改善。截至 2018 年年底，贫困残疾人得到有效扶持，其中 116.1 万残疾人退出建档立卡。收入托底成效显著，城乡困难残疾人依赖于政府转移性收入（以城乡居民最低生活保障制度和"两项补贴"制度为主）；住房兜底成绩可喜，城乡困难残疾人基本实现"住有所居"，特别是在农村地区，政府住房改造政策效益尤为突出。

（二）托底性民生保障政策体系稳健扩充

针对困难残疾人的托底性社会保障政策在数量上保持了较快速度的增长，保障范围更加精准化，保障政策内容更为具体化，可操作化。例如自 2016 年 1 月 1 日开始实施的"两项补贴"，标志着我国残疾人福利事业的发展迈出了重要一步，目前已实现补贴发放区县全覆盖。另外，城乡发展差距有缩小趋势，托底性民生保障政策支持系统建设尤为关注农村地区，健康体检、就业帮扶和住房改造保障工作切实普及，农村残疾人接受托养服务的比例上升较快，城乡发展差距有缩小趋势。这也是我国农村扶贫开发工作减贫成果的重要表现，向"到 2020 年，稳定实现扶贫对象不愁吃、不愁穿，保障其义务教育、基本医疗和住房，贫困地区农民人均纯收入增长幅度高于全国平均水平，基本公共服务主要领域指标接近全国平均水平，扭转发展差距扩大趋势"这一总目标迈出了重要一步。

（三）城乡残疾人家庭评价倾向积极

城乡残疾人家庭对托底性民生保障政策支持系统建设整体评价较高，尤其是免费康复服务、无障碍设施和服务、教育政策扶持等正面评价较多，针对托养服务政策，残疾人补贴制度和标准建设稳中有进，托养机构服务管理不断规范，服务内容和理念推陈出新，逐步健全"家庭—社区—机构"三位一体的残疾人托养服务体系，更加关注人权和可行性能力建设。这也从侧面说明我国托底性民生保障政策支持系统建设持续发展、不断进步。

（四）各环节呈现一定程度上的动态推进

在残疾人就业服务不断改进，就业形式越发多样化，残疾人就业渠道进一步扩宽的背景下，残疾人实际就业人数逐渐增加，就业规模稳步扩大。困难残疾人接受医疗与康复服务质量不断提高，获得医疗照顾可及性较好，对免费医疗服务评价较高。社区卫生服务政策得到推进，残疾人所在社区物理环境条件良好，综合服务功能不断扩展。残疾人托养服务体系逐渐健全，接受托养服务比率逐年提升。残疾人获得教育补贴金额大幅上升，地方政府将专项补助经费切实应用于残疾人特殊教育建设中。困难残疾人无障碍改造服务利用率略高于残疾人平均水平。社区支持网络逐渐完善，政府购买服务政策扩宽了支持困难残疾人家庭的新渠道，社会氛围对残疾人越发尊重和接纳。

二 托底性民生保障政策支持系统建设的不足

（一）整体保障水平偏低

财政性托底保障实际投入力度不足，覆盖面未能全部涉及所有困难残疾人家庭。虽然"两项补贴"已基本实现全面覆盖，但不能切实满足城乡困难残疾人家庭经济需求，大部分残疾人社会福利补贴情况较差，"体系补贴"实际投入力度不足，社会保障参保率整体较低，针对贫困残疾人的社会保障政策仍需倾斜。残疾人经济收入"获得感"低，自身经济状态较差，部分困难残疾人家庭陷入"支出＞收入＞标准"的怪圈，入不敷出甚至负债现象严重。

（二）困难残疾人基本生存需求突出

困难残疾人生活救助和医疗救助需求仍较为迫切，基本生存需求突出。在住房保障层面，虽实现"住有所居"，却尚未达到"居有所安"，尤其是农村地区住房质量堪忧，亟待加强残疾人危房改造。在医疗服务层面，困难残疾人对医疗服务利用率低，在康复服务上支付的费用较多，且对提供照顾和支持的人的满意度不高，尤其是多数重度残疾人未享受护理补贴。困难残疾人就业状况也呈现"两低一高"趋势：就业率低、岗位层次低、从未找过工作的比例高。其中，零就业残疾人家庭就业服务需求尤为突出。

（三）困难残疾人政策服务利用率较低，服务性需求亟待满足

困难残疾人家庭免费医疗与康复需求、无障碍改造需求、居家托养需求高，当前服务供给严重不足，供需矛盾明显。整体来看，目前政府投入在各服务政策领域的财政力度不均衡，造成城乡困难残疾人家庭社会支持系统建设各环节发展不平衡。有些领域诸如免费医疗和康复服务、无障碍设施建设和残疾老年人居家托养服务供需矛盾明显，发展速度缓慢。且各领域内发展也不均衡：在免费医疗与康复服务中，接受免费康复服务的残疾人比例较低，需向女性、老年人、重度、农村困难残疾人倾斜。在无障碍设施建设中，困难残疾人家庭无障碍改造需求大，尤其是卫生间和扶手两方面，尚未得到充分满足。在托养服务中，困难残疾人需求更高，尤其是居家托养和寄宿托养，但服务利用率更低。政府对机构托养的支持力度较大，而居家托养建设投入不够。此外，其他政策服务的利用率较低，社会支持政策中家庭支持有待加强，教育政策中残疾人接受高等教育发展潜力有限。

（四）制度体系存在缺漏，标准化指标有待设立

托底性民生保障政策支持系统建设各环节缺乏统一的量化评估标准，尤其是在服务性托底保障中，无障碍建设尚未形成有效的评估指标。无障碍建设的有序推进需要政策的支持，建立全国统一的无障碍改造标准。

（五）各环节存在相互掣肘的制约现象

困难残疾人自费医疗负担重，"因病致贫"现象凸显。同时，困难残疾人接受更高程度教育的可能性也会受到实际经济水平的制约，而残疾人就业问题与残疾人教育事业、残疾人康复事业发展状况相关联，直接影响其家庭经济生活水平的提高，易陷入恶性循环状态。

（六）地区差异、城乡差距仍不容忽视

不同地区之间的社会福利实际覆盖人群和保障标准方面均存在着巨大差距，不同地区之间发展不平衡。中西部地区"两项补贴"标准显著低于经济发达的东部地区，农村困难残疾人家庭危房改造补贴显著低于东部地区。农村地区在经济与福利保障水平、公共服务提供方

面仍落后于城市，在医疗与康复服务、无障碍改造、托养服务上的需求均高于城市。经济欠发达区域特殊教育专项财政投入倾斜力度需进一步加大。

第二节 托底性民生保障政策支持系统建设的相关建议

针对上文提到托底性民生保障政策支持系统建设存在的不足和缺陷，本节从宏观—微观、现实—未来两种视角提出相关政策建议。既从托底性民生保障政策支持系统建设整体发展角度提出总括性建议，又落实到该建设具体环节运行的对策；既聚焦当下此系统建设中存在的紧迫性问题，提出解燃眉之急的应对措施，又放眼未来此系统建设中需完善提高之处，提出可持续发展的长久之计。

一 托底性民生保障政策支持系统建设的整体建议

托底性民生保障政策支持系统建设，应基于"以残疾人为本"的政策理念，尊重和切实满足残疾人意愿和需求，围绕"保障物质生活，实现美好生活"的目标，构建全面系统、持续发展的托底性民生保障支持体系，使改革红利、发展成果更多惠及城乡困难残疾人群体，加快推进残疾人全面小康进程。

从整体来看，托底性民生保障政策支持系统建设应坚持"稳托底、强基本、抓重点、促协调、添活力"的发展策略，牢牢抓好"财政"和"服务"两个关键，加强"财政性托底保障"和"服务性托底保障"，让残疾人生活更加殷实、更有尊严。

"稳托底"，即织密"兜底安全网"，保障城乡困难残疾人的基本生存需要。从经济与住房政策、社会保障政策和就业政策切入，为残疾人提供更多的社会保障和就业机会，守住城乡困难残疾人家庭基本生活底线，进一步坚固城乡困难残疾人家庭的基本生活安全网底。

"强基本"，即优化基本服务，完善基础设施。从托养服务、教育政策、医疗与康复服务、无障碍设施建设和社会支持政策切入，完善社会公共基础设施建设，保障残疾人在各公共服务领域获得优质体验。

"抓重点"，即关注重点人群，侧重帮扶地区。老年残疾人、重度残疾人、儿童残疾人、困难残疾人，生活困境更严峻，身心问题更复杂，应给予特别照料和关护。农村地区、中西部地区发展相对落后，困难残疾人脱贫难度更大，应加大政策和倾斜力度，不断缩小城乡、区域发展差距。

"促协调"，即各部门联动配合，各环节均衡推进。在工作具体落实中，中央地方紧密对接，制度统筹安排，政策衔接执行，政府、社区和社会机构充分配合，做好信息监督管理。对于托底性民生保障政策支持系统各环节建设，要查漏补缺提短板，既促进各环节同时推进，又保证环节内部均衡发展。

"添活力"，即努力从"托底型"向"托底发展型"民生保障政策迈进，把社会参与、平等融入、价值尊严等非物质需求纳入政策体系建设中，促进残疾人自主能力的发挥和自我价值的实现，尽可能消除社会排斥、促进社会融合，推动托底性民生保障工作的可持续发展。

二 托底性民生保障政策支持系统建设具体环节的改进建议

托底性民生保障可分为两大类：一是"财政性托底保障"，包括经济与住房政策、社会保障政策和就业政策；二是"服务性托底保障"，包括托养服务、医疗与康复服务、教育政策、无障碍设施建设和社会支持政策。因此，在推进托底性民生保障政策支持系统建设具体环节的改进中，应重点从两个维度着手：一是加大财政补贴力度，提升城乡困难残疾人家庭的生活水平和生活质量；二是完善多项服务举措，提高城乡困难残疾人健康水平和生命质量。

（一）加强财政性托底保障，提高生活水平

李克强总理在《政府工作报告》中，把"保障和改善民生"作为2019年重点工作之一来安排部署，将民生问题放在优先保障位置。

明确提出"我们要尽力为群众救急解困、雪中送炭，基本民生的底线要坚决兜牢"。如此可见，保障城乡困难残疾人家庭的基本生存需要是托底性民生保障政策支持系统建设最重要的工作。住房和经济收入是残疾人赖以生存和满足需求的基础，主要来源于两方面：一是作为最重要经济保障的城乡最低生活保障制度和"两项补贴"政策，以及住房保障政策，由政府为残疾人提供稳定的经济收入和住房来源；二是促进和激励残疾人就业的相关政策，让残疾人顺利就业，发挥自身价值，增加家庭经济收入。因此，为提升城乡困难残疾人家庭的生活水平和生活质量，也应从这两方面政策入手，坚持兜底保障与就业增收相结合，坚持政府全力相助和残疾人自力更生相结合。从而守住城乡困难残疾人家庭基本生活底线，不断织密织牢"兜底安全网"，在帮助他们摘掉"贫困户"帽子的基础上提高其经济获得感和生活幸福感。

1. 托底稳中求固，实现保障惠民

低保政策仍然是我国目前对于困难残疾人最为主要的社会救助方式。"适当提高城乡低保、专项救助等标准"是 2019 年政府工作报告中的重要内容，要求相关部门继续发挥民生兜底作用，坚持以脱贫攻坚统揽民生工作，充分整合各项民生救助政策，发挥社会救助制度"救急难、兜底线"功能。

伴随着精准扶贫政策的有力推进，低保政策向困难残疾人倾斜、优惠扶持力度不断加大。党和政府在最低生活保障政策方面做出了新的部署，具体包括：确保困难残疾人家庭收入稳步增长，强化兜底政策；加强政策衔接，实施兜底帮扶；创新工作机制，扩大保障范围等措施。然而，就全国范围来看，我国仍有相当大比例的城乡残疾人无法享受最低生活保障，城乡困难残疾人家庭对于目前的社会救助的满意程度并不高，因此要扩大各种形式的社会救助的覆盖面，全方位保障残疾人群体的生存发展权益。具体而言，今后还应做好以下四方面工作：

第一，稳步扩大财政保障投入，逐步提高政策补贴标准。加大救助力度和扶贫力度，进一步扩大托底性民生保障政策覆盖面，逐步将全国重度残疾人统一纳入低保。设立残疾人生活托养和职业津贴制度，建立完整的福利照护体系，有效补充现行最低生活保障制度形成有效补充。

第二，科学实施"量化补差"政策。重点关注农村残疾人、中西部地区残疾人、支出型贫困残疾人、老年残疾人、重度残疾人的实际生活水平，有效识别、区分和衔接残疾人补贴对象和建档立卡贫困人口，打破"支出＞收入＞标准"的恶性循环，努力缩小城乡困难残疾人家庭收入差距，促使低保救助方式渐趋公平。

第三，健全低保运行机制。重点建立完善的低保救助体系和动态追踪长效机制，构建部门之间交流畅通的扶贫信息网络。发挥民政、残联在相关部门之间的纽带作用，实现数据联通、资源共享，构建我国残疾人社会保障的信息化平台，协调低保对象核定与隐私保护之间的矛盾，为困难残疾人提供更加精准的帮扶，真正意义上实现低保惠民。

第四，扩展残疾人社会保障体系，丰富社会保障方式。扩宽筹资渠道，协调多种社会求助形式之间平衡发展。通过建立残疾人意外伤害、重大疾病及财产等残疾人综合商业保险保障制度，更有针对性地帮助有需要的残疾人解决养老、大病医疗等问题。

2. 住房量质并存，实现居有所安

现有的住房保障政策大多以危房改造等形式进行，但困难残疾人家庭住房条件仍有较大改善空间，尤其是需加大农村困难残疾人家庭危房改造投入力度。当前，农村困难残疾人危房改造供给存在不足，贫困重度残疾人等群体的有效需求未得到满足，主要是由危房改造政策不够精准，资金力度投入不足等原因造成。今后还应做好以下三方面工作：

一是要加大财政投入力度，多渠道筹建资金。一方面，可以通过建立农村困难残疾人家庭住房保障基金，提取土地出让金作为专项基金等，以确保长期稳定资金来源。另一方面，政府可通过接受社会捐款等方式，充分调动社会各方积极性，确保社会资本进入，扩充残疾人危房改造资金来源。

二是要精准识别农村残疾人危房存量，加快农村困难残疾人危房改造实施进度。鼓励各地通过农村集体公租房、过渡房等方式解决自筹资金建房有困难的残疾人危房户、无房户的基本住房安全问题。

三是要改善住房保障救助策略，建全农村保障性住房制度。据本次调查发现，部分农村困难残疾人住房条件较差，危房比例较高，因此要加快城市住房保障体系向农村延伸，建立建全农村保障性住房制度。在条件允许的情况下，开展农村保障性住房建设试点，借鉴城镇住房保障制度实践经验，以发放租赁住房补贴为主，实物配租、租金核减为辅，满足农村困难残疾人家庭的住房问题。此外，建立廉租住房保障退出机制，以实现享受人员的动态调整。

3. 激励自力更生，实现就业增收

目前，残疾人就业保护政策、就业援助政策、就业服务配套政策日臻完善，但残疾人就业促进工作的落实中却存在一定问题。今后，相关部门需从以下五个方面作出积极努力：

第一，坚持政府扶持为主，全面落实残疾人就业保护政策、就业援助政策和就业服务配套政策。加大政府扶持力度，给予残疾人公平待遇，保障其生存发展权利，加强残疾人就业指导培训工作，提供切实有效的就业服务和岗位。对于自主就业创业残疾人给予优先照顾、税收优惠、金融扶持和资金补贴。

第二，强化政府绩效考核和责任监督机制。发挥政府的主导作用把残疾人就业促进工作纳入各级政府绩效考核指标体系，提高政府政策执行能力。建立残疾人就业责任体系，关注基层政府，特别是街道和乡镇在残疾人就业工作中的重要地位，严格落实问责制度。

第三，对有一定劳动能力的残疾人重点扶助。优先保障农村地区和中西部地区残疾人顺利就业，鼓励各地方政府因地制宜，扩宽就业渠道，开发就业创业岗位，加强职业技能培训宣传，增强残疾人主动求职的信心，营造切实满足各级残疾人需求的就业模式。

第四，积极推进残疾人信息化建设，对当地不同特征残疾人的需求进行汇总。不同特征残疾人对就业服务的需求也存在较大差异，各地区应当关注困难家庭残疾人群体的就业问题，解决不同特征残疾人的就业服务需求差异问题，有计划、有侧重地投入相关资源，更高效率地促进残疾人就业。

第五，鼓励社会帮扶，尤其关注零就业困难残疾人家庭顺利就业。促进残疾人增强自身发展能力，充分发挥社会力量和市场机制作用，为残疾人就业营造公平包容的环境，有序提高残疾人就业层次。

（二）完善服务性托底保障，提高生命质量

我国的社会基本公共服务起步较晚，与发达国家相比，仍存在一定的差距。应积极借鉴国外的发展经验，结合我国实践，进一步完善残疾人社会政策体系，提高基本公共服务的供给水平和质量。围绕党的十九大报告中"幼有所育、学有所教、病有所医、老有所养"的要求，保障残疾人在各公共服务领域获得优质体验。首先要大力推进无障碍设施建设，"住有所居""居有所安"也要"居有所适"。还要把医疗与康复服务、托养服务摆在优先发展位置，在"病有所医""老有所养"的基础上实现"医有所健""养有所乐"。

加大力度补齐服务性托底保障短板，通过"增能力、提质量、优结构"等一系列综合措施，促进残疾人服务供给机制不断创新和资源优化配置，提升残疾人各项公共服务的社会化、专业化和市场化水平，增强政府投入残疾人公共服务资金力度，激发资金的使用效益最大化，整合社区支持体系，提供相应配套服务设施，推进城乡服务均等化，达到安全可靠、就近可及、普惠公平、优质高效的要求。

1. 推进无障碍设施建设

无障碍设施是残疾人对居住环境的特殊需求。中残联发布的《关于做好贫困重度残疾人家庭无障碍改造工作的通知》中提出，"争取到2020年初步解决贫困重度残疾人家庭无障碍改造基本需求，扩大残疾人家庭无障碍改造覆盖面，提高残疾人居家生活质量，为残疾人实现小康奠定基础"。可见，政府已不断出台政策关注到无障碍环境建设的重要性。从整体来看，处于较为弱势地位的尤其是困难残疾人存在着较高的无障碍改造需求，但目前无障碍设施建设存在覆盖面不全、功能不完善、发展不平衡、管理维护不到位等问题，不能切实满足残疾人尤其是农村地区残疾人的无障碍改造需求。因此，加强无障碍设施建设迫在眉睫。

"无障碍"关系到残疾人生活质量的切实提升，应从认知层面理解"无障碍"的内涵和对残疾人生活的重要性。"无障碍"不应仅限于居住环境无障碍，还要实现出行无障碍和获取信息无障碍。落实到具体操作层面，需从四方面着手：

一是要在城市保障房建设和农村危房改造中，将残疾人家庭无障碍建设列入考虑范围，推广居家无障碍通用设计规划与建设。可事前进行无障碍改造需求调查，为有改造需求的残疾人家庭直接提供无障碍服务，有针对性地扩大无障碍服务范围，加快提高覆盖率，从而降低成本，提高效益。

二是应提升无障碍改造设备和设施技术水平，加强无障碍改造标准规范化管理，从技术层面给予必要的支持。建立全国统一的无障碍改造标准，推动相关法律法规的制定和出台，在其他公共基础设施领域都要考虑无障碍设计的要求。在公共基础设施竣工时，由专业部门来检测验收是否符合残疾人群体的无障碍设计。

三是为残疾人信息交流无障碍创造条件。无障碍设施也是推进残疾人教育政策至关重要的条件。在残疾人接受教育的过程中，"到达"接受教育的目的地是开始接受教育的第一步。为了适合接受教育的适龄儿童群体能够更好地接受到教育，在提倡扩大相关设施的同时，应该进一步完善教育公共场所的无障碍设施情况，促进信息交流无障碍。

四是树立"通用无障碍"理念，努力实现从家庭、社区到公共场所、交通出行以及信息智慧全方位全系统的无障碍美丽环境，从教育上把无障碍设计作为一种基本理念融入人们的生活。营造"消歧除障、融合共享"的社会理念，建设真正提高残疾人生活质量的无障碍设施工程。

2. 完善医疗与康复服务

医疗与康复是降低残疾人残疾程度，使其功能最大化的重要手段，同时也是保障残疾人平等参与社会生活的重要前提。因此，残疾人健康状况的改善也应成为托底性民生保障工作的重要内容之一。自 2016 年以来，由中国残联等五部门印发的《残疾人康复服务"十三五"实施方案》以及国务院颁发的《"十三五"推进基本公共服务均等化规划》，《"健康中国 2030"规划纲要》以及《残疾预防和残疾人康复条例》相继颁布实施，可持续的康复服务是残疾人健康领域亟待补上的一块"短板"，李克强总理在 2019 年《政府工作报告》中特别提出要"提升残疾预防和康复服务水平"，"保障基本医疗卫生服务，进一步减轻大病患者、困难群众医疗负担，加强重大疾病防治"。

近年来，我国政府的医疗卫生支出逐年增加，为残疾人提供的康复服务种类愈加多样化，对康复训练、辅助器具适配等基本康复需求给予补贴，减免医疗费用，并优先对农村建档立卡贫困残疾人提供服务等，这些措施极大地提高了残疾人的健康水平和生命质量。但目前我国困难残疾人基本医疗与康复服务体系中仍存在覆盖率和利用率较低、宣传不到位、残疾人对康复服务意识不强、满意度不高、医疗及康复服务保障不够、城乡医疗服务可及性发展不平衡等问题。因此，今后应落实以下四方面工作：

一是扩大康复服务覆盖面，加大政府购买康复服务的力度，给予一定的康复津贴。要加快推进残疾人医疗康复服务项目纳入社会保险和社会保障体系的进程，在医疗救助的医疗保险支付后的自付费用补贴方面，还需要更为具体的制度和政策落实。

二是丰富康复服务内容，提高康复服务利用率，重点提升康复服务的质量和效果。以促进残疾人功能恢复适应社会生活、提高生活质量为目标，摸清残疾人不同康复需求，有针对性地提供综合性康复服务。

三是加强残疾人照护康复信息宣传工作，提高残疾人对康复服务的利用意识。通过宣传康复服务的内容、意义和作用，增强残疾人自身对康复服务的认识和了解，加强自身接受康复服务理念。

四是实施重点康复服务项目，发展精准康复服务模式。坚持从残疾人实际出发，合理进行规划评估，分级分类推出多种针对性举措，衔接机构康复转介服务，发挥各级组织的桥梁和纽带作用，实现康复资源的多元整合。

同时，在加强我国困难残疾人基本医疗与康复服务体系进程中，早期康复、社区康复、儿童康复和辅助器具事业应优先发展。

首先，加大对早期康复服务的支持力度，尽显筛查不良因素，及时采取相应治疗手段，最大限度地降低失能程度，帮助残疾人减轻障碍和改善功能，延缓失能进程，尝试构建对残疾人群的全生命周期防控。

其次，在尊重残疾人个性化需求的基础上，优化现有社区康复体系，推动社区康复工作均衡、规范化发展。整合社区机构资源，采取机构指导与社区、家庭康复相结合的方式，开展残疾预防、保健和健康教育等宣传活动，为社区内各类残疾人提供有效康复服务。

再次，以加大残疾儿童的康复保障为重点，将相关医疗康复服务项目、药品器械纳入医疗保障范围，在手术治疗、辅助器具配置和康复训练等方面给予残疾儿童更多的照顾。鼓励结合社会多种融资形式开展残疾儿童康复救助项目，完善残疾儿童康复救助制度，提升残疾儿童康复保障水平。

最后，扩大康复辅助器具产业，提供残疾人基本型辅助器具补贴。开发其成长发展潜力，切实满足残疾人特别是老年残疾人的需求。在市场经济环境下，融合多方社会力量，积极引导社会资本参与康复服务建设，强化服务理念，规范政府购买服务项目管理。建立政府、社区、家庭多元合作的残疾人医疗康复机制，全面构建"家庭康复、社区康复、机构康复"三位一体的康复服务网络，最终实现残疾人"人人享有康复服务"的政策目标。

3. 构建托养服务体系

托养服务体系建设一直以来是发展残疾人健康事业的重要内容，2012 年中国残联等 8 个部门出台专门意见，提出加快发展残疾人托养服务，随后《残疾人托养服务机构建设标准》《残疾人托养服务基本规范（试行）》和《政府购买残疾人托养服务技术标准与规范》等相关文件相继出台，可见政府对残疾人托养服务建设保持着较高的关注度，并取得了一定的政策成效：残疾人托养服务机构相继成立，地方性补贴政策相继出台，残疾人接受托养服务比率逐年上升，残疾人托养服务标准体系建设起步。今后还需做好以下四方面工作：

第一，加大财政补贴投入力度，扩大托养服务的覆盖范围，完善资金补助和政策优惠。设置残疾人托养津贴，降低残疾人家庭在托养照料上的支出负担。拓宽资金来源，积极吸引民间资本的投入，为托养服务的发展提供充足稳定的资金保障。

第二，提升残疾人托养服务专业化水平，健全残疾人托养服务专业人才队伍建设。加强对残疾人托养服务工作人员的业务培训和资质考核，进行对生活自理能力训练和社会适应能力训练等专业项目的效果考察，提高托养服务质量和专业成效。

第三，以政府购买服务的形式促进残疾人托养服务的资源优化配置，并结合地方实际发展情况构建残疾人托养服务的量化与评估指标，对于中西部地区、农村地区进行重点关注，促进托养服务均衡发展，实现政府资金效益最大化。

第四，坚持"政府主导、社会参与"，引导和鼓励社会力量发展残疾人托养服务支持体系。加快发展居家托养服务，扩大居家托养服务范围，发展社区日间照料和托养服务机构，满足广大残疾人不同层次的托养服务需求。建立健全以家庭为基础、社区为依托、机构为支撑的残疾人托养服务体系。构建"个人、家庭、政府、社会"等多元主体平等协商、相互协作的新型残疾人托养服务网络模式。

此外，还应结合当下社会环境和残疾人具体情况，在政策制定和实行中格外关注以下三类残疾人工作：

一是把"一老一小"残疾人托养服务放在首要位置。如今老年残疾化和残疾老年化趋势愈加明显，残疾婴幼儿数量也出现增长，而养老育幼领域机构总量不足、服务质量不优、发展不平衡的问题突出，亟待解决。对于老年残疾人，应充分利用残疾人托养照料与老人护理照料的服务互通性，尤其要重点保证为高龄困难残疾老年人得到基本照护服务，实现专业人才等资源共享，完善信息化动态管理建设，确保服务对象相互转介、有效对接，形成照料服务的规模效应。对于婴幼儿残疾人，要结合不同需求特点提供多种形式照护服务，支持社会力量兴办托育服务机构，建立公益性社区残疾婴幼儿托育网点，加强残疾儿童安全保障。

二是完善重度残疾人托养服务体系，适当扩大重度残疾人托养范围，重点加强居家托养体系建设。坚持"就近就便"托养原则，健全重度残疾人日间照料服务、居家托养服务平台和社区服务网络，营造便利完善的生活环境和服务条件，满足重度残疾人的托养服务需求。

三是加快发展农村残疾人托养服务。进一步加强和改善农村残疾人托养服务基础设施条件，尤其是与生活密切相关的用水、厨房改造、厕所改造等广大农村地区普遍存在的设施匮乏现象。要整合农村集体闲置资源和其他公共服务设施，增强对农村残疾人在托养照料方面的指导。

4. 整合社区支持体系，推进城乡服务均等化

社区是服务性托底保障实施的重要微观单元，与残疾人生活发展息息相关。将无障碍设施建设、医疗和康复服务、托养服务纳入社区支持体系，将助残服务与公众服务相融合，形成集康复、托养、无障碍服务于一身的社区服务网络，充分发挥家庭、社区、社会三者的联动作用，为城乡困难残疾人家庭提供极大便利。要从以下四方面抓好工作落实：

一是整合社区资源，提高社区综合性服务能力。要构建为残疾人提供就近服务的社区服务体系，不断发挥街道社区卫生服务中心、社区卫生服务站、乡镇卫生院、计划生育技术服务机构、社区康复站、

学校、幼儿园、辅助器具服务社、社会福利机构的作用，开展残疾预防、保健和健康教育等宣传活动，为社区内各类残疾人提供有效支持服务。

二是开发社区人力资源，为社区康复和托养服务拓展支持力量。社区应充分发挥其人力资源和物质资源，联合社会残疾人帮扶机构和其他社会福利机构，同家庭搭建起合作的平台，帮助残疾人增强独立生活而非依赖家庭成员的能力。组织社区专业人员、残疾人亲友、社区志愿者等人员共同开展社区残疾筛查，建立康复服务档案，实施康复训练计划，完善残疾人服务管理的个性化、均等化，不断建立健全社会化的社区服务体系。

三是提供社区喘息服务，缓和残疾人家庭压力。受家庭规模日益缩小等社会因素影响，家庭成员能够给予残疾人的关怀更加有限，造成残疾人生活照顾方面的人力资源短缺。通过购买服务或社区社会工作者等专业人员的作用，为残疾人家庭提供喘息服务，疏导残疾人家庭的消极情绪，从各个层面上帮助残疾人家庭提高生活幸福感。帮助残疾人的配偶和父母获得较为有效的支持，减轻照护者的经济压力。

四是循序渐进，实现城乡服务均等化发展。制定服务性托底保障建设的总体和阶段目标，在不同发展阶段，对政府具体政策落实情况进行动态掌握，因地制宜开展与当地经济社会发展相适应的社区支持工作，不断整合连接资源，缩小城乡服务发展差距。

三 托底性民生保障政策支持系统建设的未来行动方向

结合我国现阶段所处的经济社会背景，借鉴国外社会政策理论经验的最新发展，未来托底性民生保障政策支持系统建设应摆脱依赖型的政府福利救助模式和家庭成员供养模式，向"托底发展型"社会政策迈进。在未来工作行动中，要做好托底性民生保障工作统筹规划，推动城乡区域协调发展，促进社会公平，消除社会排斥，促进社会融合。

（一）做好托底性民生保障工作统筹规划

做好托底性民生保障工作统筹规划，不但要配合助残工作的推进，更要与城乡发展、区域协调和社区治理相结合配套。在政策推行过程中，要注意责任主体合理分配，各方联动协调推进。

1. 中央地方紧密对接

首先，发挥中央和地方两个层面的积极性：中央提供政策引领和资金支持，统筹指导相关职能部门；地方各部门分工有序、各司其职、密切配合、协同行动。强化政府主导作用，根据不同等级残疾人托底性民生保障服务的层次需求，进一步理清中央和地方的职责边界。

其次，加快完善托底性民生保障制度化、法制化进程，加强制度间的对接互补，明确保障责任主体和监管执行标准等，在制度设计层面统筹托底性民生保障工作的全面覆盖，形成一个完整、协调的托底性民生保障工作体系。

最后，高度重视残疾人托底性民生保障的公平原则，增加中央和地方财政对于中西部地区和农村残疾人托底民生保障的政策倾斜，提供更多财政补贴和政策支持。

2. 城乡区域整合接续

因地制宜、适时调整政策服务标准，促进城乡、区域资源整合和接续，逐步缩小城乡、区域发展差距。区域之间由于经济发展程度的差异导致政策服务标准上的不同，应根据各地的现实发展水平制定出符合实际的执行标准，避免出现相关法规条文的过于笼统、不够细化的问题，充分照顾到城乡发展不平衡、内陆沿海发展不平衡的现实条件。

3. 政府机构充分配合

建立政府各级机构既分工有序又协同配合的综合协调机制，政府积极承担主体责任，将有关政策和信息进行整合，建设政府大数据平台，实现部门之间信息资源的共享共用。统筹相关职能部门合理设计制定方案、动态联动，促进制度衔接、资源整合、功能互补。充分发挥各方能动性，企业参与建设，社区协同管理，合力推动托底性民生保障政策支持系统建设。

4. 社会力量参与融入

鼓励社会力量进入托底性民生保障服务供给领域。通过财政、税收优惠政策引导社会资源向托底性民生保障领域倾斜，增强相关政策的灵活性和可操作性，给予地方更多的发展自主权，构建一个全社会参与、充满活力的托底性民生保障体系。

（二）积极倡导"托底发展型"社会政策

积极推动"托底型"民生保障政策向"托底发展型"民生保障政策转变。"托底发展型"民生保障政策更关注效率与发展理念，提倡在满足残疾人物质保障的同时，把社会参与、平等融入、价值尊严以及自我实现等非物质需求纳入残疾人政策体系。在基本生存需要得以保障，维护残疾人权益的基础上，积极促进残疾人自身能力发挥，发挥残疾人自身的力量，而不是把残疾人看作是家庭的负担。有效满足残疾人的经济、政治和社会参与需求，致力于消除对残疾人的社会排斥，维护残疾人的发展权益，增加其社会融入度，提升其生命质量和自我实现价值。主要包括以下四方面：

一是促进残疾人实现自主权。残疾人有权对一系列事务自主掌控和做出选择，这些选择受到其内在能力、可利用的资源和机会等因素的制约。因此，应注重使残疾人内在能力最大化，在制定和实施民生保障政策时，促进残疾人群体的积极参与，尊重残疾人的意愿，切实维护残疾人的利益，从而形成针对性方案。不仅要帮助残疾人家庭从物质上脱贫，加大经济援助，完善医疗保障，恢复自身生理功能，更要注重残疾人家庭从心理上脱贫，帮助残疾人减轻压力，增强个人能力，帮助重拾信心。

二是更加关注残疾人家庭。在当前的政策文件中，对残疾人家庭的关注主要聚焦家庭福利补贴和家庭环境无障碍改造两方面，缺乏对残疾人家庭成员的关心。然而，家庭成员是家庭功能得以运行的重要载体，如何帮助残疾人配偶减轻生活压力、帮助残疾人父母解决医疗照顾问题、帮助残疾人子女解决教育、就业等问题，是目前政策文件中所欠缺的。因此，未来要关注残疾人家庭中其他成员的个人身心状况和家庭经济情况，在政策制定和实施过程中，应将和残疾人有直接密切相关的家庭成员的基本状况和需求纳入系统，建立健全残疾人家庭保障机制，真正发挥好残疾人家庭的慰藉功能和支持作用，从而帮助残疾人增强自我发展功能。

三是构建更具支持性的社会关系网络。政策导向要积极为残疾人士的社会参与提供文化福利和服务支持，依托不断健全的社会保障、医疗康复服务体系和无障碍环境设施，使得困难残疾人及其家庭获得强有力的社会支撑，鼓励残疾人主动参与到更广泛的社会活动中，营造公平宽容的社会氛围，使其获得舒适的、有尊严的生活。

四是尽量消除残疾歧视，营造关爱残疾人的社会环境。社会氛围的尊重和接纳有利于残疾人士的正常生活和独立发展。要以促进残疾人适应社会生活、提高生活质量为目标，推动有力度的政策宣传，促进公众对残疾的了解，对抗负面的歧视观念，尤其在文化舆论上要营造一个适合残疾人继续接受教育的环境。优化困难残疾人及其家庭的社会交往环境，改善残疾人生活的社区环境，创造扶残助残、社会共融的良好氛围。

参考文献

中文文献

一 著作类

第二次全国残疾人抽样调查办公室北京大学人口研究所:《第二次全国残疾人抽样调查数据分析报告》,华夏出版社 2008 年版。

方俊明:《特殊教育的哲学基础》,北京大学出版社 2011 年版。

高鹏龙:《社会支持视角下大龄自闭症患者生活保障研究》,转引自关信平《社会政策概论》,高等教育出版社 2009 年版。

马红英、谭和平:《特殊教育需要学生的教育》,北京大学出版社 2011 年版。

余向东:《残疾人社会保障法律制度研究》,中国法制出版社 2011 年版。

郑功成:《中国残疾人事业发展报告(2017)》,人民出版社 2017 年版。

中华人民共和国国家统计局:《国际统计年鉴》,中国统计出版社 2017 年版。

二 论文类

"中国残疾人就业问题研究"课题组:《残疾人就业现状与对策》,《经济研究参考》2003 年第 51 期。

安凌王等:《一项住院 2 型糖尿病患者血糖控制、自我管理行为及心理评估的调查》,《现代生物医学进展》2015 年第 15 期。

曹裴娅等:《中国 45 岁及以上中老年抑郁症状及影响因素研究》,《四川大学学报》(医学版)2016 年第 47 卷。

程凯:《坚持精准扶贫精准脱贫基本方略 着力解决因残致贫问题》,《行政管理改革》2018 年第 7 期。

程凯:《我国残疾人康复工作的回顾与展望》,《中国康复理论与实践》2008 年第 3 期。

崔宝琛:《残疾人康复服务现状分析与发展思考》,《未来与发展》2017 年第 3 期。

葛晓梅:《残疾人最低生活保障:问题与制度完善》,《中共山西省委党校学报》2011 年第 4 期。

郭悠悠等:《残疾人社区康复的历史与现状》,《中国农业大学学报》(社会科学版)2011 年第 1 期。

何侃等:《〈世界残疾报告〉及对我国残疾人康复服务的启示》,《中国康复理论与实践》2012 年第 12 期。

何珂等:《八段锦对 2 型糖尿病患者健康状态的影响》,《中国全科医学》2017 年第 20 期。

贺寨平:《国外社会支持网络研究综述》,《国外社会科学》2001 年第 1 期。

胡亚光:《贫困残疾人社会保障问题探析》,转引自杨健《供给侧改革视角下优化残疾人社会保障体系研究》,《天津行政学院学报》2017 年第 4 期。

黄伟:《残疾人教育法的国际比较研究——兼论〈残疾人教育条例〉》,《中国特殊教育》2017 年第 6 期。

纪钢:《第二次全国残疾人抽样调查主要数据公报(第二号)》,《中国残疾人》2007 年第 6 期。

焦佳凌:《残疾人两项补贴制度的创新与亮点》,《社会福利》2016 年第 6 期。

李芳萍、吴军民、赖水源等:《农村贫困残疾人家庭住房保障问题研

究——基于江西省 9 县区的抽样调查》，《残疾人研究》2016 年第
  3 期。

李婧等：《社会工作参与贫困残疾人社区康复的路径探究——以长春
  市 H 社区为例》，《长春理工大学学报》（社会科学版）2019 年第
  1 期。

李宁等：《我国残疾人康复需求及康复服务利用情况分析》，《残疾人
  研究》2011 年第 4 期。

梁德友、周沛：《国际化、本土化、人本化：中国特色残疾人事业发
  展的三个向度》，《江苏省社会科学界联合会》2014 年 11 月。

廖娟：《残疾人就业政策：国际经验及对我国的启示》，《人口与经
  济》2008 年第 6 期。

林宝等：《残疾人康复服务的主要问题及政策建议》，《中国医疗保
  险》2014 年第 1 期。

刘菊：《低保退出机制的实践与思考》，《中国社会报》2018 年第
  3 期。

刘璞：《我国残疾儿童受教育状况的发展进程》，《残疾人研究》2018
  年第 4 期。

刘雪等：《残疾人康复纳入基本医疗保险的必要性与实现路径——基
  于发展型社会政策的视角》，《济南大学学报》（社会科学版）2016
  年第 6 期。

路琪、惠霞、董志峰、姚佳妮、汤云宇：《国外残疾人就业：立法、
  方式、服务及启示》，《发展》2017 年第 4 期。

吕春苗：《近年来我国特殊教育经费研究》，《综述绥化学院学报》
  2017 年第 4 期。

民政部社会福利和慈善事业促进司残障人福利处：《两项补贴制度
  惠及千万残疾人——解读〈关于全面建立困难残疾人生活补贴和重
  度残疾人护理补贴制度的意见〉》，《社会福利》2015 年第 10 期。

庞文、张蜀缘：《中国残疾人社会保障制度的演进：1978—2017》，
  《残疾人研究》，2018 年 2 月。

齐心、厉才茂、陈晓芬、郭勇：《北京市残疾人社会保障研究报告》，
　《人口与发展》2008 年第 14 期。

邱卓英：《国际社会有关残疾与康复的理念和发展战略的启示》，《中
　国康复理论与实践》2007 年第 2 期。

宋新明等：《新城区老年人慢性病伤对日常生活功能的影响研究》，
　《人口研究》2000 年第 5 卷。

王德文等：《高龄老人日常生活自理能力及其影响因素》，《中国人口
　科学》2004 年第 1 卷。

王东进：《建立重特大疾病保障和救助机制是健全全民医保体系的重
　大课题》，《中国医疗保险》2014 年第 1 期。

王鹏杰：《国内外残疾人社区康复模式研究述评》，《社会福利》（理
　论版）2015 年第 9 期。

王荣光：《特殊高等职业教育在残疾人脱贫攻坚进程中的作用研究》，
　《中国校外教育》2018 年第 8 期。

翁嘉琦：《我国城市贫困残疾人脱贫现状分析》，《智库时代》2019 年
　第 4 期。

邬宗庆等：《以社区为本的残疾人精准康复服务社会化模式建构》，
　《临床医学》2019 年第 2 期。

吴敏：《中国残疾人扶贫的发展历程与政策变迁》，《西部论坛》2016
　年第 6 期。

肖水源：《〈社会支持评定量表〉的理论基础与研究应用》，《临床精
　神医学杂志》1994 年第 4 期第 2 版。

徐丹霞：《城市贫困家庭的社会支持网络研究文献综述》，《群文天
　地》2011 年第 14 期。

徐宏、任涛：《残疾人托养服务体系：意涵、建构挑战及政策选择》，
　《井冈山大学学报》（社会科学版）2015 年第 2 期。

许琳：《残疾人就业难与残疾人就业促进政策的完善》，《西北大学学
　报（哲学社会科学版）》2010 年第 1 期。

许巧仙、詹鹏：《公平正义与弱有所扶：残疾人教育结构性困境及服

务提升研究》，《中国行政管理》2018 年第 11 期。

杨玉成：《我国特殊教育引入政府与社会资本合作模式的思考》，《现代特殊教育》2018 年第 8 期。

杨展等：《中老年视力障碍患者抑郁症状及其影响因素研究》，《四川大学学报》（医学版）2018 年第 49 卷。

姚志贤：《残疾人"人人享有康复服务"现状分析与发展思考》，《残疾人研究》2014 年第 2 期。

张建伟、胡隽：《中国残疾人就业的成就、问题与促进措施》，《人口学刊》2008 年第 2 期。

张金明：《对康复与社区康复的认识进入新阶段》，《中国残疾人》2014 年第 10 期。

张金明等：《国际社区康复发展趋势及对我国社区康复工作的思考》，《中国康复理论与实践》2011 年第 2 期。

张金明等：《社区康复重点在农村》，《中国康复》2015 年第 4 期。

张蕾：《以需为本的残疾人社会保障：国际经验与中国实践》，《残疾人研究》2016 年第 1 期。

张瑶：《我国残疾人托养服务政策的变迁》，《残疾人研究》2017 年第 4 期。

赵建玲：《老年残疾人家庭现状与需求特点分析》，《残疾人研究》2014 年 1 月。

赵娜、伍海兰：《残疾人精准扶贫政策实施问题及对策探究——以广东省 K 地区为例》，《管理观察》2018 年第 2 期。

赵溪、郭春宁：《英国残疾人社会福利政策及其启示》，《残疾人研究》2014 年第 2 期。

中国残疾人联合会党组：《全面建成小康社会，残疾人一个也不能少——党的十八大以来残疾人事业的新发展》，《求是》2017 年第 42 期。

范妮：《我国残疾人就业困境成因及解决路径探析——基于我国残疾人就业政策的视角》，硕士学位论文，西北大学，2010 年。

高鹏龙：《社会支持视角下大龄自闭症患者生活保障研究》，硕士学位论文，广西医科大学，2017 年。

黄民岚：《论行政委托》，硕士学位论文，武汉大学，2004 年。

李忆特：《我国残疾人状况及就业问题研究》，博士学位论文，山东大学，2015 年。

万荣宝：《完善残疾人托养服务体系的路径研究——以盐城市为例》，硕士学位论文，苏州大学，2012 年。

王梦婷：《农村残疾人低保制度问题研究——基于闽赣 4 县 12 村抽样调查》，硕士学位论文，江西财经大学，2016 年。

伍琳：《中国残疾人社会保障制度的历史演进与财政支持研究——以福建省为例》，博士学位论文，福建师范大学，2016 年。

熊戈：《简版流调中心用抑郁量表在我国青少年中的效度》，硕士学位论文，湖南师范大学，2015 年。

岳晨：《英国残疾人社会福利制度研究》，硕士学位论文，中国人民大学，2008 年。

赵景泉：《河北省农村残疾人社会保障问题研究》，硕士学位论文，河北师范大学，2013 年。

三 政策报告类

《2015 年残疾人事业基本情况》，2016 年，国家统计局。

《2017 年社会服务发展统计公报》，2018 年，民政部。

《2017 年残疾人事业基本情况》，2018 年，国家统计局。

《2018 年中国残疾人事业发展统计公报》，2019 年，中国残疾人联合会。

《2018 年中央和地方预算执行情况与 2019 年中央和地方预算草案的报告》，2019 年 3 月。

《2019 年全国两会政府工作报告》，http：//www. chinanews. com/gn/z/lhgongzuobaogao2019/index. shtml。

《2015 年中国残疾人事业发展统计公报》，残联发〔2016〕14 号。

《2017 年中国残疾人事业发展统计公报》，残联发〔2018〕24 号。

残疾预防和残疾人康复条例（2018 年修正）。

关于印发《残疾人托养服务基本规范（试行）》的通知，2013 年。

广州市残疾人联合会：《广州市残疾人事业发展第十三个五年规划》，
 2017 年 12 月。

国家统计局：《中国统计年鉴 2017》。

国家统计局：《中国统计年鉴 2018》。

国家统计局：《固定资产投资快速增长　经济社会发展基础加强——改革
 开放 40 年经济社会发展成就系列报告之八》，http：//www. stats.
 gov. cn/ztjc/ztfx/ggkf40n/201809/t20180906 ＿ 1621360. html，2018. 09.
 06。

国务院：《"十三五"加快残疾人小康进程规划纲要》，国发〔2015〕
 7 号。

国务院：《国务院关于全面建立困难残疾人生活补贴和重度残疾人护
 理补贴制度的意见》。

国务院：《国务院关于加快推进残疾人小康进程的意见》，国发
 〔2016〕47 号。

国务院：《残疾人教育条例》。

国务院：《"十三五"加快残疾人小康进程规划纲要》，国发〔2016〕
 47 号。

国务院：《残疾预防和残疾人康复条例》，国令第 675 号。

国务院：《关于加快发展康复辅助器具产业的若干意见》，国发
 〔2016〕60 号。

国务院：《关于加快推进残疾人小康进程的意见》，国发〔2015〕
 7 号。

国务院：《关于建立残疾儿童康复救助制度的意见》，国发〔2018〕
 20 号。

国务院：《关于全面建立困难残疾人生活补贴和重度残疾人护理补贴
 制度的意见》，国发〔2015〕52 号。

国务院：《关于印发"十三五"推进基本公共服务均等化规划的通知》，国发〔2017〕9号。

国务院：《国家残疾预防行动计划（2016—2020年）》，国办发〔2016〕66号。

国务院办公厅：《关于进一步加强残疾人康复工作意见的通知》，国办发〔2002〕41号。

国务院常务会议：《国家中长期教育改革和发展规划纲要（2010—2020年）》。

《国务院转批中国残疾人事业"十二五"发展纲要的通知》。

《国务院转批中国残疾人事业"十一五"发展纲要的通知》。

《国务院办公厅转发民政部等部门关于做好农村最低生活保障制度与扶贫开发政策有效衔接指导意见的通知》，国办发〔2016〕70号。

教育部等六部门：《教育部等六部门关于做好家庭经济困难学生认定工作的指导意见》，（教财〔2018〕16号）。

联合国：《残废者权利宣言》，1975年12月，联合国大会第3447号决议。

联合国：《关于残疾人的世界行动纲领》，1982年12月，联合国大会第37/52号决议。

民政部等：《关于加快精神障碍社区康复服务发展的意见》，民发〔2017〕167号。

民政部关于托底困难残疾人生活补贴、重度残疾人护理补贴标准的提案答复的函。

全国人大：《中华人民共和国教育法》。

人力资源社会保障部办公厅、中国残疾人联合会办公厅：《关于实施〈残疾人职业技能提升计划（2016—2020年）〉的通知》，人社厅发〔2016〕69号。

省政府办公厅：《关于进一步完善重度残疾人生活补贴制度的通知》。

世界卫生组织：《世界残疾报告概要》，2011年，世界卫生组织，https：//www. who. int/disabilities/world_ report/2011/report/zh/。

新华社：《中共中央国务院关于打赢脱贫攻坚战三年行动的指导意见》

雅安市民政局：《关于建立困难残疾人生活补贴和重度残疾人护理补贴的通知》

张海迪：《张海迪在中国残疾人联合会第七次全国代表大会上的报告》，中国残疾人联合会第七次全国代表大会，2018 年（http：//www.cdpf.org.cn）。

中残联：《聚焦因残致贫家庭突出困难和问题，加快推动贫困残疾人脱贫攻坚步伐》。

中国残疾人联合会、国家发展改革委等：《残疾人就业促进"十三五"实施方案》，残联发〔2016〕48 号。

中国残疾人联合会：《2016 年中国残疾人事业发展统计公报》，残联发〔2017〕15 号。

中国残疾人联合会：《2017 年中国残疾人事业发展统计公报》，残联发〔2018〕24 号。

中国残疾人联合会：《关于扶持残疾人自主就业创业的意见》，残联发〔2018〕6 号。

中国残疾人联合会：《全国残疾人康复工作简报》，2018 年第 2 期。

中国残疾人联合会：《中国残疾人事业五年工作纲要》，2007 年 11 月 14 日，残疾人事业发展规划。

中国残联、国务院扶贫办、全国妇联：《关于印发〈发展手工制作促进贫困残疾妇女就业脱贫行动实施方案〉的通知》，残联发〔2017〕24 号。

中国残联办公厅：《关于做好中国残疾人就业创业网络服务平台推广应用工作的通知》，残联厅发〔2018〕5 号。

中华人民共和国财政部：《财政部 民政部 住房和城乡建设部 人力资源社会保障部 国家卫生和计划生育委员会 中国残疾人联合会 关于做好政府购买残疾人服务试点工作的意见》，财政部文告 2014 年第 8 期。

中华人民共和国第十一届全国人民代表大会常务委员会：《中华人民

共和国残疾人保障法》。

中华人民共和国民政部：《民政部　财政部　国家卫生健康委员会
　　国务院扶贫办　中国残疾人联合会关于在脱贫攻坚中做好贫困重度
　　残疾人照护服务工作的通知》，2019 年 4 月 25 日。

外文文献

一　著作类

Buratta V. , Egidi V. , *Determining Health Expectancies*, New York：John
Wiley & Sons, Ltd. , 2002, pp. 187 – 201.

Peter Townsend, *Poverty in the United Kingdom：a Survey of Household Re-
sources and Standards of Living*, Berkeley：University of California Press,
1979.

二　论文类

Andresen E. M. , Malmgren J. A. , Carter W. B. , Patrick D. L. ,
"Screening for Depression in Well Older Adults：Evaluation of a Short
Form of the CES – D", *American Journal of Preventive Medicine*, 1994, 10
(2), pp. 77 – 84.

Katz S. , "Studies of Illness in the Aged", *JAMA*, 1963, 185 (12), 914.

Katz S. , Downs T. D. , Cash H. R. , Grotz R. C. , "Progress in Develop-
ment of the Index of ADL", *The Gerontologist*, 1970, 10 (1), pp.
20 – 30.

Katz, S. , Akpom, C. A. , "A Measure of Primary Sociobiological Func-
tions", *International Journal of Health Services*, 1976, 6 (3), pp. 493 –
508.

Mari-Lynn Drainoni et al. , "Cross-Disability Experiences of Barriers to
Health-Care Access：Consumer Perspectives", *Journal of Disability Policy
Studies*, Vol. 17, No. 2, September 2006.

三 政策报告类

CBR, a Strategy for Rehabilitation, Equalization of Opportunities, Poverty Reduction and Social Inclusion of People with disabilities: Joint Position Paper, Geneva, World Health Organization, 2004.

后　记

习近平总书记指出，"残疾人是一个特殊困难的群体，需要格外关心、格外关注"。为进一步健全和完善残疾人民生托底保障政策提供决策参考，2018 年，民政部政策研究中心在"托底性民生保障政策支持系统建设"重大科研项目中专设"城乡困难家庭残疾人调查研究"专题，运用问卷调查的方法，共调查城乡困难家庭残疾人样本 2543 个。民政部政策研究中心联合北京大学人口研究所组成研究团队，对调查数据进行了分析开发，最终形成本书。本书从困难残疾人住房、就业、康复、托养、教育、社会参与、无障碍建设等方面进行深入分析，并结合有关发达国家和地区的经验做法，分别针对国内存在的问题提出了相关政策建议。

本书由民政部政策研究中心王杰秀审定框架，北京大学陈功组织全书撰写工作。参与报告撰写人员有：宋新明、刘岚、刘尚君、郭帅、赵艺皓、索浩宇、刘梁、贾祎灿、赖信、陈天航、向远、王润芝、刘蓓、马月晗、刘振杰。民政部政策研究中心江治强负责调查统筹工作，安超承担了调查协调联络工作，江治强、刘振杰、安超参与了报告框架拟定和修改讨论。本书出版前，民政部政策研究中心付长良、中国社会科学院唐钧、夏传玲提出了审改意见，最后由王杰秀审定。

在此，谨对参与本项研究的所有人员表示感谢！诚挚欢迎社会各界批评指正！

编　者

2020 年 10 月